한국지방행정연구원총서

지방세제의 선진화

－자율성과 책임성 제고－

김대영 · 이영희
하능식 · 김성주

박영사

머 리 말

2012년부터 단일세법 체계였던 지방세법이 지방세기본법, 지방세법, 지방세 특례제한법으로 분법되면서 지방세 관련 법의 체계가 대폭 정비되었다. 이와 동시에 지방세목도 16개 세목에서 11개 세목으로 간소화되었다. 이러한 세제 개편은 지방세제 전반에 많은 긍정적 변화를 가져왔다. 그러나 지방세법의 대폭적인 개편에도 불구하고 아직 납세의무자의 납세편의 증진이나 자치단체의 과세자주권 제고를 위한 개선 과제는 남아 있다.

본 연구는 납세의무자의 납세편의 증진이나 자치단체의 과세자주권 제고를 위하여 지방세의 통합 취득세, 재산세, 자동차세(주행분) 등 주요 3세목을 중심으로 관련 이론을 살펴보고, 현황과 문제점을 파악하였다. 그리고 이러한 이론적 논의와 현황 파악을 바탕으로 개편을 위한 다양한 방안을 검토하고 제시하였다.

통합 취득세는 취득세와 취득에 관한 등록세가 합쳐서 도입되었다. 통합 취득세의 도입으로 이중과세 논란, 납세비용 과다 등의 문제는 해결되었다. 그러나 신규 과세대상에의 포함, 일시납부 등에 따른 세부담 증가, 복잡한 세율 구조, 새로운 납세협력비용 발생 등의 문제가 발생하였다. 본 연구는 통합 취득세와 관련된 이론을 기존 재산 거래과세 관련 논문을 중심으로 논의를 전개하였다. 또한 이론적 논의와 현황 파악을 바탕으로 납세자 세부담 완화와 취득세 세율 구조 간소화, 납세협력 비용 감소를 위한 방안을 검토하고 제시하였다.

부동산 보유과세는 2005년 대폭적인 개편에 따라 종합부동산세와 재산세의 세부담상한제도가 도입되었다. 그러나 종합부동산세는 2008년 세대별 합산에 대한 위헌과 1세대 1주택 장기보유자에 대한 헌법불합치로 인하여 도입취지가 많이 약화되었다. 재산세의 세부담상한제도는 납세자간 세부담이 형평하지 못해 문제가 되고 있어 개편이 필요한 시점이다. 본 연구는 종합부동산세의 역할에 대한 이론을 중심으로 논의하였으며, 세수의 지방이전 방안을 검토하고 제시하였다. 또한 재산세 세부담상한제도는 세부담의 불형평을 완화하는 차원에서 점진적인 방안을 제시하였다.

주행분 자동차세(이하 주행세)는 휘발유·경유에 부과되는 교통·에너지·환경세(국세)의 부가세로서 교통·에너지·환경세의 2012년말 개별소비세 전환과 환경친화적 세제 개편에 대비한 발전 전략의 수립이 필요한 세목이다. 특히 주행세는 국세 의존적 세율결정, 유가보조금 재원기능, 정액보전금의 실질세수 보전기능 미흡 등의 문제점이 지적되고 있는 실정이다. 그러므로 본 연구는 주행세 운용상 나타난 문제점에 바탕을 두고 과세자주권 제고를 위하여 독립세화 중심의 주행세제 개편방안을 제시하였다.

아무쪼록 본 연구가 지방세를 연구하는 학계의 연구자 및 자치단체에서 지방세정에 종사하는 세무공무원의 연구 및 업무수행에 조그마한 보탬이 되기를 바란다.

본 연구는 많은 분들의 도움으로 출간의 빛을 보게 되었다.

졸저의 출간을 기꺼히 허락해주신 한국지방행정연구원의 한표환 원장님과 격려를 아끼지 않으신 이삼주 기획조정실장님 그리고 동료 직원에게 이 자릴 빌어 진심으로 감사의 말씀을 올린다. 아울러 발간에 여러 가지 도움을 주신 박영사 회장님 이하 관계자들에게도 심심한 감사의 말씀을 올린다.

2011년 12월

김대영 · 이영희 · 하능식 · 김성주

목 차

제1부 통합취득세의 개선에 관한 연구

제1장 서 론

제2장 통합취득세 관련 이론적 논의

제3장 통합취득세 관련 현황과 문제점

제 4 장 외국의 자산과세 제도

제 5 장 개선방안

제 6 장 요약 및 정책건의

제 2 부 부동산 보유과세의 개편에 관한 연구

제 1 장 서 론

제 2 장 부동산 보유과세의 이론적 논의

제 3 장 부동산 보유과세의 배경 및 현황

제 4 장 선진외국의 부동산 보유과세 현황 및 시사점

제 5 장 부동산 보유과세의 개편

제 6 장 요약 및 정책건의

제3부 과세자주권 제고를 위한 주행세개편 방안

제1장 서 론

제2장 주행세의 이론적 접근

제3장 주행세의 현황 및 문제점

제 4 장 외국의 유류세현황

제 5 장 주행세의 과세자주권 제고방안

제 6 장 요약 및 결론

표 목 차

제1부 통합취득세의 개선에 관한 연구

제2부 부동산 보유과세의 개편에 관한 연구

제 3 부 과세자주권 제고를 위한 주행세개편 방안

그림목차

제1부 통합취득세의 개선에 관한 연구

제2부 부동산 보유과세의 개편에 관한 연구

제3부 과세자주권 제고를 위한 주행세개편 방안

제1부

통합취득세의 개선에 관한 연구

김대영·김성주

제 1 장
서 론

제 1 절 연구목적

최근 지방세제에는 많은 변화와 발전이 있었다. 2010년에는 지방자치단체의 숙원이었던 지방소비세와 지방소득세가 도입되었다. 지방소비세와 지방소득세의 도입으로 지방세수 기반이 확충되고, 재산과세 위주의 지방세수구조를 개선하여 지역경제와 지방세수 간의 연계가 강화되었다. 2011년에는 단일법으로 되어 있던 지방세법이 그 성격에 따라 지방세기본법, 지방세법, 지방세특례제한법으로 분법되어 새롭게 지방세법 체계가 정립되었다. 기존의 지방세법은 단일법체계로 인해 분야별 전문화에 한계가 있었으나 분법을 통해 이를 극복하게 되었다. 또한 분법과 더불어 지방세목이 종전의 16개 세목에서 통・폐합을 통해 11개 세목으로 지방세목 체계가 간소화되었다.

지방세목 체계 간소화는 다양한 지방세목을 그 성격에 따라 통・폐합함으로써 납세자의 지방세에 대한 이해도를 제고시키고 세무행정의 효율화를 추구하는 것이 목적이었다. 지방세목 간소화로 취득세와 등록세로 이원화되어 있던 자산거래과세가 취득세로 일원화되어 취득과 관련 있는 등록세는 취득세로 통합되고, 취득과 무관한 등록세는 면허세와 합쳐 등록면허세로 통합되었다. 또한 재산세와 도시계획세로 이원화되어 있던 자산보유과세도 재산세로 일원화되어 재산세에 부가세형태로 과세되던 도시계획세가 재산세로 통합되었다. 자동차세와 주행세도 자동차세로 통합되었으며, 목적세인 공동시설세와 지역개발세도 지역자원시설세로 통합되었다.

통합취득세는 납세자의 세부담은 통합 전과 동일하게 유지되면서 납세편의를 제고하도록 설계되었다. 통합취득세의 도입으로 취득세와 등록세로 이원화되어 있었음에 따른 중복과세 논란, 이중 신고납부로 인한 납세불편, 세무행정 비용 발생 등은 해소되었다. 그러나 납세부담 중립을 전제로 취득세와 등록세의 통합을 추진하였으나 실제로는 납세부담 증가, 세율구조 복잡화, 납세협력비용 추가발생 등 문제점들이 드러났다.

따라서 본 연구는 납세자 중심의 세무행정을 추진하고자 종전 취득세와 등록세의 통합에 따른 문제점을 개선하여 납세자의 세부담을 중립적으로 유지하고, 납세편의를 제고하는 방안을 마련하는 것을 목적으로 한다.

제2절 연구의 범위 및 방법

본 연구의 연구범위를 대상적, 내용적, 시간적 범위로 나누어 살펴보면 다음과 같다. 첫째, 본 연구는 통합취득세와 등록면허세를 연구대상으로 한다. 즉 2011년 지방세법개정에 따른 지방세목 간소화로 취득과 관련된 등록세와 취득세가 통합되어 탄생한 통합취득세가 주요 연구대상이며, 특히 통합 취득세 중 부동산취득과 관련된 부분을 중점 연구대상으로 한다.

둘째, 내용적 범위로 자산과세 이론, 부동산 거래세 이론 등을 중심으로 이론적 논의를 전개하며, 통합취득세의 현황과 통합으로 인한 문제점을 파악한다. 그리고 외국의 자산과세 현황, 부동산거래세 현황, 부동산거래 비용 등을 파악하여 대안모색을 위한 시사점을 도출하고자 한다. 또한 통합취득세의 현황 및 문제점 파악과 외국사례로부터의 시사점을 바탕으로 납세자의 세부담완화, 세율구조 간소화, 납세편의 제고 등 통합취득세의 개선방안을 제시하고자 한다.

셋째, 시간적 범위는 통합취득세가 도입된 2011년을 중심으로 한다. 그러나 통합취득세 관련 통계는 통합취득세 도입 전인 2009년을 중심으로 현황을 분석하고자 한다. 현재 취득세 관련 통계로 결산기준 통계가 공표된 것은 2009년 자료가 가장 최근 자료이기 때문이다.

본 연구는 문헌조사와 통계자료분석을 통해 통합취득세 관련 이론적 논의를 전개하고, 현황과 문제점을 파악한다. 또한 면접조사를 통해 통합취득세의 문제점을 파악하고 개선방안을 도출하고자 한다. 즉 문헌조사를 통해 자산과세 이론, 부동산거래세 이론을 정립한다. 또한 통계자료 조사 및 문헌조사를 통해 주요 OECD 국가의 지방세수구조, 거래과세부담, 부동산거래 비용 등을 파악하고, 우리나라와의 비교를 통해 시사점을 도출하고자 한다. 통계자료 분석을 통해 지방재정 현황, 통합취득세의 위상 및 데이터를 통한 현황과 문제점을 파악하고자 한다. 마지막으로 지방세무공무원 등과의 면접조사를 통해 실무차원에서 통합 취득세의 관련 현황과 문제점을 파악하고 개선방안을 모색한다.

[그림 1-1] 연구의 분석 틀

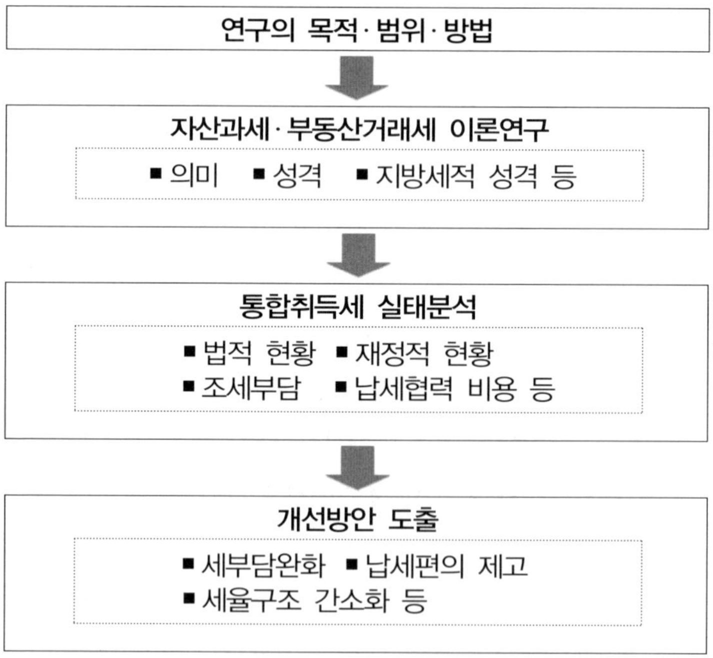

제2장

통합취득세 관련 이론적 논의

제1절 자산과세 이론

1. 자산과세 유형

자산과세는 자산보유에 대한 과세, 자산이전에 대한 과세, 자본이득에 대한 과세로 구분할 수 있다. 가장 대표적인 자산과세가 자산의 보유에 대해 과세하는 재산세이며, 대부분의 국가에서 부동산의 총계가액을 과표로 과세되며 물세의 성격을 띠고 있다. 자산이전에 대한 과세 중 대표적인 것은 상속·증여세로 주로 세대간 부의 이전에 대한 과세라고 할 수 있다. 지방세인 통합취득세[1)]

1) 2011년부터 종전의 취득세와 취득과 관련 있는 등록세가 통합되었으나 세목은 종전과 동일하게 취득세로 됨에 따라 혼란이 예상되어 본 연구에서는 세목통합 전 취득세는 취득세로, 세목통합 후 취득세는 통합취득세로 구분하여 기술하였다.

[표 2-1] 자산과세의 유형

	보 유	이 전	자본이득
전자산	순자산세	상속세 유산세	자본이득세
일부 자산	고정자산세 재산세(부동산) 종합토지세	취득세 등록세	양도소득세(부동산) 토지초과이득세

자료: 곽태원, 조세론, 2001.

도 자산이전에 대한 과세에 포함되며, 세수확보 목적의 거래세라고 할 수 있다. 자본이득에 대한 과세로는 양도소득세가 있는데, 세법상으로는 소득세로 분류되어 있으나 경제학적으로는 자산과세의 성격을 지니고 있다.

2. 자산보유 과세의 의의

가. 자산보유 과세의 의의

1) 편익원칙의 구현

정부가 공급하는 공공서비스가 자산의 소유자에게 가격상승 등 이익을 주기 때문에 이러한 이익에 상응하는 조세를 부담하는 것이 합당하다. 그러나 편익원칙만으로 재산보유 과세의 정당성을 확보하기 위해서는 모든 실물재산이 정부의 공공서비스로부터 동일한 이익을 향유하고, 그 이익의 가치가 재산세수입과 동일해야 한다는 전제가 충족되어야 하는데 현실적으로 그렇지 못하다.

2) 능력원칙의 구현

이론적으로는 소득이나 소비 또는 순자산 중 어느 것도 담세능력을 파악하는 것이 가능하다. 현실적으로 담세능력의 포착은 소득세가 주요한 역할을 수행하지만, 소득세만으로 포착하기 어려운 담세능력을 파악하기 위하여 대부분의 국가에서 소득·소비·자산 모두에게 과세를 하고 있다.

포괄적 소득세에서 포착하지 못하는 자본이득·귀속소득에 대한 과세를 보완하고, 소비과세에서 포착하지 못하는 귀속서비스에 대한 과세를 위해서는 자산에 대한 과세가 필요하다. 일반적으로 자산과세는 재산세와 같은 물세와 부유세와 같은 인세로 구분된다. 부유세는 재산에서 부채를 공제한 순자산에 부과함으로써 부의 재분배기능을 수행한다. 그러나 재산세는 주로 부동산을 과세대상으로 하며, 모든 재산을 포괄하지 못하고 부채를 공제하지 않은 총자산에 대하여 과세하므로 능력원칙을 구현하는데 한계가 있다.

3) 세부담공평성의 확보수단

자산보유의 분포가 소득의 분포보다 집중도가 높아 소득세만으로는 세부담의 공평성을 확보하기 어려우므로 자산의 보유에 대해서도 과세를 하여 세부담공평성을 제고하여야 한다.

4) 부동산의 정책수단

재산세는 부동산 투기억제, 부동산이용의 촉진이나 특정 투기억제 등을 목적으로 하는 부동산 정책세제로써 활용되고 있다.

한국에서는 부동산 투기억제를 위한 정책수단으로 재산세에 초과누진세율 구조를 채택하고 있으며, 2005년부터는 종합부동산세를 도입하여 시행하고 있다.

나. 부동산 보유과세(재산세)의 특성(이진순, 2005)

1) 가시성

부동산 보유과세는 다른 조세에 비하여 가시성이 높은데, 그 이유는 다음과 같다. 첫째, 부동산 보유과세는 원천징수되는 소득세에 비해 납세자가 세부담액을 보다 선명하게 인식하며, 더욱이 그 금액이 크기 때문에 가시성이 높다. 둘째, 미국 등 주요국에서 재산세는 초·중등 교육, 도로정비, 쓰레기 수거 등 지방공공 서비스의 제공에 필요한 재원조달 수단으로 활용되기 때문에 이러한 공공서비스의 양과 질이 재산세의 부담과 연계가 깊어 가시성이 높다. 이와 같이 자산보유과세는 높은 가시성으로 이상적인 지방세원이 되지만, 또한 정치적으로 인기가 낮고 조세저항을 야기시키기 쉬운 취약점을 갖고 있다.

2) 세수의 비탄력성

부동산 보유과세의 과세베이스는 다른 조세들에 비해 상대적으로 비탄력적이어서 인플레이션 하에서 실질세수를 확보하기 위해서는 명시적으로 재산평가액의 인상이나 세율인상이 필요하다. 세수확보를 위한 평가액인상·세율인상은 납세자들의 조세저항을 야기하기 쉽지만, 동시에 납세자들의 지방공공 서비스에 대한 비용의식과 지방정부의 책임성을 제고한다.

3) 저량(stock)에 대한 조세

부동산 보유과세는 저량인 부동산가치를 과세베이스로 하고 있어서 과세를 위해서는 부동산가액평가 과정이 필요한데, 정확한 평가를 위해서는 많은 비용이 소요된다. 그러나 평가에 많은 비용이 소요되어도 정확성을 보장하기 어려우며, 또한 납세자들이 평가결과가 공정하다고 인정해 줄 가능성도 낮다.

4) 과세대상의 비이동성

재산세의 과세대상인 부동산은 세율이 변화하여 세부담이 증감하여도 다른 지역으로 이동할 수 없다. 따라서 지방정부가 세율조정권 등 과세자주권을 확보하기가 용이하다.

5) 지방세로서의 적합성

가시성 등으로 조세저항을 야기하기 쉽다는 부동산 보유과세의 특성은 이 조세가 이상적인 지방세라는 사실의 이면이다. 지방재정의 효율성을 제고하기 위해서는 지역주민의 수요에 대응하여 지방정부가 자기책임 하에 자율적으로 부동산 보유과세의 세율을 선택할 수 있어야 한다.

다. 자산 보유과세의 문제점

자산 보유과세는 다음과 같은 문제점이 있다. 첫째, 자산은 저축의 축적이므로 자산에 대한 과세는 저축할 유인을 감소시킬 수 있다. 둘째, 자산에 대한 정확한 평가가 어렵다. 자산의 평가에는 많은 비용이 소요될 뿐만 아니라 많은 비용을 들여도 정확한 평가를 하는 것이 어렵다.

3. 자산 거래과세의 의의

부동산거래세는 거래비용을 높여 부동산시장의 형성과 발전을 저해하는데, 고율로 과세되는 취득·등록세는 양도소득세와 마찬가지로 부동산시장의 원활한 기능을 저해한다. 부동산거래세와 양도소득세와의 차이는 세액이 자본이득의 크기에 의존하지 않고 거래가액에 의존하므로 자본이득이 작은 부동산의 매매를 상대적으로 불리하게 하는데, 이것은 특히 중고 주택시장의 발달을 저해하여 각종 비효율을 야기한다. 특히 자주 이사를 다닐 수밖에 없는 납세자에게 과도한 부동산 거래세부과는 비효율적일 뿐만 아니라 수평적 불형평을 초래한다. 또한 부동산거래세는 지가상승 등 자본이득을 과세대상으로 하지 않기 때문에 개발이익 환수 장치로 기능할 수 없으며, 자산시장의 원활한 기능을 저해하는 부작용 때문에 부동산보유세의 대체재일 수도 없다. 자산거래과세는 1회에 한해 거래시점에 부과함으로써 그 경제적 효과는 거래비용을 증가시키는 효과를 초래한다(이진순, 2005).

부동산과 같이 공급이 비탄력적인 재화에 거래과세가 부과될 경우, 조세가치만큼 그 재화의 가격이 하락하며, 이를 조세부담의 자본화라고 한다. 이러한 단점에도 불구하고 많은 국가에서 부동산거래세가 높은 세율로 과세되고 있는 것은 주로 세무행정의 편리함 때문일 것이다. 즉 평소에는 진정한 거래가액을 알 수 없지만, 소유권이전이라는 과세하기 좋은 사건(taxable event)이 가시적

일 때 조세를 부과하는 이유이다. 토지이용의 효율성을 위해서는 부동산거래세를 완화하고, 그로 인한 세수결손은 부동산보유세를 강화하여 보충하는 것이 바람직하다(이진순, 2005).

부동산세제에 있어서 거래과세 완화와 보유과세 강화가 부동산 관련 세제개혁의 제1과제로 인식되어 왔지만, 이에 대한 반론도 있다. 김정훈(2001)은 부동산거래세가 부동산보유세에 비하여 반드시 형평성이나 효율성 면에서 열등하다고 볼 수 없다고 주장한다. 김정훈은 취득세납세액별 납세건수 분포표에 의거하여 로렌츠곡선을 도출한 결과 취득세 전체납세자의 90%가 30%정도의 세금만 납부하고 있으므로, 부동산 거래세부담도 상당히 누진적이라고 해석하였다. 그러나 이진순(2005)은 이에 대해 취득세는 부동산취득에 대해서만 과세되는 것이 아니라 차량 등의 취득시에도 과세되며, 이들 차량 등에 대한 건당 평균납부액이 작은 과세대상에 대한 취득세가 납세액별 건수분포의 하층부를 차지하기 때문에 형평성면에서 열악하다는 반론을 제기하고 있다.

김정훈(2001)은 "취득세·등록세로 말미암아 거래가 위축되고, 따라서 자원배분의 효율성을 제고하기 위하여 이들 세금을 낮추어야 한다는 주장이 맞다면, 세율을 인하하였을 경우 거래가 활성화되어 취득세·등록세의 세수가 오히려 증가할 수 있어야 한다. 그런데 행정자치부와 지방자치단체들은 이 주장을 믿지 않는다"라고 하면서 거래세의 동결효과는 실증적으로 확인된 바 없다고 주장하였다.

또한 김정훈(2002)은 가계들이 주택을 임차함으로써 부동산거래세를 회피할 수 있으며, 자원배분의 효율성은 소유보다 이용에 의해 규정되므로 부동산거래세의 왜곡효과는 이사비용과 같은 여타의 거래비용과 달리 높지 않다고 주장한다. 그러나 이진순(2005)은 부동산거래세가 비록 그 크기는 실증적으로 확인된 바 없지만, 거래를 위축시키는 것은 자명하다고 주장한다.

부동산 정책당국은 부동산 거래과세는 부동산 거래비용을 증가시켜 부동산거래를 위축시키므로 거래과세를 완화함으로써 부동산거래를 활성화시키겠다는 정책의지를 가지고 최근 지속적으로 부동산거래세 부담완화를 추진하고 있다. 그러나 최근의 지속적 거래과세 부담완화에도 불구하고 거래활성화는 이루어 지지 않고 있다. 한재명・유태현(2011)은 실증분석을 통해 부동산 수요에 미치는 다양한 요인 중 거래세부담은 부동산수요에 크게 영향을 미치지 않기 때문에 거래과세 부담완화가 부동산 거래활성화로 이어지지 않는다고 주장한다.

제2절 취득의 개념

2011년부터는 등록세 중 취득을 원인으로 등기・등록되는 과세대상은 취득세로 흡수되고, 그 나머지 재산권과 그 밖의 권리의 설정・변경 또는 소멸에 관한 사항을 공부에 등재하거나 등록하는 부분은 종전의 면허세를 통폐합하여 등록면허세라는 세목으로 신설되었다. 통합취득세는 기존의 취득세와 취득과 관련 있는 등록세를 통합하여 탄생한 것이므로 취득의 개념은 중요한 의미가 있다.

통합취득세는 동산·부동산 기타 재산의 재산권 또는 재산가치의 이전 및 그 가치변동이 발생할 경우에 그러한 이전 및 변동의 사실에 대하여 과세하는 유통세로서 취득행위 사실을 과세물건으로 하여 과세를 한다. 유통세는 일차적인 유통경제를 대상으로 하는 재산유통세와 이차적으로 형성되는 후속행위를 대상으로 하는 가치유통세로 나누어지는데, 취득세는 취득행위라는 행위사실 자체에 대하여 과세하는 것으로 재산유통세에 해당된다. 통합취득세는 취득행위에서 발생되는 이익이 아닌 법률행위 내지 법률효과 그 자체를 과세물건으로 하는 것으로서 취득행위라는 형식적 요건을 기준으로 과세하는 것이라고 할 수 있다(김태호, 2011).

지방세법에서는 "부동산 등의 취득은 「민법」 등 관계법령에 따른 등기·등록 등을 하지 아니한 경우라도 사실상 취득하면 각각 취득한 것으로 보고 해당 취득물건의 소유자 또는 양수인을 각

[표 2-2] 취득의 유형

구 분	유상취득	무상취득
원시취득	건축물의 신축·증축·개축·재축·이축, 건축물개수, 토지의 공유수면 매립·간척, 선박·항공기의 건조·조립, 광업권·어업권의 출원	민법상 시효취득
승계취득	매매, 교환, 현물출자, 위자료, 대물변제, 부담부증여	상속, 유증·사인증여, 증여, 기부, 이혼시 재산분할 청구
간주취득	지목변경, 조합주택, 지입차량, 차량 등의 종류변경, 리스물건 취득, 비상장법인의 과점, 주주 주식취득	–

자료: 김태호, 지방세개론, 2001.

각 취득자로 한다"라고 규정하고 있어 형식적 취득설의 입장을 취하고 있다(지방세법 제7조 제2항).

법률적 측면에서 취득사실이라 함은 민법에 의하여 완전하게 소유권이 이전되는 것을 의미하는 것이 아니라 등기·등록을 하는 것은 물론 등기·등록을 하지 않더라도 잔금지급·법률행위 등 재산을 취득하는 법적 사실이 있으면 취득으로 보는데, 이를 형식적 취득설이라 한다. 형식적 취득설의 내용에 경제적 거래사실을 과세물건의 요건으로 추가하는 것을 형식적 취득설에 대비하여 실질적 취득설이라고 할 수 있다. 즉 등기·등록 행위는 물론 등기행위 이외의 법률적 거래사실과 경제적 거래사실을 함께 요구하는 것을 실질적 취득설이라고 할 수 있다(김태호, 2011).

지방세법에서는 '취득'을 "매매, 교환, 상속, 증여, 기부, 법인에 대한 현물출자, 건축, 개수, 공유수면의 매립, 간척에 의한 토지의 조성 등과 기타 이와 유사한 취득으로서 원시취득, 승계취득 또는 유상·무상의 모든 취득"이라고 규정하고 있다(지방세법 제6조 제1항 제1호).

제3절 부동산 거래과세 관련 선행연구

부동산세제는 크게 보유세와 거래세로 분류할 수 있는데, 부동산세제에 관한 연구는 주로 보유세를 중심으로 이루어져 왔으며, 거래세에 관한 이론적 연구는 거의 없는 편이다. 외국의 부동산거래세 관련 주요 연구는 거래세를 포함한 거래비용이 부동산

거래에 미치는 영향인 거래동결 효과에 집중되어 있다. 부동산거래세는 과세근거가 이론적으로 명확하게 정립되지 않았음에도 불구하고 재정수입 확보와 과세의 용이성을 이유로 많은 국가에서 과세되고 있다. 한국에서도 부동산거래세인 통합취득세는 지방세수의 30%를 상회하는 높은 비중을 차지하고 있다.

부동산거래세에 대한 이론적 연구가 보유세에 관한 연구에 비해 상대적으로 적은 이유는 거래세가 다음과 같은 이유로 비효율적이라고 평가되었기 때문이다. 첫째, 이론적으로 부동산거래세는 자원배분상의 왜곡을 발생시킬 수 있는 조세로서 바람직하지 않은 조세로 간주된다. 둘째, 실무적으로는 부동산거래와 일반물품의 거래를 동일시하고 있기 때문인 것으로 판단된다(김현아, 2010). 미국의 경우 거래수수료 개념의 부동산거래세를 부과하기 때문에 주택을 일반상품으로 분류하여 일반판매세와 구분하지 않고 있다(최병호, 2007).

김정훈(2005)은 거래세율은 대리인비용, 보유세부담, 주택의 자본이득 등에 의하여 적정수준이 결정되는데, 현행 한국의 거래세율(실효세율 2%~3%)은 높지 않다고 주장하였다. 보유세와 거래세의 수준은 임차와 보유의 결정에 영향을 미치는데, 보유세가 높아지면 주택보유의 부담이 커지므로 적정보유를 유도하려면 거래세는 낮아져야 한다고 주장하였다. 현행 거래세제 개선방안으로 법인거래에 적용되는 거래세의 실효세율과 개인간 거래의 거래세의 실효세율이 세부담의 수평적 형평성차원에서 차등화되었는데, 이를 동등한 수준으로 조정할 것을 제안하였다.

김경환(2007)은 주택세제가 주택가격 · 임대료 · 신규주택 공급·거래량 등 주택시장에 미치는 효과에 대한 이론을 정리하고, 주택세제의 개선방안을 모색하였다. 거래세와 관련해서는 취득세와 등록세를 통합하여 궁극적으로 등기수수료 수준으로 세율을 인하하되, 이로 인한 지방재정 세입감소를 보전해 주도록 제안하였다. 양도소득세의 경우 1가구 다주택 보유자에 대한 중과세를 지양하는 대신 임대소득에 대해 소득세를 과세하는 방안을 모색할 필요가 있다고 주장하였다.

송상훈·류민정(2006)은 2005년의 재산세제 개편과 2006년의 거래세율 추가인하가 중앙정부의 부동산정책으로 야기되었음으로 이로 인한 지방세수 감소에 대해 중앙정부에서 재원을 보전해 줄 것을 주장하였다. 단기적 방안으로 부동산교부세는 원래의 도입취지대로 시·군·구에 배분하고, 취득·등록세의 보전을 위하여 실거래가 기준과세로 세수증대가 예상되는 양도소득세를 재원으로 부동산 특별교부세를 신설하는 방안을 제시하였다. 근본적으로는 부동산 정책과세이고 일회성 재산이전에 과세되는 취득세와 등록세를 국세로 이양하고, 지방소비세와 지방소득세를 도입할 것을 주장하였다.

박성배·김종환(2007)은 주택 관련 세제가 주택가격 안정에 미치는 영향을 파악하고 개선방안을 모색하기 위하여 조세정책과 관련 있는 공무원(세무직·행정직)·세무전문가(세무사·공인회계사)·부동산 전문가(공인중개사) 집단을 대상으로 인식조사를 실시하였다. 분석결과 양도소득세와 종합부동산세는 주택가격에 영향을 미치는 것으로 인식하고 있지만, 거래세와 주택가격 간의 관계는 유의하지 않다고 인식하고 있는 것으로 나타났다.

최병호(2007)는 2005년부터의 거래세제 개편을 “변동성이 높은 거래세를 부동산정책이라는 틀 속에서 급격하게 변화시킴으로써 지방세 · 조정교부금, 부동산교부세 등 지방재정의 각 부문에 걸쳐 많은 문제를 초래하고 있다”고 분석하였다. 따라서 거래세율의 추가적 인하는 필요하지만, 세율인하가 부동산시장에 미치는 영향과 지방재정에 미치는 다양한 충격을 고려하여 세율인하폭을 결정할 것을 제안하였다. 또한 거래세율 인하와 동시에 지방세 및 지방재정 조정과 관련된 전반적인 제도변화가 동반되어야 할 것이라고 주장하였다.

김현아(2010)는 거래세가 주택거래량 및 주택가격에 미치는 영향이 유의하지 않으며, 거래세가 보유세수준의 세부담집중도와 세수효율성이 확보되는 것으로 나타나므로 지방세의 근간세목으로 타당하다고 보고 거래세감면율을 축소할 것을 주장하였다. 2011년 ~ 2012년까지는 현행 거래세감면을 유지하더라도 2012년 이후에는 거시경제 정상화 및 부동산 안정화추세 등을 반영하여 2010년의 2.0%인 주택 거래세율을 2.5% 정도로 인상할 것을 제시하였다. 대부분의 부동산거래세 관련 선행연구에서는 거래세의 거래위축 등 부정적 효과를 이유로 거래세율 인하를 주장하지만, 실증분석에서는 거래세가 주택수요에 영향을 미치는 주요한 요인이 아니며 거래위축 등 부정적 효과도 크지 않다고 주장하고 있다.

한재명 · 유태현(2011)은 전이함수 모형을 이용하여 주거용 토지거래량을 종속변수로 하고, 주택가격 · 주택수요 · 주택공급, 거시경제 환경 · 제도적 요인 등을 나타내는 변수들을 독립변수로 사용하여 회귀분석을 시도하였다. 이러한 분석을 통해 거래세부담 완화조치가 주택거래 활성화에 미치는 영향을 분석하였다. 연구결과 2005년 1차례, 2006년 2차례에 걸쳐 단행된 취·등록세 인하조치가 있었음에도 2007년도 이후 주거용 토지거래량은 급격히 위축된 것으로 나타났다. 이러한 결과는 서울 강남권은 물론 서울 전역을 대상으로 하더라도 거래세인하는 부동산거래 활성화에 유효한 영향을 미치지 못한 것을 의미한다. 본 연구에서는 거래활성화를 위해 단행된 거래세율 인하가 거래량증가 효과를 거두지 못하고 지방자치단체의 기간세목인 취득세·등록세의 세수감소만을 초래할 것이라고 주장하였다.

제3장

통합취득세 관련 현황과 문제점

제 1 절 지방세법 개정에 따른 취득세의 변화

1. 지방세법 개정내용

지방세법을 지방세기본법, 지방세법, 지방세특례제한법으로 나누어 체계를 새롭게 하는 지방세분법안이 2010. 2. 26.자로 국회를 통과하여 2011. 1. 1.부터 전면시행되었다. 그 동안 지방세법은 1961년 전면개정 이후 체계적으로 정비되지 않고 필요에 따라 부분적으로 수정되어 왔다. 그 결과 지방세법은 법률체계가 복잡하고, 납세자가 이해하기 어렵다는 비판을 받아 왔다. 또한 선진 각국의 지방세제도와 비교할 때 납세자권리 보호가 미흡하고, 행정중심적이며, 세목수가 너무 많다는 지적이 계속되어 왔다.

2011년의 지방세법 개정내용을 보면 다음과 같다. 지방세기본법은 기존 지방세법 중 총칙부분에 해당하는 것으로 납세자권익을 보호하기 위한 제도를 대폭 강화하면서 납세자가 이해하기 쉽도록 편제를 바꾸었다. 새로운 지방세법은 납세자 세부담을 종전과 동일하게 유지하면서 성격이 유사한 세목들을 통·폐합하여 16개 세목을 11개 세목으로 간소화하였다. 새로 제정된 지방세특례제한법은 불필요한 감면정비, 감면일몰방식 개선, 감면조례허가제 폐지 등을 주요 내용으로 하고 있다. 개정된 지방세목 체계의 변화내용은 [표 3-1]과 같다.

[표 3-1] 지방자치단체의 세목

특별·광역시세	자치구세
○보통세: 취득세·레저세·담배소비세, 지방소비세·주민세*·지방소득세*·자동차세 ○목적세: 지역자원시설세·지방교육세	○보통세: 등록면허세·재산세**

도 세	시·군세(광역시의 군 포함)
○보통세: 취득세·등록면허세·레저세·지방소비세 ○목적세: 지역자원시설세·지방교육세	○보통세: 담배소비세·주민세·지방소득세·자동차세·재산세

주) *광역시: 주민세 재산분 및 지방소득세 종업원분은 구세로 함.
**특별시: 재산세는 시와 자치구 간 공동과세, 도시지역 특례분(종전 도시계획세)은 특별시세로 함.

2. 취득세와 등록면허세로의 개정내용

가. 개정 이전 '등록세'[1] 중 취득세와 등록면허세의 분류기준

2011년 지방세법 개정 이전에 등록세는 "재산권 기타 권리의 취득・이전・변경 또는 소멸에 관한 사항을 공부에 등기 또는 등록하는 경우에 등기 또는 등록이라는 단순한 사실의 존재를 과세물건으로 하여 그 등기 또는 등록을 받는 자에게 부과하는 세금"으로 정의된다. 개정 이전 등록세의 과세대상은 부동산, 선박, 자동차, 건설기계, 항공기, 법인, 공장신・증설, 상호, 광업권, 어업권, 저작권, 특허권, 상표・서비스표 등이었다.

2011년 지방세법 개정으로 종전의 지방세법에서 취득세 부분은 그대로 유지되고 등록세 중에서 취득을 수반하는 부분이 통합취득세로 통합되고, 그렇지 않은 부분은 면허세와 합쳐 등록면허세로 통합되었다. 개정 전 등록세의 약 13가지 이상의 과세대상 중 취득을 수반한 과세대상을 분류하면 부동산과 선박만이 해당되며, 나머지는 자동차와 같이 취득시 취득세를 따로 부과하거나, 이전이나 가처분에 대한 것으로서 취득과는 무관한 경우이다. 개정 전 부동산과 선박에 대한 구체적 과세대상・과표・세율은 다

---

1) 등록세의 시초는 1911년 회사령에 의거하여 회사가 등기할 때 국세로 부과한 회사등록세였다. 1912년 3월에는 부동산거래에도 등록세를 부과할 것을 목적으로 조선등록세령이 공포되자, 이에 따라 부동산에 관한 등기 또는 증명을 받을 때에는 부동산이나 채권의 가격을 표준으로 하여 등록세를 납부하도록 하였다. 등록세는 해방 후에도 계속 국세로 있었는데, 1976년 세제개혁시 지방세로 이양되어 2010년까지 시행되다가 2011년부터 통합취득세와 등록면허세로 개정・운영되고 있다

[표 3-2] 부동산 등기에 대한 등록세 과세대상 및 세율

과세대상		과세표준	세 율
① 상속취득	농지	부동산가액	0.3%
	기타	부동산가액	0.8%
② 상속 이외의 무상취득		부동산가액	1.5%
③ 비영리사업자의 무상취득		부동산가액	0.8%
④ '①~③' 이외의 취득	농지	부동산가액	1.0%
	기타	부동산가액	2.0%
⑤ 소유권 보존등기		부동산가액	0.8%
⑥ 공유·합유·총유물의 분할		부동산가액	0.3%
⑦ 지상권의 설정 및 이전		부동산가액	0.2%
⑧ 저당권의 설정 및 이전		채권금액	0.2%
⑨ 지역권의 설정 및 이전		요역지가액	0.2%
⑩ 전세권의 설정 및 이전		전세금액	0.2%
⑪ 임차권의 설정 및 이전		월임차금액	0.2%
⑫ 경매신청·가압류·가처분		채권금액	0.2%
⑬ 가등기		부동산가액	0.2%
⑭ '①~⑬' 이외의 등기		매 1건	3,000원

자료: 김태호, 지방세개론, 2010.

음 [표 3-2]와 같다.

[표 3-2]의 부동산등기 관련 과세대상 중에서 취득에 관련된 ①번~⑤번까지는 개정 후 '취득세'로 통합되고, 나머지 ⑥번~⑭번은 '등록에 대한 등록면허세'로 통합되었다. [표 3-3]의 선박 등기 관련 과세대상 중에서도 ①번~⑤번까지의 취득부분은 개정 후 '취득세'로, ⑥번 부분은 '등록에 대한 등록면허세'로 통합되었다.

[표 3-3] 선박등기에 대한 등록세 과세대상 및 세율

과세대상	과세표준	세 율
① 상속취득	선박가액	0.5%
② 무상취득	선박가액	1.0%
③ 소유권보존 취득	선박가액	0.02%
④ '①~③' 이외의 취득	선박가액	1.0%
⑤ 20톤 미만의 선박 기타 선박의 등기·등록	선박가액	0.02%
⑥ '①~④' 이외의 등기	매 1건당	7,500원

자료: 김태호, 지방세개론, 2010.

나머지 건설기계, 항공기, 법인, 공장신·증설, 상호, 광업권, 어업권, 저작권, 특허권, 상표·서비스표 등은 전술한 바와 같이 취득부분이 없어 모두 '등록에 대한 등록면허세'로 통합되었다. 다만, 자동차는 취득세의 과세대상 중 차량에 해당되어 통합취득세의 과세대상이다.

나. 개정 이후 통합취득세와 등록면허세 개관

개정 전 지방세법 제2장 제4절은 취득세, 제5절은 등록세로 명시했으나, 개정 후 새로운 지방세법에는 취득세와 취득분 등록세를 합쳐서 새로운 지방세법에서는 제2장 취득세, 제3장 등록면허세로 규정하였다. 통합취득세를 규정한 제2장에서는 제1절 취득세 관련 통칙, 제2절 과세표준과 세율, 제3절 부과징수 부분을 명시하였다. 제1절 통칙부분에서는 정의·납세의무자 등, 납세지, 비과세에 대하여 규정하고 있다. 제2절 과세표준과 세율부분에서는 과세표준, 부동산취득의 세율, 부동산 외 취득의 세율, 과밀억

제군역 안 취득의 중과, 조례에 따른 세율조정, 세율의 특례, 세율적용, 면세점에 대하여 규정하고 있다. 제3절 부과·징수 부분에서는 징수방법·통보 등, 신고 및 납부, 분할납부, 부족세액의 추징 및 가산세, 등기자료의 통보에 대하여 규정하고 있다.

신설된 등록면허세는 등록세 중 취득의 전제 없이 이루어지는 등기·등록분과 면허·인가·허가 등에 과세되는 면허세를 통·폐합한 세목이다. 개정 전 지방세법에서는 제2장 제5절에 등록세, 제9절에 면허세에 대하여 규정하였으나, 개정 후 새로운 지방세법에서는 제3장 등록면허세에 취득과 무관한 등록세와 면허세에 대하여 규정하였다. 제3장 제1절에는 등록면허세 관련 통칙

[그림 3-1] 통합취득세 관련 법개정 내용

개정 전 지방세법		개정 후 지방세법
○(제2장) 제4절 취득세 ○(제2장) 제5절 등록세 ※ 등록세 중 취득을 수반하는 것	➡	제2장 취득세 ○ 제1절 통칙 - 정의·납세의무자 등·납세지·비과세 ○ 제2절 과세표준과 세율 - 과세표준, 부동산취득의 세율, 부동산 외 취득의 세율, 과밀억제군역 안 취득의 중과, 조례에 따른 세율조정, 세율의 특례, 세율적용, 면세점 ○ 제3절 부과·징수 - 징수방법·통보 등, 신고 및 납부, 분할납부, 부족세액의 추징 및 가산세, 등기자료의 통보

자료: 지방세법, 2010, 2011.

을 규정하고, 제2절의 등록에 대한 등록면허세 부분에서는 종전 등록세 중 취득과 무관한 등록세부분을 규정하였다. 그리고 제3절의 면허에 대한 등록면허세 부분에서는 종전 면허세부분을 규정하고 있다.

제2장 취득세부분을 구체적으로 살펴보면, 제1절 통칙부분에서는 정의 · 납세의무자 · 납세지 · 비과세에 대하여 규정하고 있다. 그리고 제2절 등록에 대한 등록면허세 부분에서는 과세표준, 세율, 같은 채권의 두 종류 이상의 세율, 신고 및 납부, 특별징수, 부족세액의 추징 및 가산세, 등록자료의 통보에 대하여 규정하고 있다. 또한 제3절 면허에 대한 등록면허세 부분에서는 종전 면허세와 관련된 세율, 신고납부 등, 납세의 효력, 이미 납부한 등록면

[그림 3-2] 등록면허세 관련 법개정 내용

개정 전 지방세법(세목편)		개정 후 (신설)지방세법
○ (제2장) 제5절 등록세(일부) ○ (제2장) 제9절 면허세	➡	제3장 등록면허세 ○ 제1절 통칙 - 정의 · 납세의무자 · 납세지 · 비과세 ○ 제2절 등록에 대한 등록면허세 - 과세표준 · 세율, 같은 채권의 두 종류 이상의 세율, 신고 및 납부, 특별징수, 부족세액의 추징 및 가산세, 등록자료의 통보 ○ 제3절 면허에 대한 등록면허세 - 세율 · 신고납부 등, 납세의 효력, 이미 납부한 등록면허세에 대한 조치, 면허시의 납세확인, 면허에 관한 통보, 면허관계 서류의 열람, 면허의 취소 등

자료: 지방세법, 2010, 2011.

[표 3-4] 통합취득세 납세의무자의 개정내용

개정 전(취득세 · 등록세)	개정 후(통합취득세)
□ 취득세 납세의무자 등(법 제105조) ○ 부동산 · 차량 · 기계장비 · 입목 · 항공기 · 선박 · 광업권 · 어업권 · 골프회원권 · 승마회원권 · 콘도미니엄회원권 또는 종합체육시설이용회원권의 취득에 대하여 당해 취득물건 소재지의 도에서 그 취득자에게 부과	□ 납세의무자 등 ○ 부동산 · 차량 · 기계장비 · 항공기 · 선박 · 입목 · 광업권 · 어업권 · 골프회원권 · 승마회원권 · 콘도미니엄회원권 또는 종합체육시설이용회원권(이하 "부동산 등"이라 함)의 취득에 대하여 그 취득자에게 부과
○ 부동산 등을 관계법령에 따라 등기 · 등록하지 않더라도 사실상 취득의 경우 소유자 또는 양수인	<좌 동>
○ 부대설비가 그 주체구조부와 일체되어 건축물로서의 효용가치 있는 경우 : 주체구조부 취득자	<좌 동>
○ 선박 · 차량과 기계장비의 종류의 변경, 토지의 지목변경으로 가격증가시 그 소유자	<좌 동>
○ 법인의 주식 또는 지분을 취득하여 과점주주가 된 경우 그 과점주주	<좌 동>
○ 외국인소유의 과세대상 물건(차량 · 기계장비 · 항공기 및 선박으로 한정)을 직접 사용 또는 국내의 대여시설 이용자에게 대여하기 위해 임차하여 수입하는 경우에는 수입하는 자	<좌 동>
○ 상속(유증 및 포괄유증, 신탁재산의 상속)으로 상속인 각자가 상속받는 과세물건(지분취득은 그 지분)을 취득한 자	<좌 동>
○ 주택조합 등이 조합원용으로 취득하는 조합주택용 부동산의 경우 그 조합원	<좌 동>
□ 등록세 납세의무자(법 제124조) ○ 재산권 기타 권리의 취득 · 이전 · 변경 또는 소멸에 관한 사항을 공부에 등기 · 등록을 받는 자	<삭 제>

자료: 행정안전부 내부자료, 2010.

허세에 대한 조치, 면허시의 납세확인, 면허에 관한 통보, 면허관계 서류의 열람, 면허의 취소 등에 대하여 규정하고 있다.

3. 통합취득세의 법·제도적 현황

가. 과세대상

통합취득세는 종전의 취득세와 등록세 중 과세대상이 중복되는 세원을 통합하였다. 개정 지방세법 제2장 제1절에서 통합취득세의 과세대상은 부동산·차량·기계장비·항공기·선박·입목·광업권·어업권·골프회원권·승마회원권·콘도미니엄회원권 또는 종합체육시설이용회원권의 취득으로 규정하여 있어 개정 전과 개정 후의 과세대상에는 변화가 없다.

나. 과세표준 및 세율

통합취득세 중 부동산취득의 세율 개정내용은 다음 [표 3-5]와 같고, 통합취득세의 세율을 요약하면 [표 3-6]과 같다. 통합취득세의 세율은 납세자세부담 수준과 지방세수 유지를 위해 현행 세율을 산술적 합산하였다. 즉 취득세와 등록세가 과세되던 경우에는 취득세율과 등록세율을 합산하였고, 취득세만 과세되던 경우에는 현행 세율(1,000분의 20)을 유지하였다.

개정 전 취득세 및 등록세의 과세대상·세율과 개정 후 통합취득세의 과세대상·세율을 비교·요약하면 다음 [표 3-6]과 같다. 본 연구의 중점 연구대상인 통합취득세 과세대상은 부동산 유상취득([표 3-5]의 6. 나. 및 [표 3-6]의 부동산 유상취득)으로 표준세

[표 3-5] 부동산취득의 세율 개정내용

개정 전(취득세 · 등록세)	개정 후(통합취득세)
□ 취득세(법 제112조 제1항) ○ 과세표준의 1,000분의 20 □ 등록세(법 제131조)	① 부동산취득의 표준세율
1. 상속으로 인한 소유권의 취득 (1) 농지: 1,000분의 3 (2) 기타: 1,000분의 8	1. 상속으로 인한 취득 가. 농지: 1,000분의 23 나. 기타: 1,000분의 28
2. 무상으로 인한 소유권의 취득: 1,000분의 15(비영리사업자의 취득: 1,000분의 8)	2. 증여, 유증 그 밖의 무상으로 인한 취득: 1,000분의 35(비영리사업자의 취득: 1,000분의 28)
4. 소유권의 보존: 1,000분의 8	3. 원시취득: 1,000분의 28
○ 제133조(신탁재산 등기) 1. 신탁재산인 부동산취득 등기: 1,000분의 10(비영리사업자 1,000분의 5	4. 신탁재산 취득: 1,000분의 30(비영리사업자 1,000분의 25)
○ 법 제131조 제1항(부동산등기) 5. 공유 · 합유 · 총유물 분할: 1,000분의 3	5. 공유 · 합유 · 총유물 분할 : 1,000분의 23
3. 유상으로 인한 소유권의 취득 (1) 농지: 1,000분의 10 (2) 기타: 1,000분의 20	6. 그 밖의 원인으로 인한 취득 가. 농지: 1,000분의 30 나. 기타: 1,000분의 40
○ 법 제131조 제2항: 부동산이 공유물인 때에는 취득지분의 가액을 부동산가액으로 함	② 부동산이 공유물인 때에는 취득지분의 가액을 과세표준으로 함
○ 법 제131조 제4항: 건축물면적 증가시 증가된 부분에 대해 소유권보존등기로 보고 과세	③ 건축물면적 증가시 증가된 부분에 대해 원시취득으로 보고 세율적용

자료: 행정안전부 내부자료, 2010.

[표 3-6] 통합취득세의 표준세율 요약

구 분		개정 전 세율		개정 후 세율
		취득세 (법 §112①)	등록세 (법 §131~138)	
부동산	유상취득	2%	농지 1%	농지 3.00%
			기타 2%	기타 4.00%
	무상취득	2%	1.5%	3.50%
			비영리 0.8%	비영리 2.80%
	상 속	2%	농지 0.3%	농지 2.30%
			기타 0.8%	기타 2.80%
	신탁재산	2%	1%	3.00%
			비영리 0.5%	기타 2.50%
	원시취득[1]	2%	0.8%	2.80%
	공유·합유·분할	2%	0.3%	2.30%
선 박	유상취득	2%	1%	3.00%
	무상취득	2%	1%	3.00%
	상 속	2%	0.5%	2.50%
	신탁재산	2%	1%	3.00%
	원시취득[1]	2%	0.02%	2.02%
	소형선박[2]	2%	0.02%	2.02%
차 량	비영업용 승용차	2%	5%	7.00%
			경차 2%	4.00%

차 량	비영업용 승용차 외	2%	비영업용 3% (경차 2%)	5.00% (4.00%)
			영업용 2%	4.00%
	자동차 외 차량	2%		2.00%
기계장비[3)]		2%	1%	3.00%
항공기[4)]		2%	5.7톤 이상 0.01%	2.01%
			5.7톤 미만 0.02%	2.02%
광업·어업권[5)]		2%	–	2.00%
입 목		2%	–	2.00%
골프·승마·콘도미니엄·종합체육시설 이용회원권		2%	–	2.00%
중과기준세율[6)]		2%	–	2.00%

주) 1) 현행 등록세규정의 소유권보전을 원시취득으로 변경하고, 승계취득이면서 소유권보존등기 대상(선박 : 수입 또는 주문건조)은 2.02% 적용토록 별도규정
2) 선박법 및 선박등기법상 등록면제 선박 : 2% 세율적용(취득세만 부과)
3) 건설기계에 해당되지 않는 기계장비 : 2% 세율적용(취득세만 부과)
4) 항공법상 등록면제 항공기 : 2%의 세율적용(취득세만 부과)
5) 광업권 및 어업권 등록세는 정액세로 과세되고 있어 「등록면허세」로 통합
6) 통합취득세의 중과세 및 과세특례 규정을 위해 과세기술상 신설된 세율(제13조 제1항의 중과기준 세율, 현행 취득세율로 함)

자료: 행정안전부 내부자료, 2010.

율은 4.0%로 취득세와 등록세가 각각 과세되었던 2005년부터 현재까지 유지되고 있다. 2004년까지 부동산 유상취득에 대하여 취득세 2.0%, 등록세 3.0%를 합친 5.0%가 과세되었으나, 2005년 1월부터 등록세율이 3.0%에서 1.0%p 인하되어 취득세 2.0%, 등록

세 2.0%를 합친 4.0% 세율로 과세되고 있다.

부동산 유상취득에 대한 취득세·등록세(2005년~2010년)와 통합취득세(2011년 이후)의 표준세율은 4.0%로 유지되고 있으나, 주택거래 활성화를 위해 주택의 유상취득 거래에 대해서는 세액을 감면해 주고 있다. 이러한 세액감면 내용을 구체적으로 살펴보면 다음과 같다.

2005년 1월 1일부터 개인간 거래에 대하여 취득세 2.0%와 등록세 1.5%(등록세율을 2.0%에서 0.5%p 인하)를 합친 3.5%의 세율이 적용되었다. 2006년 1월 1일부터 개인간 거래에 대하여 취득세율을 2.0%에서 0.5%p 인하하고, 등록세율을 2.0%에서 1.0%p 인하하여 취득세 1.5%와 등록세 1.0%를 합친 2.5%의 세율이 적용되었다. 2006년 9월 1일부터 개인간 거래에 법인까지 포함한 모든 주택 유상거래에 대하여 취득세율을 2.0%에서 1.0%p 인하하고 등록세율을 2.0%에서 1.0%p 인하하여 취득세 1.0%와 등록세 1.0%를 합친 2.0%의 세율이 적용되었다.

통합취득세가 도입된 2011년 1월 1일부터 개인간 거래에 법인까지 포함한 모든 주택 유상거래 중에서 1주택에 대하여는 통합취득세율을 4.0%에서 2.0%p 인하하여 2.0%의 세율이 적용되지만, 9억 초과 다주택에 대해서는 표준세율인 4.0%가 적용되었다. 그리고 2011년 3월 22일부터 개인간 거래에 법인까지 포함한 모든 주택 유상거래 중에서 1주택에 대하여는 통합취득세율을 4.0%에서 3.0%p 인하하여 1.0%의 세율이 적용되고, 9억 초과 다주택에 대해서는 표준세율인 4.0%에서 2.0%p 인하하여 2.0%의 세율이 적용되었다.

[표 3-7] 부동산 거래단계 지방세세율 변화추이
(유상주택 거래) (단위 : %)

	2004년까지	2005년		2006. 1. 1~2006. 8. 30		2006. 9. 1~2010. 12. 31	2011. 1. 1~2011. 3. 21		2011. 3. 22~2011. 12. 31	
		일반	개인간	일반	개인간		9억초과, 다주택	1주택	9억초과, 다주택	1주택
취득세	2.0	2.0	2.0	2.0	1.5	1.0	4.0	2.0	2.0	1.0
등록세	3.0	2.0	1.5	2.0	1.0	1.0				
거래세합계	5.0	4.0	3.5	4.0	2.5	2.0	4.0	2.0	2.0	1.0

다. 특례세율의 적용

통합취득세의 과세대상이 되는 취득에는 다음과 같은 취득으로 분류할 수 있다. 첫째, 취득세와 등록세를 동시에 납부하던 과세대상이다(취득세와 등록세가 동시에 중과세되는 과세대상, 취득세는 중과세되고 등록세는 중과세되지 않는 과세대상, 등록세는 중과세되고 취득세는 중과세되지 않는 과세대상). 둘째, 취득세는 과세되고 등록세는 과세되지 않는 과세대상이다. 셋째, 등록세는 과세되고 취득세는 과세되지 않는 과세대상이다.

지방세법 제15조에서는 통합취득세의 과세대상 중 개정 전 지방세법에서 비과세규정 등에 의하여 취득세와 등록세 중 어느 하나의 세목만 과세되는 경우에는 해당하는 과세대상에 적용할 세율에 대하여 세율의 특례로 규정하고 있다. 지방세법 제15조의 제1항에서는 개정 전 등록세는 과세되었으나 취득세는 과세되지 않았던 과세대상에 적용할 세율에 대하여 규정하고 있으며, 제2항에서는 개정 전 취득세는 과세되었으나 등록세는 과세되지 않았던 과세대상에 적용할 세율에 대하여 규정하고 있다.

대부분의 통합취득세 과세대상은 취득세와 등록세를 동시에 납부하던 과세대상이나, 일부 과세대상의 경우 2개 세목 중 1개 세목만 납부하도록 되어 있었다. 종전에 등록세만 과세하는 취득에는 다음과 같은 것이 있으며, 이들에 대해서는 기본세율에서 중과기준 세율(2.0%)을 뺀 것을 세율로 적용하도록 하고 있다(지방세법 제15조 제1항). 환매등기를 병행하는 부동산의 매매로서 환매기간 내에 매도자가 환매한 경우의 그 때 매도자와 매수자의 취득이다. 상속으로 인한 취득으로 ① 1가구 1주택 및 그 부속토지의 취득, ② 지방세특례제한법 제6조 제1항의 취득세감면 대상이 되는 농지의 취득이다. 법인의 합병 또는 공유권의 분할로 인한 취득. 다만, 법인합병으로 취득한 과세물건이 합병 후에 본점·주사무소, 공장 신·증설, 고급오락장 등 사치성재산에 해당시에는 해당 중과세율을 적용한다. 건축물의 이전으로 인한 취득. 다만, 이전한 건축물의 가액이 종전 건축물의 가액을 초과하는 경우에 그 초과하는 가액에 대해서는 해당 세율을 적용한다. 민법상 협의상 이혼의 재산분할로 인한 취득이다(민법 제834조, 제829조의 2).[2)]

종전에 등록세는 과세하지 않고 취득세만 과세하던 취득에

2) 민법 제839조의 2(재산분할청구권) ① 협의상 이혼한 자의 일방은 다른 일방에 대하여 재산분할을 청구할 수 있다.
② 제1항의 재산분할에 관하여 협의가 되지 아니하거나 협의할 수 없는 때에는 가정법원은 당사자의 청구에 의하여 당사자쌍방의 협력으로 이룩한 재산의 액수 기타 사정을 참작하여 분할의 액수와 방법을 정한다.
③ 제1항의 재산분할 청구권은 이혼한 날부터 2년을 경과한 때에는 소멸한다 [본조신설 1990. 1. 13].
제834조(협의상 이혼) 부부는 협의에 의하여 이혼할 수 있다.

해당하는 과세대상에 대해서는 중과기준 세율(2.0%)만 적용하여 과세하도록 하고 규정하고 있는데, 여기에 해당하는 과세대상은 다음과 같다(지방세법 제15조 제2항).[3] 개수로 인한 취득, 선박・차

---

3) 제15조(세율의 특례) ① 다음 각 호의 어느 하나에 해당하는 취득에 대한 취득세는 제11조 및 제12조에 따른 세율에서 중과기준 세율을 뺀 세율로 산출한 금액을 그 세액으로 한다. 다만, 취득물건이 제13조 제2항에 해당하는 경우에는 이 항 각 호 외의 부분 본문의 계산방법으로 산출한 세율의 100분의 300을 적용한다. < 개정 2010. 12. 27 >.

1. 환매등기를 병행하는 부동산의 매매로서 환매기간 내에 매도자가 환매한 경우의 그 매도자와 매수자의 취득
2. 상속으로 인한 취득 중 다음 각 목의 어느 하나에 해당하는 취득
   가. 대통령령으로 정하는 1가구 1주택 및 그 부속토지의 취득
   나. 「지방세특례제한법」 제6조 제1항에 따라 취득세의 감면대상이 되는 농지의 취득
3. 법인의 합병으로 인한 취득. 다만, 법인의 합병으로 인하여 취득한 과세물건이 합병 후에 제16조에 따른 과세물건에 해당하게 되는 경우는 그러하지 아니하다.
4. 공유물의 분할 또는 「부동산실권리자명의 등기에 관한 법률」 제2조 제1호 나목에서 규정하고 있는 부동산의 공유권해소를 위한 지분이전으로 인한 취득(등기부등본상 본인지분을 초과하는 부분의 경우에는 제외한다)
5. 건축물의 이전으로 인한 취득. 다만, 이전한 건축물의 가액이 종전 건축물의 가액을 초과하는 경우에 그 초과하는 가액에 대하여는 그러하지 아니하다.
6. 「민법」 제834조 및 제839조의 2에 따른 재산분할로 인한 취득
7. 그 밖의 형식적인 취득 등 대통령령으로 정하는 취득.

② 다음 각 호의 어느 하나에 해당하는 취득에 대한 취득세는 중과기준 세율을 적용하여 계산한 금액을 그 세액으로 한다. 다만, 취득물건이 제13조 제1항에 해당하는 경우에는 중과기준 세율의 100분의 300을, 같은 조 제5항에 해당하는 경우에는 중과기준 세율의 100분의 500을 각각 적용한다. < 개정 2010. 12. 27 >.

1. 개수로 인한 취득(제11조 제3항에 해당하는 경우는 제외한다). 이 경우 과세표준은 제10조 제3항에 따른다.
2. 제7조 제4항에 따른 선박・차량과 기계장비 및 토지의 가액증가. 이 경우 과세표준은 제10조 제3항에 따른다.
3. 제7조 제5항에 따른 과점주주의 취득. 이 경우 과세표준은 제10조 제4항에 따른다.
4. 제7조 제6항에 따라 외국인소유의 취득세 과세대상 물건(차량, 기계장비, 항공기 및 선박만 해당한다)을 임차하여 수입하는 경우의 취득(연부로 취

량과 기계장비 및 토지의 가액증가, 과점주주의 취득, 외국인소유의 취득세 과세대상 물건(차량, 기계장비, 항공기 및 선박만 해당)을 임차하여 수입하는 경우의 취득(연부취득으로 한정), 시설대여업자의 건설기계 또는 차량 취득, 취득대금을 지급한 자의 기계장비 또는 차량 취득, 그 밖에 레저시설의 취득 등 대통령령으로 정하는 취득이다.

지방세법 시행령 제30조에는 통합취득세 세율의 특례대상으로 법 제15조 제2항 제7호에서 "레저시설의 취득 등 대통령령으로 정하는 취득"이란 다음 각 호의 어느 하나에 해당하는 취득을 말한다"[4]라고 규정하고 5종의 과세대상을 규정하고 있다. 레저시설, 저장시설, 도크(dock) 시설, 접안시설, 도관시설, 급수・배수시설 및 에너지 공급시설[5]의 취득, 무덤과 이에 접속된 부속시설물

득하는 경우로 한정한다).

5. 제7조 제9항에 따른 시설대여업자의 건설기계 또는 차량 취득
6. 제7조 제10항에 따른 취득대금을 지급한 자의 기계장비 또는 차량 취득.
7. 그 밖에 레저시설의 취득 등 대통령령으로 정하는 취득.

4) 제30조(세율의 특례대상) 법 제15조 제2항 제7호에서 "레저시설의 취득 등 대통령령으로 정하는 취득"이란 다음 각 호의 어느 하나에 해당하는 취득을 말한다. <개정 2010. 12. 30>
1. 제5조에서 정하는 시설의 취득
2. 무덤과 이에 접속된 부속시설물의 부지로 사용되는 토지로서 지적공부상 지목이 묘지인 토지의 취득
3. 법 제9조제5항 단서에 해당하는 임시건축물의 취득
4. 「여신전문금융업법」 제33조 제1항에 따라 건설기계나 차량을 등록한 대여시설 이용자가 그 시설대여업자로부터 취득하는 건설기계 또는 차량의 취득
5. 건축물을 건축하여 취득하는 경우로서 그 건축물에 대하여 법 제28조 제1항 제1호 가목 또는 나목에 따른 소유권의 보존등기 또는 소유권의 이전등기에 대한 등록면허세 납세의무가 성립한 후 제20조에 따른 취득시기가 도래하는 건축물의 취득

5) 지방세법 시행령 제30조 제1호에서의 시설을 규정한 제5조는 다음과 같다.

의 부지로 사용되는 토지로서 지적공부상 지목이 묘지인 토지의 취득, 임시건축물의 취득, 「여신전문금융업법」 제33조 제1항에 따라 건설기계나 차량을 등록한 대여시설 이용자가 그 시설대여업자로부터 취득하는 건설기계 또는 차량의 취득, 건축물을 건축하여 취득하는 경우로서 그 건축물에 대하여 법 제28조 제1항 제1호 가목 또는 나목에 따른 소유권의 보존등기 또는 소유권의 이전등기에 대한 등록면허세 납세의무가 성립한 후 제20조에 따른 취득시기가 도래하는 건축물의 취득이다.

라. 부과 · 징수 및 가산세

통합 전에 취득세는 각각 취득 후 30일 이내에 신고납부하도

제5조(시설의 범위) ① 법 제6조 제4호에 따른 레저시설, 저장시설, 도크(dock)시설, 접안시설, 도관시설, 급수·배수시설 및 에너지 공급시설은 다음 각 호에서 정하는 시설로 한다.

1. 레저시설 : 수영장, 스케이트장, 골프연습장(「체육시설의 설치·이용에 관한 법률」에 따라 골프연습장업으로 신고된 20타석 이상의 골프연습장만 해당한다), 전망대, 옥외스탠드, 유원지의 옥외 오락시설(유원지의 옥외오락시설과 비슷한 오락시설로서 건물 안 또는 옥상에 설치하여 사용하는 것을 포함한다)
2. 저장시설 : 수조, 저유조, 저장창고, 저장조 등의 옥외저장시설(다른 시설과 유기적으로 관련되어 있고, 일시적으로 저장기능을 하는 시설을 포함한다)
3. 도크(dock) 시설 및 접안시설 : 도크, 조선대(造船臺)
4. 도관시설(연결시설을 포함한다) : 송유관, 가스관, 열수송관
5. 급수·배수 시설 : 송수관(연결시설을 포함한다), 급수·배수시설, 복개설비
6. 에너지 공급시설 : 주유시설, 가스충전 시설, 송전철탑(전압 20만 볼트 미만을 송전하는 것과 주민들의 요구로 「전기사업법」 제72조에 따라 이전·설치하는 것은 제외한다).

② 법 제6조 제4호에서 "대통령령으로 정하는 것"이란 잔교(棧橋), 기계식 또는 철골조립식 주차장, 방송중계탑(「방송법」 제54조 제1항 제5호에 따라 국가가 필요로 하는 대외방송 및 사회교육방송 중계탑은 제외한다) 및 무선통신기지국용 철탑을 말한다.

[표 3-8] 통합취득세의 신고 및 납부 개정내용

개정 전	개정 후
□ 취득세(법 제120조) ① 취득세 과세물건을 취득한 자는 그 취득한 날부터 30일 이내(상속의 경우 6월)에 신고납부 ② 취득 후 중과세대상에 적용된 때는 그 날로부터 30일 이내 ③ 비과세·감면·경감 후 과세대상으로 전환된 때는 그 날부터 30일 이내	□ 신고 및 납부(지방세법 제20조) ① 취득세과세물건을 취득한 자는 그 취득한 날부터 60일 이내(상속의 경우 6월)에 신고납부 ② <좌 동> ③ <좌 동>
□ 등록세(법 제115조의 2) ① 등기·등록하기 전까지 신고납부 ② 등기 후 중과세대상에 적용된 때에는 그 날로부터 30일 이내 ③ 비과세·감면·경감 후 과세대상으로 전환된 때에는 그 날로부터 30일 이내	④ 재산권 기타 권리의 취득·이전에 관한 사항을 공부에 등기 또는 등록(등재)하고자 하는 경우에는 등기 또는 등록을 하기 전까지 취득세를 신고납부하도록 의무규정

자료: 행정안전부 내부자료, 2010.

록 되어 있었으며, 등록세는 등기·등록하기 전까지 신고납부하도록 되어 있었다. 그러나 취득세와 등록세의 통·폐합에 따라 일시에 취득가액의 4.0%를 납부해야 하게 됨에 따라 납세자의 일시적 부담증가가 예상되어 통합취득세의 신고 납부기간을 취득 후 30일에서 60일로 연장하였다. 신고납부의 효율성과 조세채권의 안정적 확보를 위해 현재와 같이 등기·등록을 하기 전에 취득세를 신고납부하도록 하는 규정은 존치되었다.

통합취득세의 신고납부 기간을 연장하였음에도 종전에 2회로 나누어 납부하던 것을 1회에 납부하게 됨에 따른 세부담의 증가를 완화하기 위하여 개인이 주택(주거용 건축물과 그 부속토지), 차량 또는 기계장비를 취득하고, 취득일로부터 30일 이내에 등기 또는 등록하는 경우에 한해 납부할 통합취득세액의 일부를 취득일로부터 60일 이내에 분할납부할 수 있도록 하였다(지방세법 제20조의 2). 이러한 조치는 2013년 12월 31일까지 적용되는 한시적 조치이며, 분할납부분도 2011년 1월 1일부터 2012년 12월 31일 취득분에 대해서는 1차분(등기·등록 전까지 납부하는 부분) 50%, 2차분(등기·등록 이후에 납부하는 부분) 50%의 분할납부를 허용한다. 그러나 2012년 1월 1일부터 2013년 12월 31일 취득분에 대해서는 1차분(등기·등록 전까지 납부하는 부분) 70%, 2차분(등기·등록 이후에 납부하는 부분) 30%의 분할납부를 허용한다.

부족한 세액의 추징 및 가산세 부분은 현행의 가산세규정을 통합취득세에서도 그대로 수용했다. 이 경우 제2항 등록세에 대한 가산세부담이 증가되나 세금포탈 등을 징벌하는 의미의 가산세이므로 현행 취득세 중 가산세율을 유지한다.

[표 3-9] 부족세액의 추징 및 가산세

개정 전	개정 후
□ 취득세(법 제121조) ① 신고·납부 불성실가산세 ② 취득일부터 2년 내에 신고 및 납부를 하지 아니하고 매각한 경우의 가산세 : 100분의 80 □ 등록세(제151조 제2호) ○ 신고·납부 불성실가산세	□ 가산세 ① <좌 동> ② <좌 동>

자료: 지방세법, 2010, 2011.

제2절 취득세의 과세체계 및 세수

1. 지방세의 과세체계 및 세수 현황

지방세의 과세체계 및 세수 현황을 국세와 비교하여 살펴보면 다음과 같다. 우리나라의 총 조세수입은 2009년 결산기준으로 209조7,085억 원이며, 이 중 국세가 164조5,407억 원(78.5%), 지방세가 45조1,678억 원(21.5%)이다. 국민총생산 대비 조세부담률은 19.7%이며, 국세부담률은 15.5%이며, 지방세부담률은 4.2%이다. 2000년 이후 지방세규모를 총 조세 및 국세와 비교하여 살펴보면,

[표 3-10] 국세와 지방세의 세수변화 추이 (단위: 억 원, %)

구 분		2000	2002	2004	2005	2006	2007	2008	2009
국민총생산(A)		5,786,645	6,842,635	7,793,805	8,105,159	8,480,447	9,011,887	10,264,518	10,630,591
총 조세		917,067	1,137,516	1,519,974	1,634,431	1,793,380	2,049,834	2,127,857	2,097,085
		100.0	100.0	100.0	100.0	100.0	100.0	100	100.0
국 세(B)		711,061	822,259	1,177,957	1,274,657	1,380,443	1,614,591	1,673,060	1,645,407
		81.9	76.7	76.3	77.0	75.9	77.9	78.6	78.5
지방세(C)		206,006	315,257	342,017	359,774	412,937	435,243	454,797	451,678
		18.1	23.3	23.7	23.0	24.1	22.1	21.4	21.5
국세부담률(B/A)		16.1	15.2	14.2	14.7	15.2	16.6	16.3	15.5
지방세부담률(C/A)		3.5	4.6	4.1	4.2	4.5	4.5	4.4	4.2

자료: 국세청, 국세통계연보, 각 연도; 행정안전부, 지방세정연감, 각 연도.

[그림 3-3] 총 조세 및 국세와 지방세의 세수변화 (단위: 억원)

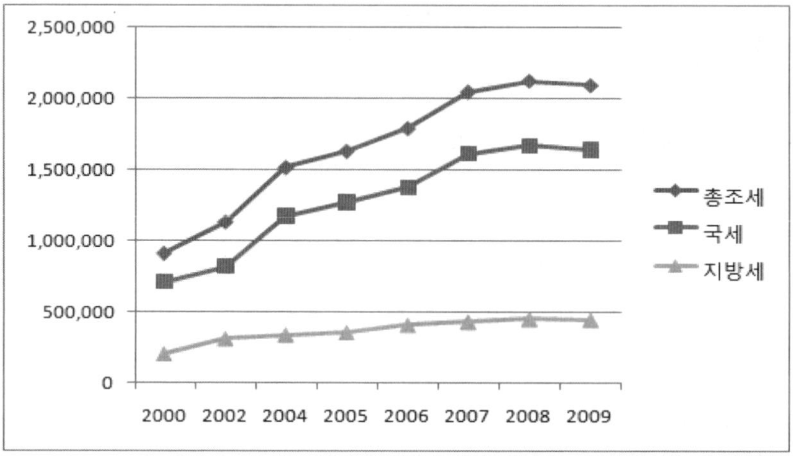

총 조세와 국세는 2006년 이후 큰 폭으로 증가한 반면, 지방세 수입은 다소 정체되어 있다. 최근 10년간 총 조세에서 차지하는 지방세의 비중은 18.1%~24.0%의 범위 내에서 유지되고 있는데, 2006년 24.1%를 정점으로 점차 하락하고 있다([표 3-10] 참조).

지방세의 소득과세·소비과세·재산과세·기타 과세 등 세원별 분류를 국세와 비교하여 살펴보면 [표 3-11]과 같다. 2011년도부터 개정·시행되고 있는 지방세목 중 재산과세는 취득세·재산세·자동차세가 있는데 이 중 시·도세인 취득세는 거래세이고, 시·군·구세인 재산세와 자동차세는 보유세이다. 소득과세는 시·도세인 지방소득세와 시·군·구세인 주민세가 있다. 소비과세로는 시·도세인 지방소비세·레저세가 있고, 시·군·구세인 담배소비세가 있으며, 기타 세목으로 등록면허세와 목적세인 지방교육세가 있다. 지역자원 시설세는 지방세법 개정 이전의 공동

[표 3-11] 조세의 세원별 분류

조세성격		국 세	지방세
소득과세		소득세 · 법인세	주민세 · 지방소득세
소비과세		부가가치세 · 개별소비세 · 주세 · 인지세 · 관세	담배소비세 · 레저세 · 지방소비세
재산과세	보유세	–	재산세 · 자동차세 · 지역자원 시설세[1]
재산과세	거래세	종합부동산세 · 양도소득세 · 상속세 · 증여세 · 증권거래세 · 농어촌특별세	취득세
기타 과세		교육세 · 교통세	등록면허세 · 지방교육세

주 1) 개정 이전에 공동시설세와 지역개발세가 통합된 것으로 일부 보유세성격이 포함되지 않은 부분도 있다.

시설세와 지역개발세가 통합된 것으로 지역개발세는 재산보유세의 성격이 포함되지 않았으나, 공동시설세 비중이 크므로 재산과세로 분류하였다.

국세와 지방세의 세원별 세수규모를 보면 다음과 같다. 국세는 소득과세가 47.2%, 소비과세가 47.2%를 차지하는 소득 · 소비과세의 세수구조를 가지는 데 비해, 지방세는 재산과세가 49.1%, 소득과세가 20.4%, 소비과세가 22.6%를 차지하는 재산과세 위주의 세수구조를 가지고 있다.

[표 3-12] 국세와 지방세의 세원별 세수규모 (단위: 십억 원, %)

구 분	소득과세	소비과세	재산과세	기타 과세	합 계
국 세	76,158 (47.2)	76,277 (47.2)	11,108 (6.9)	3,763 (2.3)	164,541 (100.0)
지방세	8,845 (20.4)	9,819 (22.6)	21,360 (49.1)	5,456 (12.5)	45,168 (100.0)

2. 취득세의 세수6)현황

가. 거래세와 보유세 세수

개정 전 지방세목 중 재산과세에는 거래세인 취득세·등록세·지방교육세(등록세분)가 있고, 보유세인 재산세·공동시설세·도시계획세·종합토지세·지방교육세(재산세분)·지방교육세(종토세분)가 있다. 2009년 결산기준으로 거래세는 14조9,247억 원으로서 지방세의 약 33.0%를 차지하며, 보유세는 약 8조2,004억 원으로 지방세의 18.2%를 차지하고 있다.

[표 3-13] 거래세와 보유세 세수의 연도별 비교 (단위: 백만 원)

	2000	2002	2004	2005	2006	2007	2008	2009
지방세총액	20,600,603	31,525,744	34,201,705	35,977,359	41,293,702	43,524,319	45,479,732	45,167,790
거래세	8,405,441	14,055,437	13,250,872	14,577,382	16,956,269	15,719,093	15,226,360	14,924,748
보유세	3,563,843	3,951,912	5,330,890	4,928,119	5,890,943	6,962,292	8,097,481	8,204,033

6) 2011년부터 시행되고 있는 통합취득세 세수는 현재 그 규모를 알 수 없으므로 이전의 취득세부분을 중심으로 살펴보고자 한다.

[표 3-14] 거래세와 보유세 비율의 연도별 비교 (단위: %)

	2000	2002	2004	2005	2006	2007	2008	2009
거래세	40.8	44.6	38.7	40.5	41.1	36.1	33.5	33.0
보유세	17.3	12.5	15.6	13.7	14.3	16.0	17.8	18.2

[그림 3-4] 거래세와 보유세의 연도별 추이비교

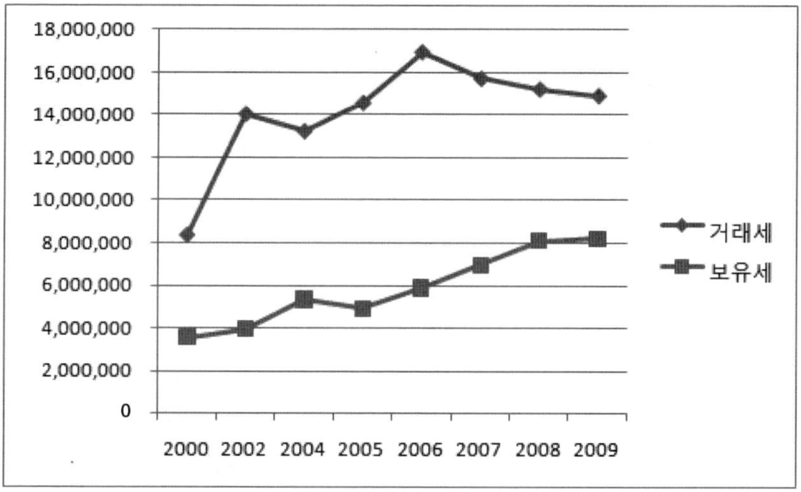

나. 통합취득세의 세수

2009년 결산기준으로 거래세는 14조 통합취득세의 세수비중을 살펴보면, 2000년도에 지방세의 28.7%를 차지했고, 2006년에는 31.2%까지 증가하였다가 2009년에는 부동산경기의 침체 등으로 26.2%까지 감소하였다([표 3-15] 참조).

[표 3-15] 부동산 관련 세목의 세수변화 추이 (단위: 백만 원, %)

구 분		2000	2002	2004	2005	2006	2007	2008	2009
지방세 총액		20,600,603 (100.0)	31,525,744 (100.0)	34,201,705 (100.0)	35,977,359 (100.0)	41,293,702 (100.0)	43,524,319 (100.0)	45,479,732 (100.0)	45,167,790 (100.0)
거래과세	취득세	3,148,197 (15.3)	5278226 (16.7)	5,366,061 (15.7)	6,648,964 (18.5)	7,667,482 (18.6)	7,261,466 (16.7)	6,916,039 (15.2)	6,643,871 (14.7)
	취득세 -건축물(00-04) - 주택(05-09) (취득세 대비)	1,190,425 (37.8)	2,039,569 (38.6)	1,993,648 (37.2)	2,449,599 (36.8)	3,077,652 (40.1)	2,743,246 (37.8)	2,933,131 (42.4)	2,962,601 (44.6)
	등록세	4,527,575 (22.0)	7504456 (23.8)	6,715,794 (19.6)	6,783,683 (18.9)	7,949,523 (19.3)	7,253,623 (16.7)	7,142,906 (15.7)	7,131,372 (15.8)
	등록세취득분 (등록세 대비)	2,773,577 (61.3)	5,173,345 (68.9)	4,480,998 (66.7)	4,459,892 (65.7)	5,206,749 (65.5)	4,254,124 (58.6)	4,257,399 (59.6)	5,206,749 (73.0)
	등록세 취득분 -주택 (등록세 대비)	-	-	-	2,176,680 (32.1)	2,619,261 (32.9)	1,923,473 (26.5)	2,088,062 (29.2)	2,619,261 (36.7)
	지방교육세 - 등록세분	729,669 (3.5)	1272,755 (4.0)	1,169,017 (3.4)	1,144,735 (3.2)	1,339,264 (3.2)	1,204,004 (2.8)	1,167,415 (2.6)	1,149,505 (2.5)
	통합취득세	5,921,774 (28.7)	10,451,571 (33.2)	9,847,059 (28.8)	11,108,856 (30.9)	12,874,231 (31.2)	11,515,590 (26.5)	11,173,438 (24.6)	11,850,620 (26.2)
보유과세	재산세	727,833 (3.5)	817549 (2.6)	1,017,805 (3.0)	2,587,449 (7.2)	3,108,975 (7.5)	3,755,134 (8.6)	4,411,330 (9.7)	4,423,306 (9.8)
	공동시설세	341,382 (1.7)	374932 (1.2)	464,795 (1.4)	446416 (1.2)	516,279 (1.3)	543,293 (1.2)	588,491 (1.3)	591,217 (1.3)
	도시계획세	815,420 (4.0)	893751 (2.8)	1,185,277 (3.5)	1,352,548 (3.8)	1,606,215 (3.9)	1,882,828 (4.3)	2,182,789 (4.8)	2,269,232 (5.0)
	종합토지세	1,281,702 (6.2)	1405680 (4.5)	2,031,605 (5.9)	1,934 (0.0)	13,733 (0.0)	5,251 (0.0)	-71 (0.0)	885 (0.0)
	지방교육세 - 재산세분	145,278 (0.7)	169,140 (0.5)	212,409 (0.6)	538,106 (1.5)	642,228 (1.6)	774,207 (1.8)	914,904 (2.0)	919,179 (2.0)
	지방교육세 - 종토세분	252,228 (1.2)	290,860 (0.9)	418,999 (1.2)	1,666 (0.0)	3,513 (0.0)	1,579 (0.0)	38 (0.0)	214 (0.0)

주) 1) 각 연도 징수액기준

2) 2006~2009 지방교육세는 부과액기준

3) 국세인 농어촌특별세는 제외되었다.

자료: 지방세정연감, 각 연도.

[그림 3-5] 재산과세의 주요 세수추이 비교

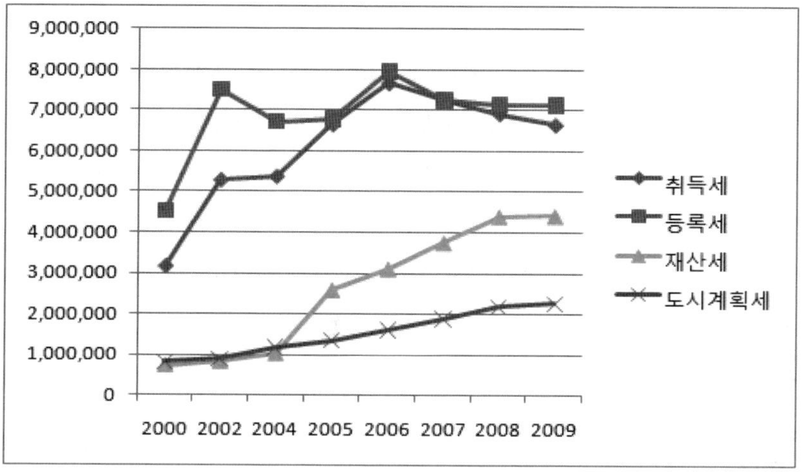

취득세·등록세를 중심으로 한 주요 재산과세 세수규모를 연도별로 비교하면 위의 [그림 3-5]와 같다.

제3절 거래세 및 통합취득세의 문제점

1. 통합 전 거래세의 문제점

기존의 거래세제가 지녔던 문제는 크게 거래세의 일반적인 문제와 제도적인 문제로 구분할 수 있다. 일반적인 문제로 높은 거래세율은 부동산거래에 따른 비용을 높임으로써 거래를 위축시키는 효율상의 문제를 초래하고, 거래 자체는 담세력의 기준이 되지 못하므로 형평상의 문제도 생긴다는 점이 지적되었다.

종전의 통합 전 거래세의 제도적인 문제점은 다음과 같다(최병호, 2007).

첫째, 거래세중심의 지방세구조로 인한 문제이다. 거래세는 세수가 부동산경기에 민감하게 반응하여 지방재정이 불안정하며, 세원분포가 지역간에 불균등하며, 편익원칙에 부적합한 문제점을 가지고 있다.

둘째, 동일한 과세행위에 대한 중복과세 문제이다. 즉 동일한 과세물건에 대해 취득세는 취득일로부터 30일 이내에 신고납부하여야 하고, 등록세는 등기·등록 시점에 납부 후 등기·등록을 해야 하는 등 중복과세의 문제가 있었다.

셋째, 이중 신고납부제도로 인해 납세자불편의 초래이다. 즉 납세자가 세금납부를 위한 노력이나 시간이 최소화되어야 하나, 취득세와 등록세의 중복과세 문제와 연계하여 취득시점과 등록시점에 각각 신고납부해야 함으로 인해 납세자의 불편을 초래하여 왔다(김철영·김윤기, 2000).

넷째, 이중 신고납부 제도로 인한 인력·예산의 낭비이다. 즉 징세비최소의 원칙(principle of economy in collection)에 따라 징세비는 가장 적으면서 많은 수입을 올릴 수 있도록 해야 하나(권강웅, 2004), 기존의 납부절차를 보면 관계행정공무원의 신고서검토·납부서발급·수납·소인·통보 등 행정낭비를 하게 되어 인력 및 예산낭비를 하게 된다. 납세자의 측면에서도 납부를 위한 신고서의 이중제출과 은행납부를 위한 시간의 낭비, 은행업무의 중복처리 등 시간과 경비도 납세의 간접비용으로써 낭비요인이다(김철영·김윤기, 2000).

거래세의 문제점으로 지적되어 왔던 동일한 과세행위에 대한 중복과세, 이중 신고납부제도로 인한 납세자불편 초래, 이중 신고납부제도로 인한 인력·예산 낭비 등의 문제는 거래세가 취득세와 등록세로 이원화되어 있음에서 비롯된 것으로 2011년에 통합취득세를 도입함으로써 상당부분 해소가 되었다.

2. 통합취득세의 문제점

종전에 부동산거래세가 취득세와 등록세로 분리되어 있음에 따른 문제점을 해결하기 위하여 통합취득세로 개정하면서 세부담 중립을 유지하기 위하여 취득세세율에 등록세세율을 산술합산하여 새로운 세율체계를 마련하였다. 그러나 이러한 노력에도 불구하고 종전 취득세와 등록세의 다양한 과세대상을 하나의 통합취득세 과세대상으로 통합하는 과정에서 일부 납세의무자의 세부담 증가, 복잡한 세율구조, 납세협력비용 발생 등 문제점이 발생하게 되었다. 이러한 통합취득세의 문제점을 구체적으로 살펴보면 다음과 같다.

첫째, 과세대상이 아닌 물건이 세목통합 이후 과세대상에 포함되게 됨으로써 납세부담이 증가되는 경우가 발생하였다. 통합전에 취득세의 과세대상이지만 등록세의 과세대상이 아니었던 과세물건이 통합취득세의 과세대상이 되어 과거에는 납부하지 않아도 되는 등록세분까지 납부해야 되는 문제가 발생한다. 지방세법 제15조에 이러한 과세대상에 대하여 세율특례를 적용하도록 하여 종전과 세부담이 동일하도록 하고 있으나, 일부 과세대상이 열거

내용에 누락되어 종전에 부담하지 않았던 세금을 부담하게 되는 경우가 발생하게 되었다.

둘째, 일시납부에 따라 세부담이 증가하였다. 통합 전에 취득세와 등록세가 별개세목으로 납부기한이 서로 다름으로써 납세의무자가 납부시기를 조정함으로써 세부담을 분산시킬 수 있었으나, 통합취득세가 도입됨으로써 동시에 납부하게 되어 세부담이 증가하는 문제가 발생하였다. 통·폐합에 따른 일시납부로 인한 일시적 세부담증가의 완화를 위해 통합취득세의 신고납부 기간을 취득 후 30일에서 60일로 연장하였다. 또한 2013년 12월 31일까지 한시적 조치로 개인이 주택, 차량 또는 기계장비를 취득하고, 취득일로부터 30일 이내에 등기 또는 등록하는 경우에 한해 통합취득세액의 일부를 취득일로부터 60일 이내에 분할납부할 수 있도록 하였다. 그러나 분할납부 대상이 일부에 국한되어 있어 분할납부에 따른 세부담완화 효과가 미흡하다.

셋째, 통합취득세의 세율구조가 너무 복잡하다. 통합으로 인하여 취득세의 세율구조에 종전의 등록세분을 포함하다 보니 통합취득세의 세율구조가 복잡하게 되어 납세자들이 이해하기 어렵게 되어 있다. 개정 전 일반 취득세율 1가지, 등록세율 19가지였던 세율종류가 통합취득세로 개정되면서 취득세율은 12가지(2.0%, 2.01%, 2.02%, 2.03%, 2.3%, 2.5%, 2.8%, 3.0%, 3.5%, 4.0%, 5.0%, 7%)로 세분화되었고, 그리고 등록에 대한 등록면허세의 세율도 20가지로 세분화되었다. 이렇게 세율구조가 복잡하게 됨에 따라 납세자 및 과세기관의 세율적용이 복잡해졌다. 또한 납세자가 쉽게 알아볼 수 있는 세율표가 아닌 취·등록세를 합한 세율을 산술적으로 기재하므로 복잡하고 난해하게 되었다.

넷째, 새로운 납세협력 비용이 발생하였다. 취득세와 등록세의 2개 세목으로 나누어 납부하던 것을 통합취득세 1개의 세목으로 납부하도록 하는 과정에서 영수증첨부 등에 있어 새로운 납세협력 비용이 발생하게 되었다.

제 4 장

외국의 자산과세 제도

제 1 절 OECD 국가들의 재산과세

1. OECD 국가들의 세수구조

OECD 국가의 세수구조를 연방형 9개 국가와 단일형 24개 국가별로 살펴보면 다음과 같다. OECD의 9개 연방형 국가들의 중앙정부의 세수구조는 대부분 소득과세 중심이었는데, 소득과세 비중이 높은 곳은 미국(91.7%), 호주(72.4%), 캐나다(72.2%), 스페인(63.3%), 벨기에(49.7%), 오스트리아(43.0%), 독일(41.1%), 스위스(40.7%) 순이었으며, 멕시코(49.3%)의 경우만 기타 과세의 비중이 높은 것으로 나타났다.

OECD의 연방형 국가들의 주정부 세수구조는 소득과세 중심인 스위스(79.8%), 벨기에(68.5%), 오스트리아(51.4%), 캐나다(46.0%)

등의 4개 국가와 소득과세와 소비과세가 가미된 독일(52.2% : 37.2%), 스페인(35.3% : 29.4%), 미국(41.7% : 30.6%) 3개 국가, 그리고 기타 과세 중심의 멕시코(74.9%), 호주(66.4%) 등의 2개 국가가 있다.

OECD의 연방형 국가들의 지방정부의 세수구조는 재산과세 중심인 호주(100.0%), 캐나다(97.8%), 멕시코(87.9%), 미국(71.4%) 등 4개 국가와 소득과세 중심의 스위스(85.1%), 독일(80.5%), 벨기에(69.1%) 등 3개 국가, 소득과세와 소비과세가 가미된 오스트리아(32.4% : 18.8%)와 3개 세원에 대해 고르게 과세하는 스페인(23.4% : 17.5% : 30.6%)이 있다.

OECD의 24개 단일형 국가들의 중앙정부의 세수구조는 소득과세와 소비과세 중심인 18개 국가와 소득과세 중심의 5개 국가, 소비과세 중심의 1개 국가이다. 소득과세와 소비과세 중심인 국가로는 룩셈브르크(47.2% : 24.7%), 네덜란드(46.3% : 31.6%), 아일랜드(45.9% : 29.7%), 노르웨이(45.8% : 19.4%), 한국(45.5% : 26.2%), 이스라엘(43.3% : 37.5%), 칠레(42.1% : 44.2%), 헝가리(41.1% : 34.0%), 포르투갈(41.0% : 36.6%), 아이슬란드(39.1% : 33.4%), 프랑스(38.4% : 42.2%), 그리스(37.3% : 37.7%), 핀란드(36.6% : 39.1%), 체코(36.1% : 33.8%), 터키(32.0% : 27.2%), 슬로베니아(29.8% : 43.1%), 폴란드(28.6% : 43.3%), 슬로바키아(25.9% : 49.4%) 등 18개 국가가 있다. 소득과세 중심인 뉴질랜드(64.5%), 이탈리아(57.8%), 일본(54.5%), 영국(52.9%), 덴마크(52.8%) 등 5개 국가와 소비과세 중심인 스웨덴(38.3%)이 있다.

OECD의 24개 단일형 국가들의 지방정부의 세수구조는 소득과세 중심이 10개 국가, 재산과세 중심이 10개 국가, 소득과세와 소비과세 중심이 2개 국가, 소비과세 중심이 1개 국가, 기타 과세 중심이 1개 국가이다. 소득과세 중심인 스웨덴(97.6%), 핀란드(94.6%), 룩셈부르크(91.2%), 덴마크(89.4%), 노르웨이(87.5%), 슬로바키아(76.6%), 아이슬란드(75.8%), 슬로베니아(75.7%), 폴란드(62.1%), 일본(55.2%) 등 10개 국가이다. 재산과세 중심인 영국(100.0%), 아일랜드(100.0%), 이스라엘(95.1%), 뉴질랜드(89.5%), 그리스(56.1%), 프랑스(50.5%), 포르투갈(47.8%), 한국(47.0%), 네덜란드(46.8%), 칠레(43.4%) 등 10개 국가이다. 소득과세와 소비과세 중심인 국가로는 체코(50.1% : 40.8%), 터키(30.9% : 26.7%) 등 2개 국가이다. 그리고 소비과세 중심은 헝가리(67.8%)와 기타 과세 중심의 이탈리아(58.6%)가 있다.

한국의 세수구조는 중앙정부는 소득과세와 소비과세가 중심이며, 지방정부는 재산과세가 중심이다. OECD의 연방형 국가들의 경우 대개 연방정부의 세수구조는 소득과세가 중심이 되고 있으며, 주정부는 소득과세나 소득·소비 과세가 중심이 되고 있고, 지방정부는 재산과세나 소득과세가 중심이 되고 있는 것으로 나타났다. OECD의 단일형 국가들은 대개 중앙정부는 소득과세와 소비과세가 중심이 되고 있으며, 지방정부는 재산과세나 소득과세가 중심이 되고 있는 것으로 나타났다.

[표 4-1] OECD 연방형 국가의 정부계층별 세수구조(2008년) (단위: %)

연방/단일	국가명	정부수준	소득과세	일반소비과세	재산과세	기 타
연방형	호 주	연방	72.4	15.7	0	11.9
		주	–	–	33.6	66.4
		지방	–	–	100.0	0
	오스트리아	연방	43.0	32.4	0.3	24.3
		주	51.4	27.1	0.6	20.9
		지방	32.4	18.8	10.6	38.2
	벨기에	연방	49.7	33.7	1.3	15.3
		주	68.5	–	22.0	9.5
		지방	69.1	–	18.9	12.0
	캐나다	연방	72.2	13.7	–	14.1
		주	46.0	18.9	4.1	31.0
		지방	–	0.2	97.8	2.0
	독 일	연방	41.1	32.8	–	26.1
		주	52.2	37.2	5.1	5.5
		지방	80.5	4.6	14.1	0.8
	멕시코	연방	29.4	21.3	–	49.3
		주	–	–	25.1	74.9
		지방	–	–	87.9	12.1
	스위스	연방	40.7	34.5	5.1	19.7
		주	79.8	–	13.8	6.4
		지방	85.1	–	14.7	0.2
	스페인	중앙	63.3	22.6	0.2	13.9
		주	35.3	29.4	18.4	16.9
		지방	23.4	17.5	30.6	28.5
	미 국	연방	91.7	–	1.9	6.4
		주	41.7	30.6	2.3	25.4
		지방	5.4	11.3	71.4	11.9

자료: OECD, *Revenue Statistics*, 2010.

[표 4-2] OECD 단일형 국가의 정부계층별 세수구조 (2008년 기준)

(단위: %)

연방/단일	국가명	정부수준	소득과세	일반소비과세	재산과세	기 타
단일형	칠 레	중앙	42.1	44.2	3.1	10.6
		지방	–	–	43.4	56.6
	체 코	중앙	36.1	33.8	1.9	28.2
		지방	50.1	40.8	2.7	6.4
	덴마크	중앙	52.8	28.7	2.1	16.4
		지방	89.4	–	10.4	0.2
	핀란드	중앙	36.6	39.1	2.9	21.4
		지방	94.6	–	5.2	0.2
	프랑스	중앙	38.4	42.2	4.6	14.8
		지방	–	–	50.5	49.5
	그리스	중앙	37.3	37.7	4.6	20.4
		지방	–	6.1	56.1	37.8
	헝가리	중앙	41.1	34.0	1.3	23.6
		지방	0	67.8	21.3	10.9
	아이슬란드	중앙	39.1	33.4	1.8	25.7
		지방	75.3	–	18.4	6.3
	아일랜드	중앙	45.9	29.7	4.7	19.7
		지방	–	–	100.0	0
	이스라엘	중앙	43.3	37.5	3.0	16.2
		지방	–	–	95.1	4.9
	이탈리아	중앙	57.8	24.6	5.0	12.6
		지방	25.2	5.7	10.5	58.6
	일 본	중앙	54.5	21.8	5.5	18.2
		지방	55.2	6.3	26.7	11.8
	한 국	중앙	45.5	26.2	6.6	21.7
		지방	17.9	–	47.0	35.1
	룩셈부르크	중앙	47.2	24.7	10.6	17.5
		지방	91.2	–	6.6	2.2

단일형	네덜란드	중앙	46.3	31.6	4.5	17.6
		지방	–	–	46.8	53.2
	뉴질랜드	중앙	64.5	27.1	0.2	8.2
		지방	–	–	89.5	10.5
	노르웨이	중앙	45.8	19.4	1.7	33.1
		지방	87.5	–	10.7	1.8
	폴란드	중앙	28.6	43.3	–	28.1
		지방	62.1	–	26.6	11.3
	포르투갈	중앙	41.0	36.6	0.7	21.7
		지방	28.3	13.0	47.8	10.9
	슬로바키아	중앙	25.9	49.4	0	24.7
		지방	76.6	–	10.9	12.5
	슬로베니아	중앙	29.8	43.1	–	27.1
		지방	75.7	–	17.4	6.9
	스웨덴	중앙	4.6	38.3	2.8	54.3
		지방	97.6	–	2.4	0
	터 키	중앙	32.0	27.2	3.9	36.9
		지방	30.9	26.7	12.3	30.1
	영 국	중앙	52.9	23.5	9.1	14.5
		지방	–	–	100.0	0

자료: OECD, *Revenue Statistics*, 2010.

2. OECD 국가의 재산과세 구조

2008년 기준 OECD 회원국 중 연방형에 속하는 국가들의 재산세수 구조를 살펴보면 다음과 같다([표 4-3] 참조). OECD는 재산과세(Taxes on property)를 정기분 부동산보유세(Recurrent taxes on immovable property), 정기분 (순)부유세(Recurrent taxes on net wealth), 상속・증여세(Estate, inheritance and gift taxes), 자산(금융

자본) 거래세(Taxes on financial and capital transaction), 기타[1])로 분류하고 있다.

[표 4-3] OECD 연방형 국가의 정부계층별 재산세수 구조

(2008년 기준) (단위: %)

연방/단일	국가명	정부수준	부동산 보유세	(순) 부유세	상속·증여세	자산(금융자본)거래세	기 타
연방형	호 주	연방	–	–	–	100.0	–
		주	39.8	–	–	60.2	–
		지방	100.0	–	–	–	–
	오스트리아	연방	12.2	–	44.8	41.2	2.3
		주	52.0	–	28.0	18.7	1.3
		지방	47.2	–	1.3	51.5	0.1
	벨기에	연방	3.4	26.1	–	44.1	26.3
		주	0.3	–	41.1	58.6	–
		지방	100.0	–	–	–	–
	캐나다	연방	–	–	–	–	–
		주	45.4	27.9	–	22.8	3.8
		지방	92.5	–	–	0.7	6.7
	독 일	연방	–	–	–	–	–
		주	_	0.1	45.5	54.6	–
		지방	100.0	–	–	–	–
	멕시코	연방	–	–	–	–	–
		주	56.4	–	–	43.6	–
		지방	61.4	–	–	38.6	–
	스위스	연방	–	–	–	100.0	–
		주	2.4	79.8	16.8	0.9	–
		지방	9.6	77.5	12.5	0.4	–

1) 이 항목은 '기타 수시분재산세'(Non-recurrent taxes)와 '기타 정기분재산세'(Other recurrent taxes on property)로 구분되는데, [표 5-3]~[표 5-6]에서 '기타'는 모두 이 두 가지 조세항목을 합한 것이다.

연방형	스페인	연방	–	24.0	28.4	3.8	43.8
		주	–	14.6	18.5	66.9	–
		지방	76.5	1.8	0.8	3.0	17.8
	미 국	연방	–	–	100.0	–	–
		주	69.9	–	30.1	–	–
		지방	99.9	–	0.1	–	–

주) 1) 총 세수 중 지불급여세(taxes on payroll and workforce)를 포함한 사회보장세는 제외한다. 재산과세는 부동산, 순부(純富), 상속·증여, 금융·자본거래 등에 대한 과세이다.

2) 스페인의 경우, OECD 자료에서는 지역국가(regional country)로 분류되지만, "매우 분권화된 정치구조를 갖고 있다"는 사실을 고려해서 '연방형 국가'에 포함시켰다.

자료: OECD, *Revenue Statistics 1965~2009*, Paris, 2010, pp. 249~281.

부동산보유세는 대부분의 국가에서 지방정부의 주요한 세목으로서 역할을 하고 있으나 (순)부유세를 시행하는 국가는 많지 않으며, 주로 주정부를 중심으로 과세되고 있고, 연방정부 차원에서 (순)부유세를 과세하는 국가는 벨기에와 스페인뿐이다. 상속·증여세는 연방(미국·오스트리아·스페인 등) 또는 주정부(오스트리아·벨기에·독일·스위스·스페인 등)에서 과세하고 있다. 반면 자산(금융자본) 거래세는 대부분의 연방형 국가들이 연방·주정부·지방정부에서 중첩적으로 과세하고 있다. 물론 미국처럼 이 조세를 과세하지 않거나, 독일처럼 주정부에서만 과세하는 경우도 있다.

OECD의 9개 연방형 국가들의 연방정부 세수구조는 다양한 형태로 나타나고 있는데, 자산거래세 중심의 호주(100.0%), 스위스(100.0%), 벨기에(44.1%)와 상속증여세 중심의 미국(100.0%), 상속증여세·자산거래세 중심의 오스트리아(44.8% : 41.2%), 기타 과세 중심의 스웨덴(43.5%)이 있다. 그리고 캐나다·독일·멕시코와 같이 연방정부에서는 재산에 대하여 과세하지 않는 국가도 있다. OECD의 연방형 국가들의 주정부 세수구조는 자산거래세 중심인 스페인(66.9%), 호주(60.2%)와 부동산보유세 중심의 미국(66.9%), 오스트리아(52.0%), 캐나다(45.4%), 상속증여세·자산거래세 중심의 벨기에(41.1% : 58.6%), 독일(45.5% : 54.6%), 부동산보유세·자산거래세 중심의 멕시코(56.4% : 43.6%), 순부유세 중심의 스위스(79.8%)가 있다. OECD의 연방형 국가들의 지방정부 세수구조는 부동산보유세 중심인 호주(100.0%), 벨기에(100.0%), 독일(100.0%), 미국(99.9%), 캐나다(92.5%), 스페인(76.5%)과 부동산보유세·자산거래세 중심의 멕시코(61.4% : 38.6%), 호주(47.2% : 51.5%), 그리고 순부유세 중심의 스위스(77.5%)가 있다. 2008년 기준 OECD 회원국들 가운데 단일형에 해당하는 국가의 각 정부계층이 징수하는 재산과세의 구성을 살펴보면 다음과 같다([표 4-4] 참조).

부동산보유세 관련 세수는 중앙정부에서 과세되는 경우도 있지만 대부분 지방정부에 집중되어 있는데, 이는 부동산보유세가 그 성격상 지방정부의 핵심적 세목에 해당되기 때문일 것이다. 한편 (순)부유세를 과세하고 있는 국가는 프랑스·그리스·아이슬란드·룩셈부르크·노르웨이·네덜란드 등으로, 이들 국가는 대체로 소득수준이 매우 높고 복지시스템이 크게 발달된 서유럽 및 북유럽의 선진국에 해당한다.[2)] (순)부유세 과세국가 가운데 그리스(지방정부 과세), 노르웨이(중앙정부 및 지방정부 과세)를 제외하면, 모두 중앙정부에 의해 과세되고 있다. 부동산에 대한 상속·증여

2) 스웨덴의 경우, 2008년부터 부유세를 폐지하였다.

[표 4-4] OECD 단일형 국가의 정부계층별 재산세수 구조

(2008년 기준) (단위: %)

연방/단일	국가명	정부수준	부동산 보유세	(순) 부유세	상속·증여세	자산(금융자본)거래세	기 타
단일형	칠 레	중앙	1.4	–	6.5	92.1	–
		지방	100.0	–	–	–	–
	체 코	중앙	–	–	2.5	97.5	–
		지방	100.0	–	–	–	–
	덴마크	중앙	–	–	36.9	63.1	0.0
		지방	100.0	–	–	–	0.0
	핀란드	중앙	–	–	57.4	42.6	–
		지방	100.0	–	–	–	–
	프랑스	중앙	5.3	29.6	55.8	9.3	–
		지방	81.2	–	–	18.8	–
	그리스	중앙	–	–	6.8	76.4	16.8
		지방	42.9	51.4	–	5.7	–
	헝가리	중앙	–	–	7.6	92.4	–
		지방	55.8	–	3.3	49.1	–
	아이슬란드	중앙	–	0.2	16.0	77.1	7.2
		지방	100.0	–	–	–	–
	아일랜드	중앙	0.0	–	17.2	82.8	–
		지방	100.0	–	–	–	–
	이스라엘	중앙	0.9	–	–	57.0	42.1
		지방	100.0	–	–	–	–
	이탈리아	중앙	–	–	2.0	91.4	6.6
		지방	86.9	–	0.3	9.8	3.1
	일 본	중앙	–	–	57.2	42.8	–
		지방	95.8	–	–	4.2	–
	한 국	중앙	23.0	–	25.0	52.0	–
		지방	34.2	–	–	65.8	–
	룩셈부르크	중앙	–	72.6	5.3	22.1	–
		지방	66.7	–	–	33.3	–

단일형	네덜란드	중앙	–	0.3	29.0	70.7	–
		지방	100.0	–	–	–	–
	뉴질랜드	중앙	–	–	1.1	98.9	–
		지방	100.0	–	–	–	–
	노르웨이	중앙	11.5	44.1	12.3	32.0	–
		지방	44.9	55.1	–	–	–
	폴란드	중앙	–	–	–	–	–
		지방	97.8	–	2.2	–	–
	포르투갈	중앙	–	–	3.2	96.8	–
		지방	58.1	–	70.2	41.8	–
	슬로바키아	중앙	–	–	–	100.0	–
		지방	100.0	–	–	–	–
	슬로베니아	중앙	–	–	–	–	–
		지방	72.0	–	5.1	22.9	–
	스웨덴	중앙	52.1	–	0.1	47.9	–
		지방	100.0	–	–	–	–
	터 키	중앙	–	–	2.2	97.8	–
		지방	69.5	–	0.6	29.9	–
	영 국	중앙	64.0	–	9.2	29.9	–
		지방	100.0	–	–	–	–

주) 총 세수 중 지불급여세(taxes on payroll and workforce)를 포함한 사회보장세는 제외한다. 재산과세는 부동산, 순부(純富), 상속·증여, 금융·자본거래 등에 대한 과세이다.

자료: OECD, *Revenue Statistics 1965~2009*, Paris, 2010, pp. 249~281.

세는 이스라엘과 슬로바키아를 제외한 모든 국가에서 과세되고 있는데, 대체로 중앙정부가 과세권을 행사하고 있지만 중앙정부와 지방정부가 함께 과세(헝가리·이탈리아·포르투갈·터키)하거나 지방정부만 과세(폴란드 · 슬로베니아)하는 국가도 존재한다.

자산(금융자본) 거래세는 중앙정부가 주로 그 과세권을 가지고 있지만, 프랑스 · 그리스 · 헝가리 · 이탈리아 · 일본 · 한국 · 룩셈부르크 · 포르투갈 · 터키에서는 지방정부도 과세권을 행사하고 있다. 특이하게도 슬로베니아에서는 지방정부만이 과세권을 행사하고 있으며, 폴란드에서는 이 조세가 과세되지 않고 있다. 또한 자산(금융자본) 거래세의 세수는 대체로 중앙정부에 집중되는 특징을 보여 주고 있다.

OECD의 24개 단일형 국가들의 중앙정부 세수구조는 다양한 형태로 나타나고 있는데, 자산거래세 중심의 국가는 슬로바키아(100.0%), 터키(97.8%), 포르투갈(96.8%), 뉴질랜드(98.9%), 체코(97.5%), 헝가리(92.4%), 칠레(92.1%), 이탈리아(91.4%), 아일랜드(82.8%), 아이슬란드(77.1%), 그리스(76.4%), 네덜란드(70.7%), 이스라엘(57.0%) 등 13개 국가가 있다. 이들 13개 국가를 제외한 나머지 11개 국가의 재산세수 구조는 그 형태가 다양한데, 자산거래세 · 상속증여세 중심의 덴마크(63.1% : 36.9%), 핀란드(42.6% : 57.4%), 일본(42.8% : 57.2%), 부동산보유세 · 자본거래세 중심의 영국(64.0% : 29.9%), 스웨덴(52.1% : 47.9%), 자산거래세 · 상속증여세 · 부동산보유세 중심의 한국(52.0% : 25.0% : 23.0%), 상속증여세 중심의 프랑스(55.8%), 순부유세 · 자본거래세 중심의 노르웨이(44.1% : 32.0%), 순부유세 중심의 룩셈부르크(72.6%), 기타 과세 중심의 스웨덴(43.5%)이 있다. 그리고 폴란드 · 슬로베니아와 같이 중앙청부에서는 재산에 대하여 과세하지 않는 국가도 있다.

OECD의 24개 단일형 국가들의 지방정부 세수구조는 부동산

보유세 중심의 칠레(100.0%), 체코(100.0%), 덴마크(100.0%), 핀란드(100.0%), 아이슬란드(100.0%), 아일랜드(100.0%), 이스라엘(100.0%), 네덜란드(100.0%) 뉴질랜드(100.0%), 슬로바키아(100.0%), 스웨덴(100.0%), 영국(100.0%), 폴란드(97.8%), 이탈리아(86.9%), 일본(95.8%), 프랑스(81.2%), 슬로베니아(72.0%), 터키(69.5%), 룩셈부르크(66.7%) 등 19개 국가로 대부분을 차지한다. 그리고 부동산보유세·순부유세 중심의 그리스(42.9% : 51.4%), 노르웨이(44.9% : 55.1%), 부동산보유세·자산거래세 중심의 포르투갈(58.1% : 41.8%), 헝가리(55.8% : 49.1%), 한국(34.2% : 65.8%)이 있다.

2008년 기준 OECD 9개 연방형 국가(스페인 포함)의 재산과세의 각 유형별로 정부계층별 세수분포를 살펴보면 다음과 같다([표 4-5] 참조).

재산과세 세수는 중앙정부(연방정부)보다는 지방정부(주정부 포함)에 의해 더 많은 몫이 징수되고 있으며, 특히 부동산보유세는 지방정부 중심으로 과세와 징수가 이루어지고 있다. 반면 (순)부유세와 상속·증여세는 일부 국가에서만 과세되고 있는데, 국가별로 그 과세권은 다양한 방식으로 부여하고 있다. 자산(금융자본)거래세의 경우 미국과 스위스를 제외한다면, 대체로 중앙정부(연방정부)보다 지방정부(주정부 포함)에 의해 더 많이 징수된다. 스위스에서는 이와 정반대의 특징이 나타나고 있으며, 미국에서는 이 조세가 어느 정부 수준에서도 과세되지 않는다는 점이 특징이다.

[표 4-5] OECD 연방형 국가의 재산세수 정부계층간 구조

(2008년 기준) (단위: %)

연방/단일	국가명	정부수준	재산과세	부동산 보유세	(순) 부유세	상속·증여세	자산(금융자본)거래세	기 타
연방형	호 주	연방	0.1	—	—	—	0.1	—
		주	60.9	38.3	—	—	99.9	—
		지방	39.0	61.7	—	—	—	—
	오스트리아	연방	14.4	4.2	—	72.8	12.3	71.4
		주	4.9	6.0	—	15.4	1.9	14.3
		지방	80.6	89.8	—	11.8	85.8	14.3
	벨기에	연방	12.3	2.4	100.0	—	11.6	100.0
		주	70.6	1.1	—	100.0	88.4	—
		지방	17.2	96.5	—	—	—	—
	캐나다	연방	—	—	—	—	—	—
		주	25.4	8.2	100.0	—	85.0	9.3
		지방	84.6	91.8	—	—	15.0	90.7
	독 일	연방	—	—	—	—	—	—
		주	49.2	—	100.0	100.0	100.0	—
		지방	50.8	100.0	—	—	—	—
	멕시코	연방	—	—	—	—	—	—
		주	34.4	32.4	—	—	37.2	—
		지방	65.6	67.6	—	—	62.8	—
	스위스	연방	25.0	—	—	—	97.9	—
		주	45.2	27.9	61.0	67.1	1.7	—
		지방	29.8	72.1	39.0	32.9	0.5	—
	스페인	연방	0.8	—	2.1	2.0	0.1	4.9
		주	59.7	—	90.4	95.2	97.0	—
		지방	35.5	100.0	7.5	2.8	2.9	95.1
	미 국	연방	6.3	—	—	83.4	—	—
		주	4.0	3.0	—	15.9	—	—
		지방	89.7	97.0	—	0.8	—	—

주) 1) 총 세수 중 지불급여세(taxes on payroll and workforce)를 포함한 사회보장

세는 제외한다. 재산과세는 부동산, 순부(純富), 상속・증여, 금융・자본거래 등에 대한 과세이다.

2) 원래 OECD 자료에서는 스페인이 지역국가(regional country)로 분류되지만, '매우 분권화된 정치구조'를 갖고 있다는 사실을 고려해서 '연방형 국가'에 포함시켰다.

자료: OECD, *Revenue Statistics 1965~2009*, Paris, 2010, pp. 249~281.

2008년 기준 OECD 단일형 국가의 재산과세의 각 유형별로 정부계층별 세수분포를 살펴보면 다음과 같다([표 4-6] 참조). 단일형 국가들의 경우, 재산과세 세수가 연방형 국가들처럼 지방정부(주정부 포함)에 더 많이 배분된다고 보기는 어렵다. 예를 들어 스웨덴・룩셈부르크・그리스・아일랜드・터키・체코・핀란드・영국・네덜란드・노르웨이・이탈리아・칠레에서는 전체재산과세 세수 가운데 중앙정부의 몫이 더 크기 때문이다. 특히 룩셈부르크(96.0%)에서는 거의 대부분의 재산과세가 중앙정부의 몫으로 나타나고 있다.[3)]

개별 세목별 부동산 관련 세수의 분포양태를 살펴보면, 거의 대부분의 국가들에서 부동산 보유세수가 지방정부에 집중하여 배분되고 있다. 다만, 스웨덴과 영국에서는 이 조세와 관련된 중앙정부와 지방정부의 세수가 거의 비슷한 특징을 보인다. 반면 (순)부유세, 상속・증여세, 자산(금융자본) 거래세는 대체로 중앙정부에 더 많은 세수가 배분됨으로써 이들 세목에 대해서는 중앙정부가 더 큰 과세권을 행사하고 있음을 알 수 있다. 다만 예외적으로

3) 스웨덴의 경우 2008년 국세인 부동산세를 폐지하였으며, 해당 재원을 보전하기 위하여 양도소득세율을 기존의 20%에서 22%로 인상하고 지방세로 정액세형태의 부동산세를 부과하였으며, 동시에 형평화교부금을 감축하였다.

[표 4-6] OECD 단일형 국가의 정부계층간 재산세수 구조

(2008년 기준) (단위: %)

연방/단일	국가명	정부수준	재산과세	부동산보유세	(순)부유세	상속·증여세	자산(금융자본)거래세	기 타
단일형	칠 레	중앙	50.6	1.4	–	100.0	100.0	–
		지방	49.4	98.6	–	–	–	–
	체 코	중앙	65.9	0.1	–	100.0	100.0	–
		지방	34.1	99.9	–	–	–	–
	덴마크	중앙	37.5	–	–	100.0	100.0	50.0
		지방	62.5	100.0	–	–	–	50.0
	핀란드	중앙	55.4	_	100.0	100.0	100.0	–
		지방	44.6	100.0	–	–	–	–
	프랑스	중앙	21.5	1.8	100.0	100.0	12.0	–
		지방	78.5	98.2	–	–	88.0	–
	그리스	중앙	86.2	–	–	100.0	98.8	100.0
		지방	13.8	100.0	100.0	–	1.2	–
	헝가리	중앙	36.6	–	–	56.6	56.6	–
		지방	63.4	100.0	–	43.4	43.4	–
	아이슬란드	중앙	22.1	–	100.0	100.0	100.0	100.0
		지방	77.9	100.0	–	–	–	–
	아일랜드	중앙	59.6	–	–	100.0	100.0	–
		지방	40.4	100.0	–	–	–	–
	이스라엘	중앙	24.2	0.3	–	–	100.0	100.0
		지방	75.8	99.7	–	–	–	–
	이탈리아	중앙	60.9	–	100.0	92.5	93.6	77.0
		지방	39.1	100.0	–	7.5	6.4	23.0
	일 본	중앙	19.4	–	–	100.0	70.5	–
		지방	80.6	100.0	–	–	29.5	–
	한 국	중앙	34.2	25.9	–	–	29.1	–
		지방	65.8	74.1	100.0	–	70.9	–

단일형	룩셈부르크	중앙	96.0	–	100.0	100.0	94.0	–
		지방	4.0	100.0	–	–	6.0	–
	네덜란드	중앙	63.4	–	100.0	100.0	100.0	–
		지방	36.6	100.0	–	–	–	–
	뉴질랜드	중앙	2.5	–	–	100.0	100.0	–
		지방	97.5	100.0	–	–	–	–
	노르웨이	중앙	53.7	22.9	48.2	100.0	100.0	–
		지방	46.3	77.1	51.8	–	–	–
	폴란드	중앙	–	–	–	–	–	–
		지방	100.0	100.0	–	100.0	–	–
	포르투갈	중앙	11.5	–	–	72.7	23.2	–
		지방	88.5	100.0	–	27.3	76.8	–
	슬로바키아	중앙	0.4	0.0	–	0.0	100.0	–
		지방	99.6	100.0	–	–	–	–
	슬로베니아	중앙	–	–	–	–	–	–
		지방	100.0	100.0	–	100.0	100.0	–
	스웨덴	중앙	64.0	48.1	–	100.0	100.0	–
		지방	36.0	51.9	–	–	–	–
	터 키	중앙	70.5	–	–	89.6	88.6	–
		지방	29.5	100.0	–	10.4	11.4	–
	영 국	중앙	58.9	47.9	–	100.0	100.0	–
		지방	41.1	52.1	–	–	–	–

주) 총 세수 중 지불급여세(taxes on payroll and workforce)를 포함한 사회보장세는 제외한다. 재산과세는 부동산, 순부(純富), 상속 · 증여, 금융 · 자본거래 등에 대한 과세이다.

자료: OECD, *Revenue Statistics 1965~2009*, Paris, 2010, pp. 249~281.

(순)부유세의 경우 그리스와 노르웨이에서, 상속 · 증여세의 경우 폴란드와 슬로베니아에서, 자산(금융자본) 거래세의 경우 프랑스 · 한국 · 포르투갈에서 각각 중앙정부보다 지방정부에 더 많은 과세

권을 부여하고 있는 것으로 나타나고 있다. 전체적으로 볼 때 연방형이나 단일형 국가를 막론하고 재산과세 세수는 소득과세 또는 소비과세와 비교할 때 상대적으로 지방정부(주정부 포함)에 많이 배분되는 경향을 나타내고 있다. 이는 지역에 정착되어 있는 토지·건물 등 부동산에 대해 과세하는 재산과세가 그 성격상 지방정부의 핵심적 세목이라는 점과 무관하지 않을 것이다.

한편 재산과세를 구성하는 개별 세목을 정기분 부동산보유세, 정기분 (순)부유세, 상속·증여세, 자산(금융자본) 거래세, 기타(기타 수시분재산세, 기타 정기분재산세)로 구분할 경우에 부동산보유세 세수는 예외 없이 지방정부에 집중되는 반면, 나머지 세목의 세수는 국가별로 중앙정부 또는 지방정부 배분이 다른 양상을 나타내고 있다. 2008년 기준 GDP 대비 재산세의 비중을 살펴보면 다음과 같다([표 4-7] 참조). 한국의 재산과세 부담수준은 상대적으로 매우 높게 나타나는데, GDP 대비 재산세비중이 한국보다 높은 국가는 영국·프랑스·캐나다뿐이다.

[표 4-7] GDP 대비 재산세비중 (단위: %)

	2002	2003	2004	2005	2006	2007	2008
호 주	2.7	2.8	2.6	2.6	2.7	2.6	2.2
오스트리아	0.6	0.6	0.6	0.6	0.6	0.6	0.5
벨기에	1.8	1.9	2.2	2.1	2.3	2.2	2.2
캐나다	3.4	3.4	3.4	3.4	3.4	3.4	3.4
칠 레	1.5	1.5	1.3	1.4	1.2	1.2	1.2
덴마크	1.7	1.8	1.8	1.9	1.9	1.9	2.0

핀란드	1.1	1.0	1.1	1.2	1.1	1.1	1.1
프랑스	3.1	3.1	3.3	3.4	3.5	3.5	3.4
독 일	0.8	0.8	0.9	0.9	0.9	0.9	0.9
그리스	1.5	1.4	1.3	1.3	1.4	1.4	1.5
헝가리	0.7	0.8	0.8	0.9	0.8	0.8	0.9
아이슬란드	2.6	2.3	2.5	2.7	2.2	2.5	2.2
아일랜드	1.5	1.9	2.1	2.4	2.9	2.5	1.8
이탈리아	2.1	3.2	2.5	2.0	2.1	2.1	1.9
일 본	2.8	2.7	2.6	2.6	2.5	2.5	2.7
한 국	3.0	2.8	2.6	2.9	3.3	3.4	3.2
룩셈부르크	3.2	2.9	2.9	3.2	3.3	3.5	2.6
멕시코	0.3	0.3	0.3	0.3	0.3	0.3	0.3
네덜란드	2.0	1.9	2.0	2.0	1.8	1.8	1.6
뉴질랜드	1.7	1.7	1.8	1.8	1.9	1.9	1.9
노르웨이	1.1	1.1	1.1	1.1	1.2	1.2	1.2
포르투갈	1.2	1.1	1.1	1.2	1.2	1.4	1.3
스페인	2.3	2.5	2.8	3.1	3.2	3.0	2.3
스웨덴	1.5	1.5	1.5	1.4	1.4	1.2	1.1
스위스	2.6	2.4	2.5	2.3	2.4	2.3	2.2
터 키	0.7	0.8	0.7	0.8	0.9	0.9	0.9
영 국	4.2	4.1	4.2	4.3	4.5	4.5	4.2
미 국	3.1	3.1	3.1	3.0	3.1	3.1	3.2
OECD 평균[1)]	1.8	1.9	1.9	1.9	1.9	1.9	1.8

주) OECD 평균은 단순평균이다.

자료: OECD홈페이지(http://www.oecd-ilibrary.org/taxation/tax-revenue-by-sector-2008_20758510-table8).

[표 4-8] OECD 주요국의 부동산 관련 조세수입

(단위: 조세수입 대비, %)

구 분	호 주	캐나다	프랑스	독 일	일 본	한 국	스웨덴	영 국	미 국
보유세	5.3	9.0	5.0	1.2	7.3	3.6	1.6	9.2	11.2
거래세	3.0	0.4	1.3	0.6	1.1	7.3	0.7	1.8	0.0

주) 1) 총 조세는 사회보장 기여금(2000 social security contribution)이 포함된 수치임
2) 부동산보유세(4100, Recurrent taxes on immovable property): 재산세 · 도시계획세 · 공동시설세 · 종토세 · 지방교육세 · 종합부동산세 · 농어촌특별세
3) 자산(금융자본) 거래세(4400, Taxes on financial amd capital transaction): 취득세 · 등록세 · 증권거래세 · 인지세 · 지방교육세 · 농어촌특별세.

자료: OECD, *Revenue Statistics 1965~2009*, Paris, 2010, pp. 249~281.

한국은 부동산의 거래와 보유단계에 대해 국세 및 지방세의 여러 세목을 과세하고 있으며, 전체적인 부담수준은 OECD 회원 국가들 중에서도 높은 편에 속한다([표 4-8] 참조). 또한 한국의 부동산 관련 세제는 OECD 주요국들과 달리 거래세 중심으로 구성되어 있는 것으로 나타난다.

3. 주요국의 부동산 관련 세제[4)]

가. 일 본

일본의 부동산보유세는 지방세인 고정자산세로 토지 · 건물 등에 대해 부과되며, 세율은 1.4%이다. 과표(시가의 70%로 추정)는 3년마다 재평가하되 가격변동에 따라 매년 조정할 수 있다. 한편 1992년 지가급등을 억제하기 위해 국세인 지가세를 도입하였으나,

4) 한국은행, 2005를 중심으로 정리.

지가하락으로 1998년 이후 과세는 중단되었다. 토지에 대해서만 부과하며, 세율은 0.15%, 과세표준은 원칙적으로 시가평가액을 기준으로 한다. 일본은 장기 양도소득(5년 초과)의 경우 20%+주민세 6%, 단기 양도소득(5년 이내)의 경우 40%+주민세 12%를 적용한다.

나. 미 국

재산세(Property tax)는 전국 3,100여 개 카운티가 세율과 과표를 결정하며, 지역별로 격차가 크다. 실효세율(명목세율×과표현실화율, 양도 전 5년 중 2년 이상을 실제 거주한 주택은 가구당 50만 달러까지 비과세)은 최저 0.3%(Dothan, AL)~최고 4.0%(Derry, NH)로 50개 주대표도시 중위실효세율은 1.54%이다. 명목세율과 과표현실화율도 지역별로 격차가 커서 과표현실화율이 100%인 반면, 명목세율이 낮은 지역도 있고, 과표현실화율이 50% 미만인 반면 명목세율이 높은 지역도 있다. 이처럼 세율격차가 큰 것은 세액이 교육·경찰 등 각 지방정부의 재정수요 규모에 따라 결정되기 때문(Benefit View)이다. 지나친 재산세증가 억제를 위해 주정부가 조정권을 갖고 있으며, 지방세납부액은 연방소득세 과표에서 공제한다. 미국의 자본이득에 대한 과세는 연방세로서 8%~20%의 세율(개인소득세 최고세율 38.6%보다 낮은 세율적용)이다.

다. 영 국

영국의 재산세에는 주거용 자산에 대한 지방세(Council tax)와 국세인 비주거용(사업용) 재산세(National Non-Domestic Rates: NNDR)가 있다. 주거용 재산세는 기준세율을 각 지방의회가 결정하므로 지역마다 다르며, 자산가액에 따라 차등과세한다. 주거용 자산가액에 따라 과표를 8개 구간으로 구분하고, 구간별로 차등화된 정액세를 부과한다. 지역간 세율격차는 최대 3.1배이며, 잉글랜드 평균세율(기준구간, 2000년)은 1.0%～1.2%이다. 자산가액 평가는 국가기관인 별도의 평가기구(Valuation Office Agency)가 담당한다. 주택소유자가 아닌 거주자에게 부과한다.

사업용 재산세는 자산가액이 아닌 연간 임대가치에 대해 부과하며, 세율은 단일세율로 매년 중앙정부가 결정한다. 2004년～2005년 세율은 45.6%이다. 연간 임대가치는 자산가액의 약 10% 정도로 추정한다. 과표평가는 Valuation Office Agency가 담당한다. 징수액은 인구를 기준으로 각 지방정부에 재배분된다. 영국의 자본이득세는 자산의 처분이익의 크기에 따라 2단계 누진세율(20%, 40%)을 적용한다. 계속 거주해 온 1채의 양도차액에 대해서는 공제한다.

라. 프랑스

프랑스[5]의 부동산 보유과세로는 주거세, 기건축지 및 미건축지 부동산세의 '자산 관련 주요 3세'와 부유세가 있다. 자산 관련 주요 3세는 모두 자산 임대가격을 주요 과세표준으로 하고 있으며, 과세표준은 국가의 법률로 정해져 있고, 자산평가 사무도 국가가 수행한다. 지자체는 국가가 평가한 과세표준액을 토대로 하여 독자의 세율을 설정하지만, 징세는 국가에 의해 행해져 국가의 특별회계를 경유해서 지자체에 세수가 교부된다. 부유세는 부의

---

5) 손경환 외(2008)를 중심으로 정리.

불균등분배 완화를 목적으로 국세로서 도입(1982년)되었으며, 대상자산은 동산·금융자산·거주주택·영업권 등의 비사업용 자산이다. 자산평가에서는 매년 과세연도 1월 1일 기준으로 개인소유 동산·부동산(시장가격), 생명보험(상환가액), 연금(실제수령액), 농지(시장가격), 임야(시장가격의 75%) 등을 평가한다.

세율(2002년 4월)은 72만 유로 이하 0%, 72만 초과 116만 유로 이하 0.55%, 116만 초과 230만 유로 이하 0.75%, 230만 초과 360만 유로 이하 1%, 360만 초과 690만 유로 이하 1.3%, 690만 초과 1,500만 유로 이하 1.65%, 1,500만 유로 초과 1.8%이다.

마. 독 일

독일[6)]은 연방국가로서 지방세를 부과하며, 지방자치단체의 종류에 따라 주세(Landessteuern)와 기초자치단체세(Gemeindesteuern)로 구분된다. 독일의 부동산 보유과세는 시·읍·면세로서 부동산세가 있다. 부동산세의 납세의무자는 부동산소유자이며, 과세표준은 해당 부동산의 평가액에 '조세산정률'을 곱하여 결정된다. 조세산정률이란 연방법에서 부동산의 종류에 따라 농업용 0.6%, 일반건물 0.35%, 2세대 주택 0.31%로 규정되어 있는 것을 말한다. 부동산세의 세율은 농림업용과 기타 부동산으로 구분해서 시·읍·면이 자유롭게 결정하고 있기 때문에 자치단체간 세율격차가 존재한다. 2000년도의 주별 평균세율로 비교한 최고·최저 세율의 격차는 농림업용 부동산이 2.2배(최고: 바이에른주 323%, 최저:베를린주 150%), 기타 부동산이 2.0배(최고: 베를린주 600%, 최저: 슈레

6) 이동영(2009), 손경환 외(2008)를 중심으로 정리.

스비히·홀스타인주 303%)로 나타났다.

[표 4-9] 주요국의 부동산세제 개관

<table>
<tr><th colspan="3">구 분</th><th>일 본</th><th>미 국</th><th>영 국</th><th>프랑스</th><th>독 일</th></tr>
<tr><td colspan="3">보유과세</td><td>• 지가세
토지 등의 가격에서 기초공제액을 공제한 잔액에 대하여 과세(과세정지 중)
• 고정자산세·도시계획세(지방세)
원칙적으로 토지의 가격을 과세표준으로 하여 과세
• 특별토지보유세(지방세)
원칙적으로 토지의 취득가격을 과세표준으로 하여 과세(과세정지 중)</td><td>• 재산세(지방세)
주정부차원의 일부에서도 재산세를 부과하고 있는 곳이 있음</td><td>• 비주거용 재산세
세입관세청 평가사무소가 정하는 임대가격에 근거하여 사업용 자산의 점유에 대해 과세
• Council세(지방세)
주거용 자산에 대해서 자산의 평가액 등에 근거해 거주자에게 과세</td><td>• 부유세
순자산에서 기초공제액을 공제한 잔액에 대해 과세
• 부동산세(지방세)
기건축지와 미건축지로 구분하여 토지대장에 기재된 임대가격에 근거해 과세
• 주거세(지방세)
토지대장에 기재된 임대가격에 근거해 주거의 점유에 대하여 과세</td><td>• 재산세(주세)
순자산에서 기초공제액을 공제한 잔액에 대해 과세
※부동산 평가방법에 관한 위헌판결(1995. 8)로 1997년 1월부터 재산세법은 집행할 수 없는 상태에 있음
• 부동산세(지방세)
부동산 통일평가액에 근거하여 과세</td></tr>
<tr><td rowspan="2">거래과세</td><td rowspan="2">양도과세</td><td>개인</td><td>• 소득세
분리과세(소유기간 등에 따른 세율 등이 다름)
• 주민세(지방세)
분리과세(소유기관 등에 따라 세율 등이 다름)</td><td>• 소득세
다른 소득과 합산하여 소득세의 추가세율로 과세
• 소득세(주·지방세)
다른 소득과 합산하여 과세</td><td>• Capital Gains Tax
다른 소득과 합산하여 소득세의 추가세율로 과세</td><td>• 소득세
분리과세</td><td>• 소득세
단기 자본이득은 다른 소득과 합산하여 과세하고, 장기 자본이득은 원칙적으로 비과세</td></tr>
<tr><td>법인</td><td>• 법인세
다른 소득과 합산하여 과세
• 사업세(지방세)
다른 소득과 합산하여 과세
• 주민세(지방세)
법인세액(추가과세분의 세액을 포함)을 과세표준으로 하여 과세</td><td>• 법인세
다른 소득과 합산하여 과세
• 법인세(주·지방세)
다른 소득과 합산하여 과세</td><td>• 법인세
다른 소득과 합산하여 과세</td><td>• 법인세
다른 소득과 합산하여 과세</td><td>• 법인세
다른 소득과 합산하여 과세
• 영업세(지방세)
다른 소득과 합산하여 과세</td></tr>
</table>

거래과세	취득과세	• 등록면허세(국세) 토지가격 등을 과세표준으로 하여 과세 • 부동산취득세(지방세) 원칙적으로 토지의 가격을 과세표준으로 하여 과세	• 부동산취득세(주·지방세) 주·지방정부 차원에서 부동산의 양도가액 등에 과세	• 토지인지세 부동산양도가격이 12.5만 파운드(비주거용 자산은 15만 파운드)를 초과하는 경우에 과세	• 등록세 부동산 양도액에 대하여 과세	• 부동산취득세(주세) 부동산양도액에 대하여 과세

주) 구미제국은 토지·건물 일체의 부동산세제로 되어 있다.

자료: 일본 재무성, 主要國の土地稅制(http://mof.go.jp/jouhou/syuzei/sirou/061.htm)을 손경환 외(2008)에서 재인용.

[표 4-10] 주요국의 부동산세 성질별 과세대상·과표·세율 비교

구분		한국	일본	미국	영국
보유세	세 목	재산세(지방세) 종합부동산세(국세)	고정자산세(지방세) 지가세[1](국세)	재산세 (property tax, 지방세)	카운슬세 (council tax·지방세) 비주거용재산세 (NDR·국세)
	납세 의무자	소유자	소유자	소유자	거주자(카운슬세) 사용자(NDR)
	대상 자산	토지·건물 (종부세는 9억 원 이상)	토지·건물·상각자산(고정자산세) 토지(지가세)	부동산·유동자산 등	주택(카운슬세) 사업용부동산(NDR)
	과 표	공시가격 × 과표적용률(50%)	과세대장등록가액×일정 보정률 : 고정자산세 상속세 계산시의 토지가액(시가)-공제 : 지가세	감정평가액 × 평가과세율	자산평가액(8등급으로 분류, 카운슬세) 임대가치 (연임대료·NDR)
	세 율	0.15%~0.5%(재산세) 0.5%~2.5%(종부세)	1.4%(고정자산세) 0.15%(지가세)	지방정부별로 다양 (실효세율 0.3%~4%)	지자체별로 각각 결정(카운슬세) 40%대(NDR)
거래세	세 목	취득세·등록세 (지방세)	부동산취득세(지방세) 등록면허세(국세)	부동산이전세 (지방세)	부동산인지세 (국세)
	과 표	공시가격	과세대장 등록가액	양도가액	실제거래가격
	세 율	2%(취득세) 1.5%~2%(등록세)	3%~4%(취득세) 1%(등록면허세)	1%~1.425%(뉴욕시)	1%~4%

양도세	과 표	양도차익 (공시가격 기준)	양도소득	자본이득 (capital gain)	처분이익
	세 율	9%~36% (2년 이상 보유시)	단기 : 40% + 주민세 12% 장기 : 20% + 주민세 6%	8%~20%	20%~40%

주) 1) 1998년 이후 과세중단

2) 각국의 양도세는 국세(미국은 연방세).

자료: 한국은행, 2005.

제 2 절 부동산 관련 조세와 비용

1. 부동산 관련 조세부담

2005년 기준으로 한국과 일본 등 주요 외국의 부동산세수가 GDP에서 차지하는 비중을 살펴보면 한국의 부동산 세수 비중은 중간정도 수준이나 보유과세 비중은 낮은 수준이며, 거래과세 수준은 가장 높은 수준으로 한국의 부동산과세가 거래과세 중심인 것을 알 수 있다. 부동산세수가 GDP에서 차지하는 비중은 영국(4.7%), 미국(4.3%), 프랑스(3.3%), 한국(3.1%), 일본(2.4%), 독일(0.9%)로 나타났다. 부동산 보유과세가 GDP에서 차지하는 비중은 영국(3.3%), 미국(2.9%), 프랑스(2.3%), 일본(2.0%), 한국(0.6%), 독일(0.5%)로 나타났다. 부동산 거래과세가 GDP에서 차지하는 비중은 한국(2.5%), 미국(1.5%), 영국(1.4%), 프랑스(1.0%), 일본(0.4%), 독일(0.4%)로 나타났다. 부동산 취득과세가 GDP에서 차지하는 비중은 한국(2.0%), 영국(1.1%), 프랑스(1.0%), 일본(0.4%), 독일(0.4%), 미국

[표 4-11] 부동산 관련 조세부담의 국제비교

			한 국	일 본	미 국	영 국	프랑스	독 일
부동산세수의 GDP에서 비중(%)		1995년	3.0	2.8	4.0	3.7	2.7	1.0
		2000년	2.5	2.5	5.0	4.8	2.9	0.8
		2005년	3.1	2.4	4.3	4.7	3.3	0.9
	부동산 보유과세	1995년	0.7	2.1	2.8	3.0	2.1	0.8
		2000년	0.7	2.1	2.7	3.2	2.1	0.5
		2005년	0.6	2.0	2.9	3.3	2.3	0.5
	부동산 거래과세 (취득과세)	1995년	2.3 (1.9)	0.7 (0.7)	1.2 (0.3)	0.7 (0.5)	0.7 (0.7)	0.3 (0.3)
		2000년	1.8 (1.6)	0.5 (0.5)	2.3 (0.4)	1.6 (1.1)	0.8 (0.8)	0.4 (0.4)
		2005년	2.5 (2.0)	0.4 (0.4)	1.5 (0.2)	1.4 (1.1)	1.0 (1.0)	0.4 (0.4)
부동산세수의 조세수입 비중(%)		1995년	15.7	10.3	14.4	10.6	6.4	2.7
		2000년	10.5	9.4	16.7	12.9	6.6	2.3
		2005년	12.2	8.8	15.8	12.9	7.6	2.5
	부동산 보유과세	1995년	3.7	7.7	10.1	8.7	4.8	2.0
		2000년	2.9	7.7	8.9	8.6	4.7	1.2
		2005년	2.4	7.3	10.5	9.1	5.3	1.3
	부동산 거래과세 (취득과세)	1995년	12.0 (9.8)	2.6 (2.6)	4.3 (1.0)	1.9 (1.3)	1.6 (1.6)	0.7 (0.7)
		2000년	7.6 (6.6)	1.7 (1.7)	7.8 (1.2)	4.3 (3.0)	1.9 (1.9)	1.1 (1.1)
		2005년	9.8 (7.7)	1.5 (1.5)	5.5 (0.9)	3.8 (2.9)	2.3 (2.3)	1.1 (1.1)

자료: OECD, *Revenue Statistics* 1965~2006, 2007; 손경환 외(2008)에서 재인용.

(0.2%)으로 나타났다.

2005년 기준으로 한국과 일본 등 주요 외국의 부동산세수가 조세수입에서 차지하는 비중을 살펴보면 한국의 부동산 세수비중은 상대적으로 높은 수준이나 보유과세 비중은 낮은 수준이며, 거래과세와 취득과세 수준은 가장 높은 수준으로 한국의 부동산 과세가 거래과세 중심이며, 취득과세 위주로 되어 있다는 것을 알 수 있다. 부동산 세수가 조세수입에서 차지하는 비중은 미국(15.8%), 영국(12.9%), 한국(12.2%), 프랑스(7.6%), 일본(8.8%), 독일(2.5%)로 나타났다. 부동산 보유과세가 조세수입에서 차지하는 비중은 영국(9.1%), 미국(10.5%), 일본(7.3%), 프랑스(5.3%), 한국(2.4%), 독일(1.3%)로 나타났다. 부동산 거래과세가 조세수입에서 차지하는 비중은 한국(9.8%), 미국(5.5%), 영국(3.8%), 프랑스(2.3%), 일본(1.5%), 독일(1.1%)로 나타났다. 부동산 취득과세가 조세수입에서 차지하는 비중은 한국(7.7%), 영국(2.9%), 프랑스(2.3%), 일본(1.5%), 독일(1.1%), 미국(0.9%)으로 나타났다.

2. 부동산 거래비용

가. 부동산 거래비용 비교

한국과 일본 등 6개 국가의 부동산거래 관련 총 부담률을 보면 낮게는 영국의 2.89% 정도부터 높게는 프랑스의 19.35%까지 나타났다. OECD의 거래과세 산출기준은 조세 외에 법정수수료, 중개수수료 등 모든 비용을 포함한 것이다. 한국의 경우 부동산 거래 관련 비용의 부담률은 최소값 5.45%부터 최대값 11.40%이다. 거래비용 부담의 비교를 위해 최소값과 최대값의 중간값을 비교해 보면 영국(6.08%), 일본(7.38%), 한국(8.43%), 미국(9.38%), 독일(10.26%), 프랑스(15.21%) 순으로 나타나 있다. 최소값을 비교해 보면 영국(2.89%), 한국(5.45%), 일본(5.76%), 미국(7.56%), 독일(7.87%), 프랑스(11.06%) 순으로 나타나 있다. 최대값을 비교해 보면 일본(9.00%), 영국(9.26%), 미국(11.20%), 한국(11.40%), 독일(12.64%), 프랑스(19.35%) 순으로 나타나 있다. 전반적으로 한국의 거래비용 부담은 중간정도 수준으로 영국·일본에 비해서는 상대적으로 높은 수준이지만, 독일이나 프랑스에 비해서는 낮은 수준이다.

나. 주요국의 부동산 거래비용

부동산의 거래비용과 관련하여 주요국의 사례를 살펴보면 다음과 같다. 우리나라의 경우 부동산거래시 통합취득세 외에 자치단체에 의무적으로 지급해야 하는 비용은 없다. 그러나 외국의 경우 세금명목(tax)의 비율은 낮으나, 부동산 중개공증료, 법률비용 등 다양한 의무적 거래비용이 발생한다.

1) 일 본

일본은 보유단계와 소비단계의 조세인 고정자산세와 지방소비세가 지방세수의 대부분을 차지하고 있다. 일본의 거래세로는 지방세인 부동산취득세와 국세인 등록면허세가 있다. 국세인 등록면허세의 세율은 토지등기의 경우 소유권보존 0.4%, 매매에 의한 소유권이전 2%(2006. 4~2009. 3 예외조치 특례로 1%)이다.

지방세인 부동산취득세의 과세표준은 일본 지방세법 제73조

[표 4-12] OECD 국가별 부동산 거래 관련 부담비율(2007)

국 가	지출항목	세 율	부담자
한 국	국민주택채권	5%	구매자
	법 관련 수수료	0.25%~1%	구매자
	통합취득세	4.0%(2.0%, 1.0%)	구매자
	중개인수수료	0.4%~0.6%	구매자
	지방교육세	0.40%(0.20% · 0.10%)	구매자
	인지세	0.20%	구매자
	농어촌특별세	0.20%(0.10% · 0.05%)	구매자
	구매자부담률	5.45%~21.40%	
	판매자부담률	nil	
	총 거래부담률	5.45%~11.40%(8.43%)	
일 본	중개인수수료	3.15% +JPY63,000	구매자
	취득세	1.50%~3.00%	구매자
	등록면허세	1.00%~2.00%	구매자
	법 관련 수수료	0.10%~0.30%	구매자
	인지세	0.01%~0.15%	구매자
	구매자부담률	5.76%~9%	
	판매자부담률	nil	
	총 거래부담률	5.76%~9%(7.38%)	
미 국	권원보험	0.5%~1.0%	구매자
	기록수수료	0.5%~0.2%	구매자
	법 관련 수수료	0.5%~1.0%	구매자
		0.5%~1.0%	판매자
	부동산이전세	0.01%~2.0%	판매자
	중개인수수료	6.00%	판매자
	구매자부담률	1.05%~2.20%	
	판매자부담률	6.51%~9%	
	총 거래부담률	7.56%~11.20%(9.38%)	

<table>
<tr><td rowspan="7">영 국</td><td>인지세</td><td>0%~4%</td><td>구매자</td></tr>
<tr><td>법 관련 수수료</td><td>0.5%~1%</td><td>구매자</td></tr>
<tr><td>토지 등록수수료</td><td>0.04%~0.15%</td><td>구매자</td></tr>
<tr><td>중개인수수료</td><td>2%~3.5%(+17.5% VAT)</td><td>판매자</td></tr>
<tr><td>구매자부담률</td><td colspan="2">0.54%~5.15%</td></tr>
<tr><td>판매자부담률</td><td colspan="2">2.35%~4.11%</td></tr>
<tr><td>총 거래부담률</td><td colspan="2">2.89%~9.26%((6.08%)</td></tr>
<tr><td rowspan="4">프랑스</td><td>등록수수료</td><td>4.99%~5.09%</td><td>구매자</td></tr>
<tr><td>공증수수료</td><td>around 1%(+19.6 VAT)</td><td>구매자</td></tr>
<tr><td>토지등록자임금</td><td>0.10%</td><td>구매자</td></tr>
<tr><td>기타 등록수수료</td><td>0.20%~1%</td><td>구매자</td></tr>
<tr><td rowspan="5">프랑스</td><td rowspan="2">중개인수수료</td><td>2%~5%(+19.6 VAT)</td><td>구매자</td></tr>
<tr><td>2%~5%(+19.6 VAT)</td><td>판매자</td></tr>
<tr><td>구매자부담률</td><td colspan="2">8.67%~13.37%</td></tr>
<tr><td>판매자부담률</td><td colspan="2">2.39%~5.98%</td></tr>
<tr><td>총 거래부담률</td><td colspan="2">11.06%~19.35%(15.21%)</td></tr>
<tr><td rowspan="8">독 일</td><td>부동산이전세</td><td>3.50%</td><td>구매자</td></tr>
<tr><td>공증수수료</td><td>0.6%~1.5%</td><td>구매자</td></tr>
<tr><td>등록수수료</td><td>0.2%~0.5%</td><td>구매자</td></tr>
<tr><td rowspan="2">중개인수수료</td><td>1.5%~3%(+19% VAT)</td><td>구매자</td></tr>
<tr><td>1.5%~3%(+19% VAT)</td><td>판매자</td></tr>
<tr><td>구매자부담률</td><td colspan="2">6.09%~9.07%</td></tr>
<tr><td>판매자부담률</td><td colspan="2">1.79%~3.57%</td></tr>
<tr><td>총 거래부담률</td><td colspan="2">7.87%~12.64%(10.26%)</td></tr>
</table>

주) 한국은 2011년 도입된 통합취득세의 세율을 반영하여 수정하였다.
자료: http://www.globalpropertyguide.com.

의 13에서 부동산을 취득하는 때에 부동산의 가격으로 하며, 가옥 개축의 경우 과세표준은 해당 개축으로 인하여 증가한 가격으로 한다고 규정하고 있다(이동영, 2010). 부동산취득세의 과세표준은 실제 거래가액이 아닌 고정자산 과세대장에 등록된 가액으로 하고 있다. 부동산취득세와 고정자산세의 과세대상은 토지와 가옥으로 과세대상 범위가 동일하기 때문에 과세표준을 고정자산 과세대상에 등록된 가액으로 하고 있다. 부동산취득세의 세율은 취득한 부동산가격의 4%(주택용에 한하여 2006. 4.~2009. 3.까지는 3%)를 과세한다.

2) 미 국

전반적으로 상당히 낮은 세율을 적용하며 13개 주는 부동산거래세가 없다. 부동산취득세(Real Estate Transfer or Property Transfer Tax)가 주세 · 시세로서 부동산 권리나 이익의 취득에 대해 그 지분가격을 과세표준으로 하여 다음과 같은 세율구조로 과세되고 있다(손경환 외, 2008).

또한 저당권등기세(Mortgage Transferr Tax)가 주세 · 시세로서 저당권설정 계약의 등기에 대하여 해당 저당권설정대상 채무액을 과세표준으로 하여 주세 0.75% 또는 1.0%, 시세 1.0%~1.75%로 과세되고 있다(손경환 외, 2008).

[표 4-13] 미국(뉴욕) 부동산취득세의 세율구조

구 분	주 세	시 세
주 택	• $500 초과: 0.4% • $100만 이상: 1.4%	• $50만 이하: 1.0% • $50만 초과: 1.425%
비주택	• $500 초과: 0.4%	• $50만 이하: 1.0% • $50만 초과: 2.625%

주) 부동산거래에 대해서 매출세(sales tas)는 비과세.

자료: 손경환 외, 2008.

3) 영 국

영국은 1990년대 중반 이후 세계적인 저금리기조 속에 1996년에서 2007년까지 주택의 평균가격이 3배 이상 상승함에 따라 투기적 수요로 인한 대출증가 등 주택가격 상승으로 인한 부작용이 표면에 드러남에 따라 주택공급 확대정책과 부동산 세제개편을 통한 수요조절 정책을 실시하였다(박준 · 손정원, 2008). 영국의 부동산 관련 세제는 2008년 현재 부동산취득세(Stamp Duty Land Tax), 상속세(Inheritance Tax), 양도세(Capital Gain Tax: CGT), 그리고 재산세와 주민세가 결합된 형태의 카운슬택스(Council Tax)가 있다. 부동산취득세 · 상속세 · 양도세는 HM Revenue & Customs (영국의 세무를 관장하는 정부기관)에서 관리하는 국세이며, 카운슬택스는 지방세형식으로 부과된다. 주로 주식자산 매매시에 0.5%의 세율로 부과되던 취득세(Stamp Duty)는 토지와 연관된 부동산 거래에 확대된 형태가 바로 2003년도에 제정된 부동산취득세이며, 다음과 같이 거래금액에 따라 1%에서 최대 4%까지 차등적으로 부과된다.

[표 4-14] 영국 부동산취득세(토지인지세 · SDLT)의 세율구조

	주 택	비주택	임대차계약
세율구조	• £12.5만 이하: 비과세 • £25만 이하: 1.0% • £50만 이하: 3.0% • £50만 초과: 4.0%	• £15만 이하: 비과세 • £25만 이하: 1.0% • £50만 이하: 3.0% • £50만 초과: 4.0%	• 장래 임대료 순수입의 현재가치×1%(주택 £12.5만, 비주택 £15만은 비과세 • 권리금은 거래구분(주택 · 비주택 · 임대차계약)에 따라 과세

주) 인용자료(손정환 외, 2008)에서는 토지인지세로 번역.

자료: 손정환 외, 2008.

4) 프 랑 스[7)]

부동산 공시・등록세(Taxe de Publicite Fonciere Droit d'Enregistrement)는 도(데파르트망) 및 시・읍・면(코뮌)의 공동세로서 부동산 취득의 거래액(VAT 포함)에 대하여 다음과 같은 세율구조로 과세되고 있다. VAT가 과세되지 않는 부동산거래(기존 주택매매) 등에 등록세를 과세하고, 신축주택에 대해서는 VAT 19.6%를 공시세 0.6%와 함께 부과하며, 신축용 토지와 기존 부동산에 대해서는 VAT를 비과세한다.

[표 4-15] 프랑스 등록세의 세율구조

구 분	기존 부동산 (준공 후 5년 이상 또는 이전전력 있는 물건)	신규부동산(준공 후 5년 미만)
세목과 세율	• 부동산 공시・등록세(도세): 3.6% • 양도세부가세(시・읍・면세): 1.2% • 징세비용: 0.09% • 합계: 4.89%	• 부동산공시・등록세(도세): 0.6%

5) 독 일[8)]

부동산의 매매에 대하여 독일 최초로 통일적인 세금을 부과한 것은 1909년 제국인세법(Reichstempelgesetz)에 의한 것이었으며, 독일 전역에 통일적으로 부동산취득세법을 부과한 것은 1919년이다. 취득단계에서 연방은 종전에 여러 개로 나뉘어져 있던 주법인 부동산취득세법을 연방법으로 통일시키면서 면세조항(Be-

7) 손경환 외(2008)를 중심으로 정리.

8) 이동영(2009)을 중심으로 정리.

freiung)을 대부분 삭제하였고, 1919년 세율을 7%에서 2%로 인하하였다. 부동산취득세의 과세표준은 거래가액이고, 세율은 1997년 2%에서 3.5%로 인상되었다. 양도단계에서는 양도소득에 관하여 비과세를 원칙으로 하고, 농림업, 부동산의 양도로 발생하는 이득과 투기로 인하여 발생하는 양도소득에 대해서만 과세한다. 독일의 부동산세제에서 주목할 점은 투기방지에 관한 사항인데, 투기의도와 상관없이 투기행위의 객관적 판정기준을 재산의 보유기간으로 하고 있다. 즉 부동산(토지 · 지상권 · 광물채굴권 등)의 보유기간은 2년, 동산(유가증권 등)은 6개월 이상 보유한 자산의 양도소득은 비과세하나, 이러한 일정기간에 미달한 자산의 양도소득에 대해서는 과세한다(순익이 1,000마르크 미만의 경우, 투기소득의 과세최저한으로 비과세).

제 3 절 외국 자산과세의 시사점

1. 세수구조

OECD의 연방형 국가들의 연방정부 세수구조는 대부분 소득과세가 중심이 되고 있으며, 주정부는 소득과세나 소득 · 소비과세가 중심이 되고 있고, 지방정부는 재산과세나 소득과세가 중심이 되고 있는 것으로 나타났다. OECD의 단일형 국가들의 중앙정부는 대부분 소득과세와 소비과세가 중심이 되고 있으며, 지방정부는 재산과세나 소득과세가 중심이 되고 있는 것으로 나타났다.

한국의 중앙정부는 소득과세와 소비과세가 중심이며, 지방정부는 재산과세 중심이다.

2. 부동산 과세비중

2005년 기준으로 한국과 일본 등 주요 외국의 부동산세수가 GDP에서 차지하는 비중을 살펴보면, 한국의 부동산 세수비중은 중간정도 수준이나 보유과세 비중은 낮은 수준이며, 거래과세 수준은 가장 높은 수준으로 한국의 부동산과세가 거래과세 중심인 것을 알 수 있다. 부동산세수가 GDP에서 차지하는 비중은 영국(4.7%), 미국(4.3%), 프랑스(3.3%), 한국(3.1%), 일본(2.4%), 독일(0.9%)로 나타났다. 부동산 보유과세가 GDP에서 차지하는 비중은 영국(3.3%), 미국(2.9%), 프랑스(2.3%), 일본(2.0%), 한국(0.6%), 독일(0.5%)로 나타났다. 부동산 거래과세가 GDP에서 차지하는 비중은 한국(2.5%), 미국(1.5%), 영국(1.4%), 프랑스(1.0%), 일본(0.4%), 독일(0.4%)로 나타났다. 부동산 취득과세가 GDP에서 차지하는 비중은 한국(2.0%), 영국(1.1%), 프랑스(1.0%), 일본(0.4%), 독일(0.4%), 미국(0.2%)으로 나타났다.

2005년 기준으로 한국과 일본 등 주요 외국의 부동산세수가 조세수입에서 차지하는 비중을 살펴보면 한국의 부동산 세수비중은 상대적으로 높은 수준이나 보유과세 비중은 낮은 수준이며, 거래과세와 취득과세 수준은 가장 높은 수준으로 한국의 부동산 과세가 거래과세 중심이며 취득과세 위주로 되어 있는 것을 알 수 있다. 부동산세수가 조세수입에서 차지하는 비중은 미국(15.8%),

영국(12.9%), 한국(12.2%), 프랑스(7.6%), 일본(8.8%), 독일(2.5%)로 나타났다. 부동산 보유과세가 조세수입에서 차지하는 비중은 영국(9.1%), 미국(10.5%), 일본(7.3%), 프랑스(5.3%), 한국(2.4%), 독일(1.3%)로 나타났다. 부동산 거래과세가 조세수입에서 차지하는 비중은 한국(9.8%), 미국(5.5%), 영국(3.8%), 프랑스(2.3%), 일본(1.5%), 독일(1.1%)로 나타났다. 부동산 취득과세가 조세수입에서 차지하는 비중은 한국(7.7%), 영국(2.9%), 프랑스(2.3%), 일본(1.5%), 독일(1.1%), 미국(0.9%)으로 나타났다.

3. 부동산 거래비용

거래비용 부담의 비교를 위해 최소값과 최대값의 중간값을 비교해 보면 영국(6.08%), 일본(7.38%), 한국(8.43%), 미국(9.38%), 독일(10.26%), 프랑스(15.21%) 순으로 나타나 있다. 최소 값을 비교해 보면 영국(2.89%), 한국(5.45%), 일본(5.76%), 미국(7.56%), 독일(7.87%), 프랑스(11.06%) 순으로 나타나 있다. 최대값을 비교해 보면 일본(9.00%), 영국(9.26%), 미국(11.20%), 한국(11.40%), 독일(12.64%), 프랑스(19.35%) 순으로 나타나 있다. 전반적으로 한국의 거래비용 부담은 중간정도 수준으로 영국・일본에 비해서는 상대적으로 높은 수준이지만, 독일이나 프랑스에 비해서는 낮은 수준이다.

제 5 장

개 선 방 안

제 1 절 기본방향

본 연구는 취득세와 등록세의 통합으로 인한 세부담증가, 세율구조 복잡화 등의 문제점을 해결함으로써 궁극적으로 납세의무자의 납세편의 제고방안을 제시하는 것을 목적으로 한다. 따라서 다음과 같은 기본방향 하에서 통합취득세의 개선방안을 모색하고자 한다.

첫째, 통합취득세의 도입으로 인하여 납세자에게 추가적인 납세의무가 발생하지 않도록 세부담중립성을 유지한다. 즉 통합 전과 통합 후에 납세의무자의 세부담을 동일하게 하여 통합으로 인한 세부담증가가 발생하지 않도록 한다.

둘째, 세목간소화로 복잡해진 통합취득세의 세율구조를 간소화하여 납세의무자의 납세편의를 제고하고, 세무행정 비용을 절

감한다.

셋째, 종전에 취득세와 등록세로 나누어 납부하다가 통합취득세로 1회에 납부하게 되면서 새롭게 야기된 일시적 납부부담 증가를 완화하고, 납세협력 의무를 완화하여 납세편의를 제고한다.

제2절 납세자 세부담완화

1. 과세대상 정비

통합 전에 취득세의 과세대상이지만 등록세는 과세대상이 아니었던 과세물건이 통합취득세의 과세대상이 되어 과거에는 납부하지 않아도 되는 등록세분까지 납부해야 되는 문제가 발생하였다. 이에 해당하는 것으로 무허가건물, 축사의 부동산등기에 관한 특례법에 의한 200㎡ 이하 축사·플로피 등이 있다.

취득시 별도 등기를 할 수 없는 건축물(무허가건축물)을 취득하거나 등기를 하지 않는 경우, 또는 취득 이후 등기를 하는 경우라고 하더라도 별도 세율의 특례대상이 아닌 한 등기·등록 여부와 관계없이 종전 등록세율을 포함한 현행 취득세율로 과세한다. 이에 따라 무허가·위법 건축물 등은 등기하지 못하여 통합 전에는 등록세는 부담하지 않고 취득세(2%)만 부담하도록 되어 있었으나, 통합 후에는 등기 여부를 불문하고 통합취득세 세율인 4%를 적용하여 과세하고 있어 세부담이 증가하였다.

이러한 결과는 종전에 부담하지 않았던 등록세분을 세목통합으로 인하여 통합취득세에서는 부담하게 되어 납세의무자의 세부담이 증가하는 것을 의미한다. 즉 세율의 특례대상에 포함되지 않은 건축물 등에 대한 적용세율(별도 등기를 할 수 없는 건축물 등)이 ① 세목통합 전에는 취득세만 2% 세율로 납부하면 되었고 등록세는 과세에서 제외되었으나, ② 세목통합 후에는 통합취득세를 4% 세율로 납부하고 등록면허세는 과세에서 제외된다는 것을 의미한다.

이러한 문제를 해결하기 위해서는 취득세세율의 특례를 규정한 지방세법 제15조 제2항과 동법 시행령 제30조에 열거되어 있는 과세대상에 무허가건물·축사·플로피 등을 포함시키도록 하여 이들에 대한 세부담을 통합 전과 동일하게 유지하도록 하여야 한다.

현행 지방세법 제15조에서는 통합취득세 세율의 특례를 규정하였는데, 제2항에서는 통합취득세 과세대상 중 종전에 등록세는 부과되지 않고 취득세만 부과되었던 취득에 대한 세율을 규정하고 있다. 무허가건축물·축사·플로피 등의 통합취득세 부담을 개정 전과 동일하게 하기 위해서는 이들을 세율특례를 규정한 지방세법 제15조 제2항과 관련된 지방세법 시행령 제30조에서 열거한 과세대상에 추가하도록 한다. 지방세법 시행령 개정내용은 다음과 같다.

[표 5-1] 지방세법 시행령 제30조 일부 개정내용

현 행	개 정 안
제30조(세율의 특례대상) 법 제15조 제2항 제7호에서 "레저시설의 취득 등 대통령령으로 정하는 취득"이란 다음 각 호의 어느 하나에 해당하는 취득을 말한다. 1.~5. (생략) <신설>	제30조(세율의 특례대상) 법 제15조 제2항 제7호에서 "레저시설의 취득 등 대통령령으로 정하는 취득"이란 다음 각 호의 어느 하나에 해당하는 취득을 말한다. 1.~5. (현행과 같음) 6. 구 특정건축물정리에관한특별조치법 제3조에 규정한 건축물에 대한 취득(부동산등기시에는 법 제11조부터 제13조까지의 세율적용) 7. 축사의 부동산등기에 관한 특례법에 의한 200㎡ 이하 축사 8. 플로피

2. 일시증가된 납세부담완화

통합 이전에는 취득세와 등록세의 납부기한이 달리 규정되어 있었다. 즉 취득세는 취득 후 30일 이내에 신고납부하도록 되어 있었고, 등록세는 등기·등록하기 전까지 신고납부하도록 되어 있었다. 따라서 취득세와 등록세를 동시에 납부해야 하는 과세대상이라도 통합 전에는 취득세는 취득 후 30일 이내에 납부하면 되고, 등록세는 등기·등록 전에만 납부하면 되었다. 그러나 통합 후에는 취득세와 등록세를 합한 금액만큼의 통합취득세를 일시에 납부하여야 하므로 세부담이 증가하게 되었다.

이러한 문제를 완화하기 위하여 분납제도를 도입하였다. 2011년부터 통합취득세를 납부해야 하는 부담을 덜어 주기 위해 분납제도가 3년간 한시적으로 시행되고 있다. 즉 취득시에 통합

취득세의 1/2을 먼저 납부하여 등기를 하게 되며, 나머지 1/2은 취득 후 60일 이내에 납부하도록 하고 있다. 이에 따라 현 제도를 한시적으로 운용하는 동안에는 납세부담이 일시에 집중되는 것은 완화되었다. 그러나 분납제도가 시행되지만 종전과 같이 등기 전까지 등록세 납부부담이 연기되는 효과는 없어지게 되었다. 또한 분납대상이 개인이 취득하는 주택·자동차·기계장비에 한정되어 있어 이를 제외한 다른 과세대상을 취득하는 납세의무자의 경우에는 통합으로 인한 납세부담 증가문제가 여전히 해결되지 않고 있다.

자치단체의 경우에는 종전에 취득세의 체납이 과다한 문제점이 있었으나, 통합으로 인하여 등기를 위해서는 통합취득세를 납부하여야 하므로 취득세 체납문제가 자동으로 해결되어 세목통합을 찬성하였다. 그러나 개인이 취득하는 주택과 자동차, 기계장비 이외의 과세대상 취득자의 일시적 납세부담 증가는 여전히 남아 있으므로 이러한 문제를 해결하여야 한다.

이러한 문제를 해결하기 위하여 분납대상을 확대하여 개인이 주택 외 건축물 등을 취득할 경우에도 분납을 허용하도록 한다. 또한 분납대상이 아닌 과세대상에 대해서도 통합취득세액이 일정금액을 초과할 경우에는 분납을 허용하도록 한다. 재산세의 경우와 유사하게 납부할 통합취득세액이 500만 원을 초과할 경우에는 분납을 허용하도록 한다.[1] 다만, 이 경우에는 현행 과세대상인 개

---

1) 第26조의 4(분납) 지방자치단체의 장은 재산세의 납부세액이 5백만 원을 초과하는 경우에는 대통령령이 정하는 바에 의하여 납부할 세액의 일부를 납부기한이 경과한 날부터 45일 이내에 분납하게 할 수 있다. < 개정 2005. 1. 5, 2007. 12. 31 >.

인이 취득하는 주택·자동차·기계장비와는 달리 재산세의 예와 같이 일시납을 원칙으로 하되 납세의무자가 원하면 분납할 수 있도록 한다.

제3절 세율간소화

1. 통합취득세 세율간소화

통합으로 인하여 종전의 등록세분을 포함하다 보니 통합취득세의 세율이 매우 복잡하게 되어 납세자들이 이해하기 어렵게 되어 있으므로 세율의 간소화가 필요하다. 세율의 간소화는 세수의 손실을 초래하지만 그 규모가 크지 않다. 통합취득세 과세대상 중 선박(원시취득·소형선박)은 2.02%이며, 항공기는 57톤 이상은 2.01%, 57톤 미만은 2.02%로 되어 있어 이를 2.00%로 간소화할 필요가 있다. 소형선박의 통합 취득세율 2.02% 중 2.00%는 통합 전 취득세분이며, 0.02%는 등록세분이다. 또한 항공기의 통합 취득세율 2.01%~2.02% 중 2.00%는 통합 전 취득세분이며, 0.01%~0.02%는 등록세분이다.

이렇게 통합취득세의 세율을 간소화하게 되면 미등록 소형선박에 대한 등록세분 부담증가문제도 자동적으로 해결된다. 소형선박 중에서 선박법에 의하여 등록을 하지 않는 선박의 경우 2010년까지는 등록세는 납부하지 않고 취득세만 2.00%의 세율로 납부했으나, 2011년부터는 통합취득세를 2.02%의 세율로 납부하게 됨으로써 세부담이 증가하게 되었다. 그런데 소형선박에 대한 통합취득세의 세율을 2.00%로 간소화하면 등록을 하지 않는 소형선박은 세부담이 종전과 동일하게 된다.

이와 같이 세율을 간소화할 경우, 예상되는 지방세수 손실은 2억77백만 원에 불과하다. 항공기에 대한 통합취득세율 2.01%~2.02%를 2.00%로 간소화할 경우, 세수손실은 2억73백만 원 미만일 것으로 추정된다. 소형선박에 대한 통합취득세율을 2.02%에서 2.00%로 간소화할 경우, 세수손실은 5백만 원 미만일 것으로 추정된다. 소형선박에 대한 2009년 통합 전 등록세의 세수규모는 총 211건, 402만5천 원에 불과하다. 그리고 항공기에 대한 2009년 통합 전 등록세의 세수규모는 총 256건, 2억7,276만9천 원에 불과하다. 가장 세수가 많은 자치단체는 서울이 1억17백만 원이며, 다음으로 인천(94백만 원), 제주(29백만 원), 충남(12백만 원) 순이며, 나머지 9개 자치단체는 1천만 원 미만이고, 3개 자치단체(대구 · 전남 · 경남)는 과세실적이 없다.

2. 등록면허세 세율간소화

통합취득세 도입시 취득과 관련된 등록세는 통합취득세에, 그리고 취득과 무관한 등록세는 등록면허세로 간소화하였으나, 등록면허세의 세율 관련 조항에 부동산등기 등과 관련된 조항이 남아 있어 납세의무자의 혼란을 야기할 우려가 있다.

등록면허세는 등록에 대한 등록면허세와 면허에 대한 등록면허세로 구분되는데, 등록에 대한 등록면허세와 관련하여 "'등록'이란 재산권과 그 밖의 권리의 설정·변경 또는 소멸에 관한 사항을 공부에 등기하거나 등록하는 것을 말한다. 다만, 제2장에 따른 취득을 원인으로 이루어지는 등기 또는 등록은 제외하되, 다음 각 목의 어느 하나에 해당하는 등기나 등록은 포함한다(지방세법 제23조 제1항)"라고 규정하고 있다. 따라서 등기나 등록이라도 통합 취득세와 등록면허세의 과세대상은 서로 일치하지 않다는 것을 알 수 있다.

등록면허세에서는 부동산등기와 관련된 세율을 ① 소유권의 보존등기, ② 소유권의 이전등기, ③ 소유권 외의 물권과 임차권의 설정 및 이전, ④ 경매신청·가압류·가처분 및 가등기의 4가지로 구분하여 각각 세율을 규정하고 있다. 이렇게 부동산등기 관련 세율 중 일부가 통합취득세에도 규정되어 있고, 등록면허세에도 규정되어 있어 동일한 과세대상에 대하여 통합취득세도 과세되고 등록면허세도 과세되는 것으로 오해를 야기할 우려가 있다. 예를 들어 유상으로 인한 소유권 이전등기에 대해서 통합 전인 2011년 이전에는 취득세가 2% 세율로 과세되고 등록세가 2% 세율(농지는 1%)로 과세되었으나, 통합 후인 2011년부터는 통합 취득세가 4% 세율(농지는 3%)로 과세되는 것으로 되었다. 그러나 유상으로 인한 소유권 이전등기 중 취득과 무관분이 등록면허세에 2% 세율로 규정되어 있어 부동산 유상취득과 관련하여 통합 취득세를 4%로 납부하고 등록면허세를 2%로 추가납부하여야 하는 것으로 오해를 불러 일으킬 우려가 있다([표 5-2] 참조). 이렇게 부동산등기 관련 세율 중 일부가 통합취득세와 등록면허세에도 규정되어 있기 때문에 발생할 이중과세 우려를 불식시키기 위해서는 등

[표 5-2] 부동산등기 관련 통합취득세와 등록세의 세율

과세대상		2011년 이전		2011년 이후	
		취득세 (법 제112조 제1항)	등록세 (법 제131조~제138조)	통합취득세 (법 제11조 제1항) 부동산 취득의 세율	등록면허세 (법 제28조 제1항, 1) 등록에 관한 세율
부동산	유상취득	2%	농 지 1%	농 지 3.00%	-
			기 타 2%	기 타 4.00%	기 타 2%
	무상취득	2%	1.5%	3.50%	1.5%
			비영리 0.8%	비영리 2.80%	비영리 0.8%
	상 속	2%	농 지 0.3%	농 지 2.30%	농 지 0.3%
			기 타 0.8%	기 타 2.80%	기 타 0.8%
	신탁재산	2%	1%	3.00%	1%
			비영리 0.5%	기 타 2.50%	비영리 0.5%
	원시취득	2%	0.8%	2.80%	0.8%
	공유·합유·분할	2%	0.3%	2.30%	0.3%

록면허세의 부동산등기 관련 세율규정을 정비할 필요가 있다.

부동산등기와 관련하여 통합취득세와 등록면허세에 관련 세율이 규정되어 있음으로써 나타나는 혼란을 방지하기 위해서는 등록면허세에 규정된 부동산 관련 세율규정을 통합취득세의 세율특례를 규정한 지방세법 제15조 제1항에서 규정하도록 지방세법을 개정할 필요가 있다. 지방세법 제15조는 제1항에 통합 전 등록세만 부과된 취득인 환매, 상속, 합병, 건축물이전, 이혼시 재산분할 청구권에 의한 취득 등에 대한 세율을 규정하고 있다. 따라서 등록면허세의 유상취득 등 부동산등기 관련 세율조항을 폐지하고, 이들 내용을 지방세법 제15조 제1항에 열거한 과세대상에 추가로 규정하도록 한다. 여기에 해당하는 과세대상은 '건축중인 건

물에 대한 등기' 등 극히 일부이므로, 이들을 추가로 규정하는 것은 그리 어렵지 않을 것이다.

제 4 절 납부확인서 발부제도입

연부취득, 보통징수의 경우 종전에 취득세와 등록세를 각각 납부할 때에 비하여 통합취득세를 납부할 때에 납세의무자의 납세협력 비용이 증가하게 되었다. 세목통합 전에는 취득세 과세대상을 연부취득[2]하면 연부금을 지급할 때마다 취득세 2%를 납부하고, 등록세는 등기할 때에 일시에 납부하였다. 그러나 세목통합 후에는 연부취득에 대하여 연부금을 지급할 때마다 취득세 4%를 납부하여야 하며, 그리고 등기를 하고자 할 때에는 2년 이상 수차례 나누어서 납부한 영수증을 모두 보관하였다가 등기 시 제출하여야 한다. 더구나 2010년 이전부터 연부취득하고 있는 경우라면 2010년 이전분은 등록세를 납부하고 등록세영수증을, 2011년 이후 분은 취득세영수증을 첨부하여야 하는 불편함이 있다.

또한 세목통합 전에는 취득세를 신고납부하지 않았더라도 등록세를 신고납부하고, 그 영수증을 첨부하여 등기를 신청할 수 있었다. 그러나 세목통합 후에는 취득세신고 납부기한이 경과하여 보통징수[3]하는 경우에 과세관청에서 보내는 고지서에 등기소제

2) 취득세 과세대상을 취득하면서 2회 이상 분납을 하고, 그 분납기간이 2년 이상인 경우에 이를 연부취득이라 한다.

3) 취득세는 신고납부 세목으로서 취득일부터 60일 이내에 납세의무자가 신고납부하여야 한다. 취득세를 기한 내에 신고납부하지 아니한 경우에는 과세관청

출용 영수필확인서 등이 없어 등기서류에 첨부할 수 있는 서류가 없기 때문에 납세의무자의 등기신청에 어려움이 있다.

이러한 납세의무자의 불편을 야기하는 이러한 문제를 해결하기 위해여 납부확인서 발부제를 도입하여 납세편의를 제고하도록 한다. 즉 연부취득의 경우에 취득세를 2년 이상의 기간에 걸쳐서 나누어서 신고납부하고 그 영수증을 모두 첨부해야 하는 문제점이 있으므로, 등기시에 필요한 '연부취득세 납부확인서'를 과세관청에서 발부해 주도록 한다. 그리고 보통징수의 경우에는 과세관청에서 '취득세고지 납부확인서'를 발부해서 납세의무자가 등기신청시 첨부서류로 사용하도록 한다.

에서 보통징수를 하게 된다.

제 6 장

요약 및 정책건의

제 1 절 요　　약

2011년부터 개정된 지방세법의 시행에 따른 지방세목 간소화로 종전의 취득세와 등록세가 취득세로 통합되었다. 취득과 관련 있는 등록세는 취득세로 통합되고, 취득과 무관한 등록세는 면허세와 합쳐 등록면허세로 통합되었다. 납세자의 세부담중립을 전제로 납세편의 제고를 위해 세목간소화 등을 추진하였으나 세부담증가 · 납세부담 증가 · 세율구조 복잡화 · 납세협력비용 추가발생 등 문제가 발생하여 개선방안을 마련할 필요가 있다. 본 연구는 통합취득세의 도입에 따른 문제점을 개선하여 납세편의를 제고하는 방안을 제시하는 것을 목적으로 하였다. 본 연구는 통합취득세와 등록면허세를 연구대상으로 하되 특히 통합취득세 중 부동산취득과 관련된 부분을 중점 연구대상으로 한다.

부동산거래세에 관한 연구는 보유세에 비해 상대적으로 적다. 그 이유는 이론적으로 거래세가 거래비용을 증가시켜 자원배분상의 왜곡을 발생시킬 수 있는 조세로서 바람직하지 않은 조세로 간주되었고, 실무적으로는 부동산거래와 일반물품의 거래를 동일시하고 있기 때문인 것으로 판단된다.

부동산거래세에 대해서 경제학에서는 주로 부정적인 평가가 주류를 이룬다. 우선 부동산거래세는 거래비용을 높여 부동산시장의 형성과 발전을 저해하는데, 고율로 과세되는 취득·등록세는 양도소득세와 마찬가지로 부동산시장의 원활한 기능을 저해한다. 취득세는 양도소득세와 달리 거래가액에 따라 세액이 결정되므로, 자본이득이 작은 부동산의 매매를 상대적으로 불리하게 한다. 또한 자주 이사를 다닐 수밖에 없는 납세자에게 과도한 부동산거래세의 부과는 비효율적일 뿐만 아니라 수평적 불형평을 초래한다. 부동산거래세는 지가상승 등 자본이득을 과세대상으로 하지 않기 때문에 개발이익 환수장치로 기능할 수 없으며, 자산시장의 원활한 기능을 저해하는 부작용 때문에 부동산보유세의 대체재일 수도 없다. 이러한 부정적인 평가에도 불구하고 많은 국가에서 부동산거래세가 높은 세율로 과세되고 있는 것은 재원조달의 용이성과 세무행정의 편리함 때문일 것이다.

부동산거래세에 대한 부정적 평가 때문에 부동산세제에 있어서 거래과세 완화와 보유과세 강화가 부동산 관련 세제개혁의 제1과제로 인식되어 왔다. 부동산 정책당국은 부동산 거래과세는 부동산 거래비용을 증가시켜 부동산거래를 위축시키므로, 거래과세를 완화함으로써 부동산거래를 활성화시키겠다는 정책의지를 가지고 최근 지속적으로 부동산거래세 부담완화를 추진하고 있다. 그러나 최근의 지속적 거래과세 부담완화에도 불구하고 거래활성화는 이루어지지 않고 있다. 실증분석에 따르면 부동산수요에 미치는 다양한 요인 중 거래세부담은 부동산수요에 크게 영향을 미치지 않는 것으로 나타나 있다.

통합취득세는 기존의 취득세와 취득과 관련 있는 등록세를 통합하여 탄생한 것이므로, 취득의 개념은 중요한 의미가 있다. 통합취득세는 동산·부동산 기타 재산의 재산권 또는 재산가치의 이전 및 그 가치변동이 발생할 경우에 그러한 이전 및 변동의 사실에 대하여 과세하는 유통세로서, 취득행위 사실을 과세물건으로 하여 과세를 한다. 유통세는 일차적인 유통경제를 대상으로 하는 재산유통세와 이차적으로 형성되는 후속행위를 대상으로 하는 가치유통세로 나누어지는데, 취득세는 취득행위라는 행위사실 자체에 대하여 과세하는 것으로서 재산유통세에 해당된다. 통합취득세는 취득행위에서 발생되는 이익이 아닌 법률행위 내지 법률효과 그 자체를 과세물건으로 하는 것으로서 취득행위라는 형식적 요건을 기준으로 과세하는 것이라고 할 수 있다.

지방세법에서는 "부동산 등의 취득은 민법 등 관계법령에 따른 등기·등록 등을 하지 아니한 경우라도 사실상 취득하면 각각 취득한 것으로 보고 해당 취득물건의 소유자 또는 양수인을 각각 취득자로 한다"라고 규정하고 있어 형식적 취득설의 입장을 취하고 있다. 법률적 측면에서 취득사실이라 함은 민법에 의하여 완전하게 소유권이 이전되는 것을 의미하는 것이 아니라, 등기·등록을 하는 것은 물론 등기·등록을 하지 않더라도 잔금지급·법률행위 등 재산을 취득하는 법적 사실이 있으면 취득으로 보는데, 이를 형식적 취득설이라 한다.

2011년부터는 취득세와 등록세의 다양한 과세대상을 통합취득세라는 단일세목의 과세대상으로 통합하는 과정에서 일부 과세대상에 대한 세부담증가, 납세부담 증가, 복잡한 세율구조, 납세협력비용 발생 등 문제점이 발생하게 되었다. 통합취득세의 문제점을 구체적으로 살펴보면 다음과 같다. 첫째, 통합 이후 납부대상에 추가됨에 따른 세부담이 증가하였다. 즉 통합 전에 취득세의 과세대상이지만, 등록세의 과세대상이 아니었던 과세물건이 통합 이후 취득세의 과세대상이 되어 과거에는 납부하지 않아도 되는 등록세분까지 납부해야 되는 문제가 발생하였다. 둘째, 일시 납부에 따른 납세부담 증가이다. 통합 전에 취득세와 등록세가 별개 세목으로 납부기한이 서로 다름으로써 납세의무자가 납부시기를 조정함으로써 세부담을 분산시킬 수 있었으나, 통합취득세가 도입됨으로써 동시에 납부하게 되어 세부담이 증가하는 문제가 발생하였다. 셋째, 통합으로 인하여 취득세의 세율구조에 종전의 등록세분을 포함하다 보니 통합취득세의 세율구조가 너무 복잡하게 되어 납세자들이 이해하기 어렵게 되었다. 넷째, 취득세와 등록세의 2개 세목으로 나누어 납부하던 것을 통합취득세 1개의 세목으로 납부하도록 하는 과정에서 영수증첨부 등에 있어 새로운 납세협력 비용이 발생하게 되었다.

주요 OECD 국가들의 세수구조를 살펴본 후 다음과 같은 시사점을 도출하였다. OECD 연방형 국가들은 대개 연방정부의 세수구조는 소득과세가 중심이 되고 있으며, 주정부는 소득과세나 소득·소비 과세가 중심이 되고 있고, 지방정부는 재산과세나 소득과세가 중심이 되고 있는 것으로 나타났다. OECD의 단일형 국가들은 대개 중앙정부는 소득과세와 소비과세가 중심이 되고 있으며, 지방정부는 재산과세나 소득과세가 중심이 되고 있는 것으로 나타났다. 한국의 세수구조는 중앙정부는 소득·소비 과세가 중심이며, 지방정부는 재산과세가 중심이다.

2005년 기준으로 한국과 일본 등 주요 외국의 부동산세수가 GDP에서 차지하는 비중을 살펴보면 한국의 부동산 세수비중은 중간정도 수준이나 보유과세 비중은 낮지만, 거래과세 수준은 높은 수준으로 한국의 부동산과세가 거래과세 중심인 것을 알 수 있다. 한국과 일본 등 주요 외국의 부동산세수가 조세수입에서 차지하는 비중을 살펴보면 한국의 부동산 세수비중은 상대적으로 높은 수준이나, 보유과세 비중은 낮은 수준이며 거래과세는 높은 수준으로 나타났다. 즉 한국의 부동산과세가 거래과세 중심이며, 취득과세 위주로 되어 있다는 것을 알 수 있다.

그러나 부동산 관련 조세를 포함한 부동산거래 비용부담을 살펴보면, 전반적으로 한국의 부동산거래 비용부담은 중간정도 수준으로 영국·일본에 비해서는 상대적으로 높은 수준이지만, 독일이나 프랑스에 비해서는 낮은 수준으로 나타났다.

제2절 정책건의

1. 과세대상정비

통합 전에 취득세의 과세대상이지만 등록세는 과세대상이 아니었던 과세물건이 통합취득세의 과세대상이 되어 과거에는 납부하지 않아도 되는 등록세분까지 납부해야 되는 문제가 발생한다. 무허가건축물・축사・플로피 등은 통합취득세 도입 전에는 취득세만을 납부하고 등록세는 납부대상이 아니었으나, 도입 후에는 통합취득세의 과세대상이 되어 세부담이 증가하였다.

즉 무허가・위법 건축물 등은 등기하지 못하여 통합 전에는 등록세는 부담하지 않고 취득세(2%)만 부담하도록 하고 있었으나, 통합 후에는 등기 여부를 불문하고 통합취득세 세율인 4%를 적용하여 과세하고 있다. 이러한 결과는 종전에 부담하지 않았던 등록세분을 세목통합으로 인하여 통합취득세에서는 부담하게 되어 납세의무자의 세부담이 증가하는 것을 의미한다.

이러한 문제를 해결하기 위해서는 취득세세율의 특례(통합 취득세 과세대상 중 종전에 등록세는 부과되지 않고 취득세만 부과되었던 취득에 대한 세율)를 규정한 지방세법 제15조 제2항과 동법 시행령 제30조에 열거되어 있는 과세대상에 무허가건물 등을 포함시키도록 하여 이들에 대한 세부담을 통합 전과 동일하게 유지하도록 하여야 한다.

2. 일시증가된 납세부담 완화

통합 이전에는 취득세와 등록세의 납부기한이 달리 규정되어 있었다. 즉 취득세는 취득 후 30일 이내에 신고납부하도록 되어 있었고, 등록세는 등기·등록하기 전까지 신고납부하도록 되어 있었다. 따라서 취득세와 등록세를 동시에 납부해야 하는 과세대상이라도 통합 전에는 취득세는 취득 후 30일 이내에 납부하면 되고, 등록세는 등기·등록 전에만 납부하면 되었다. 그러나 통합 후에는 취득세와 등록세를 합친 금액만큼의 통합취득세를 일시에 납부하여야 하므로 세부담이 증가하였다.

이러한 문제를 완화하기 위하여 분납제도를 도입하였으나, 분납대상은 개인이 취득하는 주택과 자동차에 한정되어 있어 이를 제외한 다른 과세대상을 취득하는 납세의무자의 경우에는 통합으로 인한 세부담증가 문제가 여전히 해결되지 않고 있다. 따라서 분납대상을 확대하여 개인이 주택 외 건축물 등을 취득할 경우에도 분납을 허용하도록 한다. 즉 재산세의 경우와 유사하게 납부할 통합 취득세액이 500만 원을 초과할 경우에는 분납을 허용하도록 한다. 다만, 이 경우에는 현행 과세대상인 개인이 취득하는 주택과 자동차와는 달리 재산세의 예와 같이 일시납을 원칙으로 하되 납세의무자가 원하면 분납할 수 있도록 한다.

3. 통합취득세 세율간소화

통합으로 인하여 종전의 등록세분을 포함하다 보니 통합취득세의 세율이 매우 복잡하게 되어 납세자들이 이해하기 어렵게 되어 있으므로 세율의 간소화가 필요하다. 이러한 세율의 간소화는 세수의 손실을 초래하지만 그 규모가 크지 않다. 통합취득세 과세대상 중 선박(원시취득 · 소형선박)은 2.02%이며, 항공기는 57톤 이상은 2.01%, 57톤 미만은 2.02%로 되어 있어 이를 2.00%로 간소화할 필요가 있다. 이렇게 세율을 간소화할 경우, 예상되는 지방세수 손실은 2억77백만 원에 불과하다.

4. 등록면허세 세율간소화

통합취득세 도입시 취득과 관련된 등록세는 통합취득세에, 그리고 취득과 무관한 등록세는 등록면허세로 간소화하였으나, 등록면허세의 세율 관련 조항에 부동산등기 등과 관련된 조항이 아직 남아 있어 납세의무자의 혼란을 야기할 우려가 있다. 등록면허세에서는 부동산등기와 관련된 세율을 4가지로 구분하여 각각 세율을 규정하고 있다. 이러한 세율 관련 규정 중 부동산 유상취득과 관련되는 등기 등 일부는 통합취득세에도 규정되어 있고, 등록면허세에도 규정되어 있다. 이에 따라 동일한 과세대상에 대하여 통합취득세도 과세되고, 등록면허세도 과세되는 것으로 오인할 우려가 있다.

이와 같이 세율을 중복규정한 것으로 나타나 있는 것에서 비롯되는 혼란을 방지하기 위해 등록면허세의 부동산 관련 세율규정을 통합취득세의 세율특례를 규정한 지방세법 제15조 제1항으로 이전하여 규정할 필요가 있다. 지방세법 제15조는 제1항에 통합 전 등록세만 부과된 취득에 대하여 규정하고 있는데, 제1항에 규정되어 있는 환매에 따른 취득 등 과세대상 외에 등록면허세에 규정된 부동산등기 관련 세율에 관한 내용을 포함시키도록 한다.

5. 납부확인서 발부제 도입

연부취득과 보통징수에 과정에서 발생하는 납세의무자의 고지서 보관·첨부에 따른 문제를 해결하기 위해서 납부확인서 발부제를 도입하여 납세편의를 제고하도록 한다. 즉 연부취득의 경우에 취득세를 2년 이상의 기간에 걸쳐서 나누어서 신고납부하고, 그 영수증을 모두 첨부해야 하는 문제점이 있으므로 등기시에 필요한 '연부취득세 납부확인서'를 과세관청에서 발부해 주도록 한다. 그리고 보통징수의 경우에는 과세관청에서 '취득세고지 납부확인서'를 발부해서 납세의무자가 등기신청시 첨부서류로 사용하도록 한다.

참고문헌

곽태원, 조세론, 법문사, 2001.

김경환, “주택 관련 세제의 개편방안,” 감정평가연구 제17집 제2호, 2007.

김정훈, 취득·등록세의 후생효과, 한국조세연구원, 2005.

김철영·김윤기, “취득세와 등록세제의 부과문제에 관한 연구,” 기업경영연구 제13집, 2000.

김태호, 지방세 개론, 세연T&A, 2011.

김현아, 주택거래세 감면제도 개편방안 연구, 한국조세연구원, 2010.

노영훈, “부동산 보유 및 거래과세 구성 변화와 재정적 과제,” 지방세, No. 6, 2006.

라휘문, “부동산 거래과세의 개편방안,” 지방세, No. 5, 2004.

박성배·김종환, “주택관련 세제가 주택가격 안정에 미치는 영향,” 한국경영학회 통합학술대회, 2007.

박준·손정원, “영국 주택시장의 구조와 주택가격 상승에 대한 대응 정책,” 공간과사회 제30호, 2008.

손경환 외, 부동산 시장의 선진화를 위한 정책방안 연구, 국토연구원, 2008.

송상훈·류민정, 부동산 거래세율 인하 대응방안 연구, 경기개발연구원, 2006.

오종록, “부동산 관련 세제가 부동산의 거래와 가격 및 공평과세에 미치는 영향,” 경원대학교 박사학위논문, 2009.

원윤희, “지방자치와 지방세 역할의 비교 연구,” 조세와법 제1권 제2호,

2008.
이동영, "외국의 부동산세제에 관한 소고," 한국부동산학보 제42집, 2010.
이진순, 부동산세제의 근본적 개혁방안, 한국조세연구원, 2005.
최병호, "부동산 거래세제 개편에 따른 지방재정의 주요 이슈와 대응," 응용경제, 제9권 제2호, 한국응용경제학회, 2007.
한재명・유태현, "거래세율 인하가 주택거래강에 미치는 효과에 관한 연구," 지방행정연구 제25권 제2호(통권 제85호), 한국지방행정연구원, 2011.
한국은행, 주요국의 부동산세제 비교, 2005.
행정안전부, 지방세정연감, 각 연도.
행정안전부, 지방재정연감, 각 연도.
기획재정부, 국세통계연보, 각 연도.
持田信樹, 地方分權の財政學, 東京大學出版會, 2004.
OECD, *Revenue Statistics*, 2009, 2010.
http://www.globalpropertyguide.com.

제 2 부

부동산 보유과세의 개편에 관한 연구

이영희

제 1 장 서 론

제 1 절 연구목적

부동산 보유과세는 그 동안 우리나라가 산업화되는 과정에서 파생적으로 나타나는 부동산투기 등 사회적 부작용문제를 해결하기 위한 수단으로 종종 활용되고 있다. 1990년대는 토지투기가 극성을 부렸는데, 2000년대는 강남지역을 중심으로 아파트 등 공동주택에 대한 투기가 고질적인 병폐로 나타났다. 이러한 과정에서 정책당국은 부동산 보유과세가 부동산투기를 억제할 수 있다고 판단하여 2005년 대폭적인 개편을 단행하였다. 즉 그 동안 부동산투기억제를 위해 도입했던 지방세였던 종합토지세는 국세로 종합부동산세를 도입하면서 흡수·통합하였으며, 지방세인 재산세는 본연의 물세성격에 충실할 수 있도록 관내합산으로 재설계하였다. 결국 부동산 보유과세는 크게 인세 중심의 종합부동산세와 물세 중심의 재산세로 이원화되었다.

2005년 부동산 보유과세의 대폭적인 개편 이후 7년이 경과된 지금, 개편 당시에는 예상하지 못했던 문제가 발생하고 있다. 특히 부동산경기의 침체는 부동산 보유과세의 세부담에 큰 장애가 되고 있다. 부동산 보유과세의 개편 이후 큰 변화는 2008년 종합부동산세의 세대별 합산에 대한 위헌결정과 거주목적 1주택 장기보유자에 대한 헌법불합치결정이다. 또한 다가구 임대주택은 부동산경기 침체와 전월세시장 활성화를 위해 종합부동산세 대상에서 제외하기로 하였다. 이러한 상황은 결과적으로 종합부동산세의 세수를 급격하게 감소시키는 요인이 되고 있다. 재산세와 관련해서는 서민들의 재산세세부담이 급격하게 증가하지 않도록 도입하였던 세부담상한제가 주택가격이 낮아짐에도 불구하고 재산세는 감소하지 않아 문제가 되고 있다.

종합부동산세가 위헌결정 및 헌법불합치 등의 문제로 세수가 격감하게 되면서 기획재정부는 2009년 12월 청와대에 종합부동산세를 지방세로 전환하고자 하는 방안을 보고하였다. 현재는 기획재정부에서 종합부동산세를 국세에서 지방세로 전환하는 방안을 중·장기 과제로 검토중이다.

재산세의 세부담상한제는 2005년 재산세개편에 따른 급격한 세부담의 완화를 위한 수단으로 도입되었다. 즉 세부담상한제는 주택가격에 따라 상한율을 차등적용하여 재산세가 급격하게 증가하지 않도록 한 것이다. 그러나 부동산경기가 침체되면서 주택가격은 감소하였는 데도 불구하고 재산세세부담이 증가하거나, 동일한 가격의 주택이라도 전년 납부재산세에 따라 세부담이 다르게 나타나는 문제가 발생하고 있다. 즉 재산세세부담이 과표와 세율에 의해 결정되지 않고, 세부담상한에 따라 결정되는 비정상적인 현상이 발생되고 있다. 이러한 문제는 납세자·지역간 과세불형평을 야기시켜 동일가격 동일세부담 원칙을 훼손하여 공평과세에 문제가 되고 있다.

따라서 본 연구의 목적은 다음 두 가지 사안에 역점을 두고 연구를 진행하고자 한다.

첫째, 바람직한 부동산 보유과세의 역할과 기능정립 제고를 위한 이론적 논의를 바탕으로 종합부동산세의 향후 방향 및 지방세로의 전환가능성 여부를 타진하고자 한다.

둘째, 재산세의 세부담상한제 문제를 해결하기 위한 대안을 모색하고자 한다.

제 2 절 연구의 범위 및 방법

1. 연구의 범위

연구의 대상적 범위는 국세 및 지방세의 부동산 보유과세이다. 따라서 국세인 종합부동산세와 지방세인 재산세가 본 연구에서 다루고자 하는 세부대상이다.

본 연구는 종합부동산세와 재산세에 대한 아래의 내용을 포함하여 논의하고자 한다.

첫째, 부동산 보유과세의 바람직한 역할 및 기능에 대하여 논하고자 한다. 우리나라의 부동산 보유과세는 그 동안 부동산 투기 억제를 위한 정책세제의 일환으로 활용되어 왔다. 그러나 재산세 등 부동산 보유과세는 지방세로서의 조건을 충족하는 가장 바람직한 지방세목이다. 따라서 본 연구는 재산세의 바람직한 역할과 기능을 이론에 기초하여 논의하고자 한다.

둘째, 부동산 보유과세의 개편배경 및 현황을 살펴보고자 한다. 부동산 보유과세는 2005년 대폭적인 개편 이후 7년이 경과되고 있다. 개편 이후 부동산경기가 침체되면서 예상하지 못했던 문제들이 발생됨에 따라 재개편이 필요하다. 이를 위하여 그 동안 부동산 보유과세 개편배경을 살펴보고, 문제점에 대하여 논하고자 한다.

셋째, 주요 선진국의 부동산 보유과세현황을 살펴보고 시사점을 도출하고자 한다. 우리나라 종합부동산세는 매우 특이한 부동산 보유과세로 외국의 사례를 통해 시사점을 얻기는 어렵다고 본다. 그럼에도 불구하고 조금이라도 유사한 세목이 있으면 살펴보고자 한다.

넷째, 부동산 보유과세의 개편과 관련하여 대안을 모색하고자 한다. 종합부동산세의 타당성분석과 더불어 지방세전환 가능성을 모색하고자 한다. 또한 재산세는 세부담상한제가 당면한 문제를 해결할 수 있는 대안을 검토하고자 한다.

2. 연구의 방법

본 연구의 방법은 부동산 관련 재산보유과세의 문헌연구와 이론을 중심으로 진행하고자 한다. 특히 본 연구는 정치적·행정편의적 시각을 배제하고 부동산 보유과세의 기본원칙에 입각하여 종합부동산세의 역할 및 기능을 원점에서 검토하고자 한다. 즉 종합부동산세를 국세로 존치할 것인지, 혹은 지방세로 전환할 것인지, 또는 폐지가 바람직한지에 대하여 논의하고자 한다.

종합부동산세와 관련해서는 도입 당시부터 의견이 분분했는데, 본 연구는 학자 및 전문가 등의 의견을 참고하여 논의를 진행하고자 한다. 그리고 기획재정부를 중심으로 논의되고 있는 종합부동산세의 지방세전환에 대하여 검토하고자 한다.

재산세 세부담상한제와 관련해서는 도입 당시 예상하지 못했던 납세자간 세부담이 다름으로 인하여 문제가 발생되므로, 이러한 문제를 최소화할 수 있는 대안을 모색하고자 한다.

제 2 장

부동산 보유과세의 이론적 논의

제 1 절 부동산 보유과세의 근거 및 대상

부동산 보유과세는 재산세(property tax)의 일부분이다. 따라서 부동산 보유과세의 역할은 재산세와 동일하다고 본다. 재산세는 개인이 소유하는 자산의 가치에 부과되는 조세로 소득세가 포착하지 못하는 자산에 대하여 소득세에 대한 일종의 보완세로서의 역할을 담당하고 있으며, 이는 여러 나라의 공통적인 현상이다.[1] 소득세가 개인의 부(wealth)에 대한 모든 재산을 파악할 수 있다면 재산세의 역할은 필요 없다. 그러나 개인의 모든 소득을 파악하는 데는 한계가 있기 때문에 대부분의 나라에서 개인의 근로소득이나 사업소득을 기준으로 소득세를 부과하며, 그 이외에 소득세로서 포착되지 않는 부는 소득세의 보완세인 재산세로 부

1) 김동건, 현대 재정학, 박영사, 1996, pp. 362~364.

과하고 있다. 재산세는 재산에 대하여 과세하는 물세이기 때문에 주로 재산이 소재하고 있는 지방자치단체에서 부과・징수하고 있는 지방세로 분류되고 있다.

재산세의 과세대상은 국가에 따라 매우 다양하나, 일반적으로 부동산 관련 재산이 주종을 이루고 있다. 재산은 크게 토지 등과 같이 형태를 지니고 있는 유형재산과 현금 등과 같이 형태가 없는 무형재산으로 구분되나, 재산세의 과세대상은 주로 유형재산에 한정하고 있다. 현금・유가증권 등의 유동자산은 계속 변화하기 때문에 일정 시점에서 재산세로 부과하기에는 행정적인 어려움이 있어 그와 관련된 부분은 주로 소득세에서 포착하고 있다. 따라서 재산세의 과세대상은 주로 토지・건물・구축물 등 부동산 관련 재산과 선박・자동차・항공기 등 운반구 관련 재산, 그리고 그림・가구・보석 등 고가의 기타 재산으로 분류되고 있다.

미국은 주에 따라 재산세의 과세대상이 상이하나 일부 주에서는 동산과 부동산에 대하여 모두 과세하고 있으며, Connecticut 주는 승마를 위한 말을 재산세의 과세대상에 포함시키기도 한다.[2] 뿐만 아니라 오클라호마주는 77개 카운티 중에서 73개의 카운티가 식탁・텔레비젼・침대 등의 가정용품에도 재산세를 부과하고 있다. 일본의 재산세 과세대상은 토지와 건물 이외에 상각자산에 대하여도 재산세인 고정자산세를 부과한다. 상각자산에 대한 과세는 사업장을 소유하고 있는 개인 또는 법인을 대상으로 하고 있다. 따라서 상각자산은 법인・소득세의 산정시에 감가상각

2) 류금렬, 선진국의 지방세제도, 한국지방세연구회, 2001, pp. 143~145에 보다 자세하게 설명되어 있다.

의 대상이 되는 자산으로서 법인·소득세 이외의 세법에서 과세대상으로 되어 있지 않는 토지 및 가옥을 제외한 고정자산을 과세대상으로 하고 있다. 과세대상은 업종에 따라 다르나 사무 관련 업종의 경우에는 책상·의자·에어콘·복사기 등 사무용 비품까지도 포함하고 있다.[3] 우리나라는 재산세의 과세대상이 토지·건축물·선박 그리고 항공기로 되어 있다.

이하에서는 부동산 보유과세를 재산세의 이론적 원칙에 기초하여 논의하고자 한다.

제 2 절 부동산 보유과세의 이론적 원칙

1. 능력에 따른 과세

부동산 보유과세의 공평성은 능력에 따라 부담하는 견해와 편익에 따라 부담하는 견해의 두 가지로 나누어진다. 능력에 따른 부동산 보유과세의 부담이란 납세자들이 소유한 부동산의 보유정도가 부담능력을 나타낼 수 있다고 보아 그에 상응하여 세부담수준을 결정해야 한다는 논리다. 그러나 이 때 가장 문제로 부각되는 것은 어떻게 조세의 부담능력을 측정할 수 있는가 하는 것이다.

능력에 따른 세부담은 고전파 경제학자인 A. Smith 또는 J. S. Mill에 의해 주장되었는데, 특히 J. S. Mill은 공평한 조세부담

3) 요코하마시의 상각자산에 대한 구체적인 예가 업종별로 구분하여 정리된 것이 감가상각자산의 취득·재산세 세원화 연구, 김대영 외(2002)에 있으니 참고 바란다.

은 납세자가 조세를 부담함으로써 자신의 효용을 희생하는 것으로서 그 희생의 정도가 납세자간에 공평한 것을 의미한다고 주장하였다. Feldstein(1976) 역시 능력에 따른 세부담이 되도록 하기 위해서는 조세를 부담하기 이전의 효용과 조세부담 이후의 효용이 동일하도록 해야 한다고 한다. 그러나 이러한 주장은 이론적으로는 가능할 수 있으나 현실적으로 적용하기는 불가능하다고 본다. 우선 납세자 개개인의 희생정도에 대한 측정이 어려울 뿐만 아니라, 이러한 논리가 실현되려면 납세자가 소유하고 있는 모든 부(wealth)에 대한 측정이 가능해야만 할 것이다. 또한 부(wealth)에 대한 측정이 가능하다면 부유세 혹은 소득세만으로도 조세부담이 가능하기 때문에 부동산 보유과세의 필요성은 없었을 것이다.

한 동안 부유세(wealth tax)에 대한 개념도 이해되지 못한 상황에서 부유세의 신설과 관련하여 많은 논의가 전개되었다. 부유세의 대표적인 국가인 스웨덴은 2007년 부유세를 폐지하였다. 노영훈(2004)은 부유세를 도입한 나라에서는 부유세를 통해 직접적인 부의 재분배를 도모하는 것이라기보다는 부로부터 발생하는 자본소득 및 자본이득 등 재산 관련 소득과세기능을 보완하는 데 있다고 보았다. 일부에서 주장하고 있는 부유세는 부로부터의 재정수입을 통한 재분배에 초점을 맞추고 있는 듯하다. 그러나 부유세를 실시하고 있는 OECD 일부 국가의 경우, 부유세로 인한 재정수입은 크지 않은 것으로 나타난다.[4] 따라서 외국에서 실시하

4) 부유세는 개인에게만 부과하는 국가와 법인까지 부과하는 국가로 구분되는데, 법인까지 부과하는 룩셈부르크(6.0%), 스위스(4.7%), 노르웨이(1.2%)의 경우에는 총 조세대비 부유세의 비중이 약간 높은 편이지만, 개인만 부과하는 그 이

고 있는 유형의 부유세가 도입된다고 하여도 이로 인한 소득재분배의 역할은 크다고 볼 수 없다.

순부유세의 경우 개인이 소유한 모든 자산에서 부채를 제외한 것을 과세표준으로 하여 부과하여야 하는데, 이에 대한 측정은 세무행정상 거의 불가능하다고 볼 수 있다. 그러한 이유로 부유세를 실시하는 국가는 많지도 않지만, 대부분 소득과세의 보완기능을 담당하고 있는 것이다. 그 결과 대부분의 국가는 소득과세 이외에 소비과세, 그리고 재산과세까지 부과하는 것이 일반적이다. 우리나라의 경우에도 부유세라는 세목이 존재하지는 않지만, 많은 세목에 부유세의 개념이 포함되어 있다고 볼 수 있다. 대표적인 세목은 국세로 되어 있는 종합부동산세가 그 역할을 담당하고 있다고 볼 수 있다. 특히 종합부동산세의 도입은 일정 과표 이상의 부동산소유자에게 세부담을 강화함으로써 소득재분배 역할이 가시화한 것이라고 본다.

원윤희(2004) 역시 포괄적 소득세(the comprehensive income tax)와 개인소비세(the personal consumption tax), 그리고 순자산세(the net wealth tax)들은 각각 소득과 소비, 재산을 기준으로 납세자들의 부담능력을 평가하여 과세하는 이상적인 형태의 세제들이라고 본다. 그러나 현실적인 집행가능성이나 여러 가지의 정책적인 판단 등이 고려되어야 하기 때문에 이러한 세제들이 이상적인 형태 그대로 시행되기는 사실상 불가능하며, 현실에 있어서는 많은 변형들이 이루어지고 있다고 한다.

외의 국가의 경우에는 0.1%~0.6% 범위의 극히 낮은 세수비중을 보이고 있다. 노영훈, 부유세 도입의 타당성과 세제개혁의 방향, 성균관대학교 경제연구소 정책토론회, 2004. 5, p. 28.

그러나 경제적 능력에 대한 평가는 시대의 흐름에 따라 변한다고 볼 수 있다. 경제가 단순하던 시절에는 부동산은 개인이 소유한 자산의 큰 부분을 차지할 수 있었겠지만, 현대사회는 부동산 이외에 유형·무형 자산의 종류가 다양하게 변하였다. 즉 개인이 보유하는 자산구성에 있어 부동산의 비중이 달라짐에 따라 실제 부담능력에 대한 세부담의 정도는 달라지게 되기 때문이다. 따라서 부담능력에 따른 공평과세의 실현이라는 관점에서 볼 때 부동산 보유과세의 역할은 매우 제한적이라고 할 수 있을 것이다. 그러한 이유로 대부분의 국가에서는 소득과세를 부담능력에 따른 과세로 보고, 부동산에 대한 과세는 소득과세의 보완적 기능을 담당하도록 하는 것이다. 결과적으로 부동산 관련 보유과세로 능력에 따른 세부담을 담당하게 하는 것은 의미가 크지 않다고 보며, 실제로 이를 실행하는 국가는 거의 없다고 본다. 그러한 측면에서 우리나라의 종합부동산세는 과세대상이 부동산이기 때문에 부동산 보유과세의 범위에 포함하지만, 실질적으로는 자산소득 과세의 하나라고 할 수 있다.

능력에 따른 세부담은 경제적 능력에 대한 측정의 문제도 있지만 조세부담의 크기와 어떻게 연계시켜야 공평한가 하는 점에 대해서도 원칙이 있어야 한다(이준구, 1995, pp. 39~40). 이에 대한 원칙은 일반적으로 수평적 공평과 수직적 공평의 두 가지 측면에서 접근하고 있다.

우선, 수평적 공평은 동일한 경제적 능력의 소유자는 동일한 세금의 부담을 져야 한다는 것이다. 즉 부동산보유와 관련한 세부담에 적용할 경우, 동일한 가격의 부동산을 소유하고 있으면 동일한 부동산 보유과세가 부담이 되도록 해야 한다는 원칙이다.

그 다음으로 수직적 공평은 경제적 능력이 큰 소유자는 더 많은 세금의 부담을 해야 한다는 것이다. 기본적으로 이 원칙에 반대하고 있는 사람은 거의 없다고 볼 수 있으나, 문제는 경제적 능력이 큰 경우 얼마나 더 많은 조세부담을 부과해야 하는가에 있다. 이에 대한 문제는 쉽게 해결될 수 있는 사안이 아니라고 보며, 아직도 세율의 누진도에 대해서는 이견들이 존재하고 있다. 수직적 공평에 따른 세부담의 대표세목은 소득과세로 알려져 있다. 부동산의 보유에 대한 부동산 보유과세는 소득과세의 보완적 기능 역할을 수행하기 때문이기도 하지만, 일반적으로 편익적 원칙에 의거한 수평적 공평차원에서 부과되고 있다.

2. 편익에 따른 과세

편익에 따른 세부담은 정부로부터 제공받는 공공서비스에 대한 비용차원에서 부담하는 방법이다. 이러한 방법은 정부의 지출구조에 따라 편익의 크기가 다르기 때문에 편익의 크기를 제대로 측정하는 것이 공평과세를 실현하는 것이라고 볼 수 있다. 이와 같이 정부에서 제공하는 서비스에 대한 편익이 조세부담의 분배에 기초가 된다는 이론을 제시한 대표적인 학자는 K. Wicksell로 그의 자발적 이론에 근거를 두고 있다. 즉 일반적으로 물건을 선택할 때 각자의 편익에 따라 물건을 선택하고, 그에 대한 비용을 지불하듯이 정부에서 제공하는 공공서비스의 편익에 대한 대가를 비용차원에서 조세로 납부해야 한다는 것이 자발적 교환의 기초

이론이다.

이와 같이 편익에 비례하여 조세부담을 배분하는 방법은 납세자를 설득하는 데 경제적 능력에 따른 조세부담에 비하여 용이할 수 있다. 그러나 문제는 정부에서 제공하는 공공재에 대한 편익이기 때문에 공공재의 특성인 비배제성과 비경쟁성에 대한 문제가 발생될 것이다. 즉 납세자는 편익 크기의 축소 혹은 무임승차 등 조세부담을 줄이고자 하는 경향이 강해질 것이다. 따라서 편익에 따른 세부담 역시 경제적 능력에 대한 측정의 문제와 동일한 편익 크기의 측정문제에 부딪치게 된다. 따라서 편익에 따른 세부담은 편익과 조세부담이 어느 정도 연계될 수 있어야 가능하다고 본다. 그러한 측면에서 편익에 따른 세부담은 주로 지방정부에서 제공하는 서비스에 대한 대가를 지불하는 조세로 활용되고 있다.

한편 Tiebout(1956)는 유명한 '발에 의한 투표(voting with the feet)' 가설을 통해서 지방정부에서 제공하는 공공재와 조세부담은 시장에서 물건을 선택할 수 있듯이 주민은 주거지역을 선택할 수 있다고 주장하였다. 즉 주민들이 타지역으로 이사가는 데 추가적인 비용부담이 되지 않는다고 가정한다면, 지방공공재 공급에 있어 자원배분의 효율성이 달성된다고 주장하고 있다. 그의 이론에 의하면 각 주민들은 자신들이 원하는 서비스가 제공되고, 그에 상응한 조세가 부담되는 정부를 선택할 수 있기 때문에 적정수준의 공공서비스 공급이 이루어지며, 주민들의 효용은 극대화되고 결과적으로 사회후생도 극대화된다는 것이다.

특히 Tiebout는 그의 논문에서 한 지역에 거주하는 동일한 수준의 소득을 갖고 있는 주민들이 공공재에 대하여 인두세(poll tax)를 지불할 때, 주민들은 적정한 공공재가격 하에서 효율적인 공공재를 소비한다고 하였다. 그러나 인두세를 지방세로 도입한다는 것은 현실적으로 어려우며, 토지세 혹은 부동산 보유과세가 그 역할을 담당하여 왔다. 즉 주민들은 동일한 수준의 세금을 내고, 지방공공재로부터 받는 편익도 동일해서 효율적인 공공재공급이 이루어진다. 그러나 현실적으로 한 지역에 거주하는 주민들의 소득은 서로 다르기 때문에 조세부담의 크기도 다르게 된다. 만약 공공재로부터의 편익과 조세부담이 비례한다면, 역시 효율적인 지방공공재의 공급은 달성될 수 있다. 그러한 측면에서 토지세와 같은 부동산 보유과세는 가장 바람직한 지방세라고 할 수 있다.

부동산 보유과세가 편익에 따른 세부담의 원칙에 부합하는 이유는 지방정부에서 제공하는 상하수도・청소・도로・도서관 등 각종 지방공공 서비스편익이 주택 등 해당 지역의 부동산가치에 반영되기 때문에 그에 대한 과세는 편익과세의 측면에서 적절한 것으로 알려져 왔다. 특히 토지와 같은 부동산은 지역과 지역 간의 이동이 어렵기 때문에 해당 지방정부에서 제공하는 서비스에 대한 편익이 자본가치로 환원된다(Bird and Slack, 2002)는 특성이 있어서 부동산 보유과세가 대표적인 편익과세로 인식되어 왔다.

한편 부동산 보유과세의 부담을 편익에 따라 배분할 때 문제가 없는 것은 아니다. 왜냐하면 주택의 크기가 지방공공재의 양과 완전히 비례하는 것은 아니므로, 편익의 정도를 정확하게 파악할 수 있는 것은 아니기 때문이다. 한 예로 A의 주택에 거주하는 주민은 주택의 크기가 B보다 2배가 넓다고 B에 거주하는 주민에 비하여 2배의 지방공공재를 제공받는 것은 아니다. 그런데도 불구하고 A는 B에 비하여 일반적으로 2배의 부동산 보유과세를 부담하고 있다. 뿐만 아니라 부동산 보유과세로 징수된 세입은 도로・경찰・소방 등 직접 또는 간접적으로 주민이 보유하는 주택의 가치를 높이는 공공지출에만 충당되는 것이 아니고, 교육과 같은 재산의 가치와는 상관없는 공공지출에도 충당되기 때문에 부동산의 가치만으로 편익을 논하는 데는 한계가 있다고 할 수 있다.

원윤희(2004)에 의하면 부동산 보유과세의 편익과세적 측면이 어느 정도 강한 의미를 가지고 있는가는 사실상 각 나라의 전통이나 지방자치 및 지방세구조 등에 따라 다를 수 있다고 한다. 그 이유는 지방공공 서비스의 수준이 해당 지역의 부동산가격에 과연 얼마만큼 영향을 미치는가 하는 것도 의문시될 수 있는데, 우리나라의 경우 기초자치단체의 서비스 제공수준이 부동산가격에 미치는 효과는 그리 크지 않을 것으로 추측되기 때문이라고 한다.

그러나 미국 등 선진외국은 매년 세출예산에서 중앙정부로부터의 보조금을 제외한 예산규모를 지역주민의 재산세 부담수준과 연계하여 편성하도록 제도화되어 있다. 따라서 부동산 보유과세의 세율은 매해 예산규모에 따라 다르게 결정되고 있다. 이러한 경우에는 부동산 보유과세가 지방정부에서 제공하는 공공서비스의 편익에 대한 대가차원에서 지불하는 조세부담이라는 인식을 명확하게 하는 효과를 가지게 된다고 할 수 있다. 우리나라도 부동산 보유과세가 선진외국과 같이 조세가격 기능을 수행하도록 하기 위해서는 중앙으로부터의 의존재원의 비중을 줄이면서 자주재원의 비중을 증가시킬 수 있는 재정제도의 개편이 요구된다.

제 3 절 우리나라 부동산 보유과세의 특징

우리나라의 부동산 보유과세는 지금까지 논의한 편익적 성격의 부동산 보유과세와는 다른 소득재분배 또는 부동산가격 안정 등 정책적인 목적을 수행하는 정책과세로서의 특징이 강하다고 할 수 있다. 1980년대 말 호황의 열기 속에서 풍부한 유동성을 바탕으로 토지투기는 토지가격의 급등으로 이어지면서 일부 계층의 토지 과다보유로 인한 사회적인 문제로 부각되었다. 따라서 정부당국은 토지투기 억제 및 소수의 토지과다 보유억제 등 토지공개념제도 도입의 기초를 마련하게 되었다.

따라서 정부는 토지로부터 발생되는 자본이득을 사회에 환원해야 한다는 토지공개념제도의 일환으로 토지초과 이득세 · 개발부담금 · 택지초과 소유부담금, 그리고 종합토지세 등 제반 제도들을 도입하였다. 이러한 토지공개념과 그에 관련되는 여러 제도들은 도입 당시의 목적달성에 미흡할 뿐만 아니라 법적인 문제까지 제기되어 IMF 경제위기 이후 사실상 폐지되거나 유명무실하게 되었다. 종합토지세 역시 토지과다보유 억제 등 정책적 효과는 미흡하지만, 지방의 부동산 보유과세의 하나로 존치되었다가 2005년부터 도입된 국세인 종합부동산세로 일부 기능이 흡수되고, 나머지 기능은 재산세로 이원화되어 본래의 지방세역할을 수행하고 있다. 종합부동산세는 일정 과표 이상의 전국합산은 국가에서

관리하게 되므로 정책적 측면의 역할이 강화되었다고 본다.

그 동안 우리나라 부동산투기 억제정책은 건설경기와 상반되는 관계로 강화와 약화를 반복하면서 수위를 조절해 왔다고 할 수 있다. 부동산경기가 침체되어 있을 경우에는 양도소득세 감면폭의 확대, 취득세세율 인하 또는 감면 등 부동산경기 활성화를 위한 인센티브를 제공하여 왔다.[5] 반면에 낮은 금리, 풍부한 유동성 자금 등 투자처를 찾지 못한 자금이 부동산가격의 급등으로 이어질 경우에는 DTI 등 주택자금 대출통제를 통해 투기를 억제하여 왔다.

현행 부동산 관련 세제는 대부분이 2005년도 부동산투기가 심각했던 시기에 정부가 부동산투기 근절대책의 일환으로 개편한 것이다. 그 당시 주요 개편내용은 실거래가액 기준의 양도소득세 및 과세대상의 과표현실화를 통한 부동산 보유과세의 세부담 상향조정, 종합부동산세의 신설 등이다. 그러나 2008년 세계적인 금융위기는 우리나라 부동산시장을 위축시켰으며, 부동산가격이 하락하면서 나타나는 부동산 보유과세에 대한 문제가 부각되고 있다. 한편 부동산 관련 조세제도는 일반적으로 부동산 수요진작 또는 투기억제 등 정책적인 역할을 수행하는 데 한계가 있기 때문에 근본적인 차원에서 접근하지 않으면 실수요자만 손해를 보는 결과가 된다.

특히 종합부동산세는 과세대상이 일정 과표 이상의 토지뿐만 아니라 건물까지 포함하여 인별로 누진합산 과세하고 있다. 원윤

5) 최근에 문제가 되었던 취득세세율 인하는 2011년 12월 31일까지 한시적으로 세율을 50% 감면해 주고 있다.

희(2004)는 모든 국민은 생활필수품으로서 최소한의 주거서비스를 향유할 권리가 있으며, 기업들은 생산활동의 필수요소로 부동산 임대 서비스를 필요로 한다는 점을 고려한다면, 모든 부동산보유를 투기억제 정책의 대상으로 설정하는 것은 적절하지 않다고 보고 있다.

Netzer(1966) 등이 발전시킨 전통적 이론에 의하면 토지는 공급이 고정되어 있기 때문에 토지에 대한 조세부담은 자원배분에 대하여 중립적이므로 초과부담이 발생하지 않는다고 본다. 즉 토지로부터 발생하는 임대료는 전액이 불로소득인 경제적 지대이기 때문에 이에 대한 조세부담은 전적으로 토지소유자에게 귀착된다는 것이다. 그러므로 토지에 대한 조세부담이 아무리 무거워도 토지의 공급은 변하지 않기 때문에 자원배분이 왜곡되지 않을 것이라고 본다. 반면에 건물의 경우에는 그 반대현상이 발생하게 된다고 본다. 즉 건물에 대한 조세부담이 강화되면 공급량이 변화하기 때문에 경제적 효율성의 상실을 초래하게 되어 초과부담이 발생하게 될 뿐만 아니라, 조세부담 역시 이용자에게 전가된다고 본다.[6] 결국 이러한 이론에 의하면 토지와 건물을 포함한 주택을 인별로 누진합산하게 되는 경우, 공급이 감소하여 부동산가격은 올라갈 것이라고 본다.

또한 토지에 대한 조세부담의 강화는 Henry George의 추종자들에 의한 토지단일세 이론에 의해서도 주장되고 있다. 그들의

6) 이러한 견해는 부동산에 대한 부동산 보유과세는 모든 지방정부에서 부과하고 있으며, 자본이라는 것에 과세하고 있다는 사실을 간과하고 제기된 것이라면서 Mieszkowski(1972) 등은 자본에 대한 조세부담은 자본소유자들에게 귀착된다는 새로운 견해를 제시하고 있다.

핵심이론은 모든 세목은 폐지하고 토지세 하나만으로 통합하여 정부의 재원을 담당하도록 하는 것이 바람직하다고 보는 것이다. 그들의 이론은 우리나라 토지공개념 등의 도입에 많은 영향을 미치었다고 본다. 그러나 한편 토지에 대한 조세부담이 중립적이기 때문에 자원배분이 효율적이라는 것에 대해서는 많은 논쟁이 계속되고 있는 실정이다.[7)]

---

7) 이에 대한 것은 이진순(2003)에 잘 설명되어 있으므로 참조하기 바란다.

제3장

부동산 보유과세의 배경 및 현황

제 1 절 부동산 보유과세의 배경

우리나라는 산업화과정을 거치면서 부동산투기가 사회적 문제로 대두되어 정부는 조세정책 및 수도권규제 등을 통해 투기억제를 위한 많은 노력을 하여 왔다. 그 동안 부동산 보유과세는 공한지세 · 토지과다 보유세 · 재산세 · 종합토지세 · 종합부동산세 등 다양한 세목으로 명칭이 바뀌면서 부동산 과다보유를 억제하는데 활용되고 있다.

뿐만 아니라 정부는 중과세제도를 도입하여 별장 · 골프장 등 사치성재산 및 대도시 공장신설에 대한 재산세중과와 다주택 소유자에 대한 양도소득세 등을 중과하고 있다. 그러나 최근 정부는 주택 전월세가격이 불안정하여 문제가 되자 사업등록된 임대주택

은 종합부동산세와 양도소득세 부담을 완화하고자 세법을 개정한 다.[1])

부동산 보유과세의 변천은 다음의 [표 3-1]에 자세히 나타나 있듯이 많은 변화를 겪어 왔다. 재산세는 1961년 이전에는 지세 · 가옥세 · 광세 및 선세 등 4개 세목으로 존재하다가 통합된 것이다. 재산세는 1973년과 1974년에 대도시 내 공장 신 · 증설, 법인의 비업무용 토지, 공한지, 고급오락장 등에 중과세율을 적용하면서 복잡해졌다.

1988년에는 재산세세원 중 법인의 비업무용 토지와 공한지만을 별도로 부과하는 토지 과다보유세가 도입되어 시행되다가 1990년에 종합토지세가 도입되면서 재산세 과세대상에서 제외되었다. 종합토지세는 토지공개념을 근본으로 전국의 모든 토지를 소유자별로 합산하여 누진세율을 적용하였다.

2005년 종합토지세는 종합부동산세의 도입모태가 되어 토지뿐만 아니라 주택 · 건축물 등을 포함하여 일정 과표 이상을 대상으로 하는 하나의 부유세성격으로 전환되었다.

---

1) 2011년 세법개정안에 의하면, 임대주택공급 활성화유도를 위해 주택임대사업에 따른 거주용 자가주택의 양도세 · 종부세 부담을 완화하기로 한다. 즉 임대주택 외 거주용 자가주택 1주택 소유자가 해당 거주주택 양도시, 1세대 1주택 양도세 비과세대상이 되며, 임대주택 외 거주용 자가주택 1주택 소유시 해당 거주주택에 대해 1세대 1주택 종부세특례(9억 원 공제, 장기보유 · 고령자 세액공제)를 적용한다.

[표 3-1] 부동산 보유과세의 변천

구 분	부동산 보유과세	내 용
1961	재산세 신설 (지방세법 전면개정, 1961.12.8)	• 대지세·광구세·가옥세·선세가재산세(시·군세)로 통합됨
1973	재산세 중과제도 신설 (지방세법, 1973.3.12)	• 사치성 재산(별장·골프장·고급승용차·고급선박 등): 일반세율의 2배 중과 • 대도시 공장신설: 일반세율의 3배 중과 • 재산세 과세대상에 공한지 추가
1974	재산세 중과제도 규정 (대통령긴급조치 제3호, 1974.1.14) (지방세법, 1974.12.27)	• 골프장, 별장, 고급오락장용 토지, 공휴지, 법인의 비업무용 토지: 5% • 골프장·별장·고급오락장용 가옥·비업무용 고급선박: 5%
1976	재산세 중과제도 강화 (지방세법, 1976.12.31)	• 대도시내 신설공장 중과세율 인상: 0.9% → 1.5%
1978	보유기간에 따라 차등세율 설정 (지방세법, 1978.12.6)	• 공한지 및 비업무용 토지대상 보유기간에 따른 차등세율: 5%~10%
1986	대형주택에 대한 중과 (지방세법, 1986.12.31)	• 대형주택 중과, 소형주택 경감 • 주거용 토지에 대한 세율인상 - 1650㎡ 이상 5% → 1320㎡ 이상 두 단계세율(5%, 7%) 신설
	토지과다보유세의 신설 (지방세법, 1986.12.31)	• 읍단위 이상 도시계획구역 등에 소재한 개인소유의 대공장용지, 잡종지, 전, 답, 과수원, 목장용지 및 임야 대상 과세
1988	자치구세로서 재산세 및 토지과다보유세 배정 (지방세법, 1988.4.6)	• 자치구세로서 재산세·토지과다보유세·사업소세 등이 배정됨
1989	종합토지세의 신설 (지방세법, 1989.6.16)	• 토지분재산세와 토지과다보유세가 통·폐합되어 전국의 모든 토지를 소유자별로 합산한 이후 누진세율을 적용하는 종합토지세 신설 - 기본세율: 0.2%~5.0%(10단계 초과누진세율) - 건축물의 부속토지: 0.3%~2.0%(7단계 초과누진세율) - 분리과세대상: 농경지 등(0.1%), 사치성토지(5%), 공장용지 등(0.3%)
1990	별도합산과세 세율 인하 (지방세법, 1990.4.7)	• 별도합산 과세대상에 대한 세율의 인하조정
1995	종합토지세 과표의 변경 (지방세법, 1995. 12.6)	• 과세시가 표준액에서 개별공시지가에 자치단체장이 결정고시하는 과표액 적용비율을 곱한 가액으로 변경됨

2005	종합토지세의 이원화 (지방세법, 2005.1.5)	• 종합토지세의 이원화: 주택은 건물과 그 부속 토지가 통합과세됨 • 종합토지세 폐지
	종합부동산세 신설 (종합부동산세법, 2005.1.5)	• 고액의 부동산보유자를 대상으로 지방세의 경우보다 높은 세율을 적용하는 국세인 종합부동산세를 과세 - 조세부담의 형평성을 제고하고, 부동산의 가격안정을 도모
2006	종합부동산세 강화 (종합부동산세법, 2005.12.31)	• 8·31 조치의 입법화 : 보유세강화
	재산세과표 적용비율 상향조정 (지방세법, 2005.12.31)	• 재산세과표 적용비율 상향조정 - 2006년(55%)부터 매년 5%p씩 100%(2015년)까지 인상 - 다만, 주택분재산세는 2008년부터 매년 5%p씩 100%(2017년) 인상
	재산세세부담상한 하향조정 (지방세법, 2006.9.1)	• 종전 100분의 150에서 하향조정 - 공시가격 3억 원 이하인 주택: 100분의 105 - 3억원 초과 6억 원 이하인 주택: 100분의 110
2007	종합부동산세 납부방식의 개선 (종합부동산세법, 2007.1.1)	• 신고납부방식에서 부과징수방식으로 전환
	서울시 재산세 공동과세제도 도입 (지방세법, 2007.7.20)	• 특별시 자치구 재산세를 특별시 및 구세인 재산세로 구분하여 공동과세하도록 함(2008.1.1시행)
2008	종합부동산세 약화 (종합부동산세법, 2008.12.26)	• 주택 및 종합합산 대상토지 세대별 합산 → 개인별 합산 • 과세기준금액 상향조정 - 주택: 개인별 6억 원 유지, 1세대 1주택자 3억 원 기초공제 - 종합합산 대상토지: 3억 원 → 5억 원 - 별도합산 대상토지: 40억 원 → 80억 원 • 과표적용 비율제 → 공정시장 가액비율제(60%~100% 범위 내) • 과세표준 구간 및 세율의 전반적인 인하 - 주택: 3억, 14억, 94억 기준 4개 과표구간 각각 1%, 1.5%, 2%, 3% → 6억, 12억, 50억, 94억 기준 5개 과표구간 각각 0.5%, 0.75%, 1%, 1.5%, 2%의 세율 적용 - 토지(종합): 17억, 97억 기준 3개 과표구간 각각 1%, 2%, 4% → 15억, 45억 기준 3개 과표구간 각각 0.75%, 1.5%, 2% - 토지(별도): 160억, 960억 기준 3개 과표구간 각각 0.6%, 1%, 1.6% → 200억, 400억 기준 3개 과표구간 각각 0.5%, 0.6%, 0.7%

2008	종합부동산세 약화 (종합부동산세법, 2008.12.26)	• 만 60세 이상 또는 5년 이상 장기보유 1세대 1주택자 세액공제 신설: 연령별공제율(10%~30%), 보유기간별 공제율(20%~40%) 적용 • 세부담상한의 하향조정: 전년 대비 300% → 150% • 분납대상 확대 및 분납기간 연장 - 분납대상 금액: 1천만 원 → 5백만 원 - 분납기간: 45일 → 2개월
2009	재산세 과표구간 조정 및 세율인하(지방세법, 2009.2.6)	• 과표적용 비율제 → 공정시장 가액비율제 - 토지와 건축물: 50%~90% 범위 내 - 주택: 40%~80% 범위 내 • 주택의 과표구간 및 세율조정: 4천만, 1억 기준 3개 과표구간 각각 0.15%, 0.3%, 0.5% → 6천만, 1억5천만, 3억 기준 4개 과표구간 각각 0.1%, 0.15%, 0.25%, 0.4% • 6억 초과 주택 세부담상한 하향조정: 전년대비 150% → 130% • 재산세 과세표준 및 세부담 상한에 관한 적용 특례: 2008 주택분 재산세 과표적용률은 55%가 아닌 50% 소급적용; 6억 초과 세부담상한은 전년대비 130%로 적용
	종합부동산세와 재산세 조정 (종합부동산세법, 2009.4.1)	• 2008 주택분 종합부동산세에 대해 종전의 재산세 과표적용률 55%와 세부담상한 150%를 적용하여 산출한 재산세를 공제하도록 함
	종합부동산세 개정 (종합부동산세법, 2009.5.27)	• 하나의 주택과 다른 주택의 부속토지만을 소유한 자를 1세대 1주택자로 간주
2010	재산세와 도시계획세 통합 (2010.3.31)	• 지방세분법(지방세기본법 · 지방세법 · 지방세특례제한법)에 의해 도시계획세는 재산세로 통합 • 도시계획세분은 재산세과세 특례제도를 도입하여 2011년부터 별도로 세액을 산출
	종합부동산세법 개정(2010.3.31)	• 종합부동산세법은 지방세법 개정에 따라 재산세 개정과 동일하게 조정

주) 지방세법 · 종합부동산세법 등과 유태현(2010), 권강웅(2011), 지방세법해설을 참고하여 정리.

제2절 부동산 보유과세의 과세체계 및 세수현황

1. 부동산 보유과세의 과세체계

부동산 보유과세인 재산세와 종합부동산세의 과세체계는 유사하지만, 과세대상에 따라 공정시장 가액비율과 세율체계는 서로 다르다. 재산세와 종합부동산세의 과세표준은 모두 시가표준액을 토대로 공정시장 가액비율을 곱하여 산정하는 것은 동일하지만, 공정시장 가액비율은 차이가 난다. 공정시장 가액비율(FMV)은 시장의 변화를 반영하는 데 용이하도록 법률로 되어 있던 것을 2009년에 대통령령으로 변경하여 제도의 유연성을 높이고자 한 것이다. 즉 재산세의 공정시장 가액비율은 주택과 토지, 건물이 각각 60%와 70%인 데 비하여, 종합부동산세의 공정시장 가액비율은 주택·나대지·사업용지 모두 80%를 적용하고 있다.

재산세와 종합부동산세의 세율체계는 과세대상(주택·나대지·사업용지)에 따라 차이가 난다. 기본적으로 재산세는 물건별(주택), 그리고 관내합산(토지)에 대한 과세이므로 저율과세하는 반면, 종합부동산세는 과세대상별로 전국합산하여 고율과세하고 있다. 즉 주택재산세의 세율체계는 4단계로 0.1%~0.4%인 반면, 주택 종합부동산세는 5단계로 0.5%~2%의 구조로 구성되어 있다.

종합부동산세는 2008년 이후 경제적 능력이 높지 않은 대상을 중심으로 세액공제의 범위가 넓어졌다. 즉 종합부동산세는 60세 이상 1세대 1주택자를 중심으로 10%~30%까지 세액을 공제하고 있으며, 5년 이상 주택 장기보유자의 세액공제도 20%~40%로 차등화하고 있다. 이들 세액공제는 중복적용이 가능하도록 함으로써 도입할 당시의 종합부동산세에 비하여 세부담이 많이 완화되었다.

반면 재산세는 세부담 상한제도를 도입하여 일정 가격 주택 소유자의 재산세부담이 급등하는 것을 방지하고 있다. 재산세세부담은 전년 대비 5%, 10%, 30% 이상 되지 않도록 상한율을 두고 있다. 그러나 최근 부동산경기가 침체되면서 주택 공시가격이 낮아졌음에도 재산세세부담이 증가하는 문제가 발생하고 있어 문제가 되고 있다.

[표 3-2] 재산세와 종합부동산세의 과세체계

구 분	재산세	종합부동산세
과세표준	○ 시가표준액 × 공정시장 가액비율* *('11) 주택 60%, 토지·건물 70%,	○ 시가표준액(기본공제* 제외) × 공정시장 가액비율** * 기본공제 - 주택 6억, 나대지 5억, 사업용지 80억 ** 주택·나대지·사업용지: 80%(사업용지: 2009년 70%→2010년 75%)
세 율	○ 주 택 : 4단계(종전 0.15%~0.5%) - 6천만 원 이하 0.1% - 6천만~1.5억 0.15% - 1억5천~3억 0.25% - 3억 초과 0.4% ○ 나대지 : 3단계 - 5천만원 이하 0.2% - 5천만~1억 0.3% - 1억 초과 0.5% ○ 사업용지 : 3단계 - 2억 이하 0.2% - 2억~10억 0.3% - 10억 초과 0.4%	○ 주택: 5단계(종전 1.0%~3.0%) - 6억 이하 0.5% - 6억~12억 0.75% - 12억~50억 1% - 50억~94억 1.5% - 94억 초과 2% ○ 나대지: 3단계(종전 1.0%~4.0%) - 15억 이하 0.75% - 15억~45억 1.5% - 45억 초과 2% ○ 사업용지: 3단계(종전 0.6%~1.6%) - 200억 이하 0.5% - 200억~400억 0.6%

	○ 건축물, 농지 등: 단일세율* * 건축물 0.25%, 농지 0.07%	- 400억 초과 0.7%
세액공제	-	○ 주택분재산세로 부과된 세액공제 ○ 60세 이상 1세대 1주택자 세액공제 - 만 60세~65세: 100분의 10 - 만 65세~70세: 100분의 20 - 만 70세 이상: 100분의 30 ○ 주택장기보유자 세액공제 - 5년~10년: 100분의 20 - 10년 이상: 100분의 40 * 세액공제는 중복적용 가능
세부담 상한액	○ 주 택 - 3억 이하: 직전연도의 105% 이내 - 3억~6억: 직전연도의 110% 이내 - 6억초과: 직전연도의 130% 이내 ○ 주택 외: 직전연도의 150% 이내	○ 주택·나대지: 직전연도의 150%이내 ○ 사업용지: 직전연도의 150% 이내

종합부동산세는 2005년 도입된 후 2008년 위헌 및 헌법불합치 결정에 따라 대폭적인 개편을 단행할 수밖에 없었는데, 보다 자세히 살펴보면 다음과 같다.

헌법재판소가 종합부동산세에 대하여 위헌과 헌법불합치 결정(2006헌바112, 2008. 11. 13)을 한 내용은 크게 두 가지이다. 하나는 세대별 합산과세에 대한 위헌결정이다. 세대별 합산규정은 혼인한 부부 또는 가족에게 더 많은 조세를 부과하는 것이 가족생활 보호 및 비례의 원칙에 위배된다는 것이다. 또 다른 하나는 거주목적 1주택 장기보유자에 대하여 헌법불합치 결정을 내린 것이다. 이 부분은 거주목적의 1주택 장기보유자에게 일반 주택보유자와 동등하게 취급하여 고율의 누진과세를 적용한 것은 재산권침해의 최소성 및 법익균형의 원칙에 위배된다고 본 것이다.

종합부동산세는 세대별로 전국합산하던 부분이 개인별로 합산하는 과세로 전환되고, 과세기준이 상향조점됨으로 인하여 과세인원이 대폭적으로 줄어들어 세수가 급감하였다. 종합부동산세의 과세기준이 2009년부터 주택은 6억 원에서 9억 원으로 인상되고, 토지는 종합합산이 3억 원에서 5억 원, 별도합산이 40억 원에서 80억 원으로 높아짐으로 인하여 2008년 납세인원이 41만2천 명에서 2009년에는 21만명으로 급감하였다. 종합부동산세 세수는 자동적으로 줄어들었다. 2008년 종합부동산세 부과고지세액이 2조3,280억 원이었으나, 2009년은 1조3,045억 원 줄어든 1조235억 원이다.

[표 3-3] 종합부동산세 위헌결정 전과 후의 비교

대 상	구 분	개편 전	개편 후('09년)
주 택	과세방법	개인은 세대별 전국합산	인별 전국합산
	과세기준액	공시가격 합 6억 원	공시가격 합 6억 원 (단, 1세대 1주택 9억 원)
	과세표준	(Σ주택공시가격 - 6억 원)	(Σ주택공시가격 - 6억 원*)×FMV *1세대 1주택 9억 원
	세 율	3억~94억: 1%~3%	6억~94억 : 0.5%~2%
	세부담상한액	전년 대비 300%	전년 대비 150%
	과표적용률	'07년 80%, '08년 90%, '08년 100%	80%
	재산세 공제방식	재산세로 부과된 세액합계액×(과세기준 초과분에 대한 재산세표준세액/전체재산세 표준세액)	재산세로 부과된 세액 합계액×(과세표준금액에 대한 재산세 표준세액/전체재산세 표준세액)
	1세대 1주택 공제제도	–	-고령자 세액공제: 60세~45세 10%, 65~70세 20%, 70세~30% -장기보유자 세액공제: 5년~10년 20%, 10년~: 40%

토 지 (종합 합산)	과세방법	개인은 세대별 전국합산	인별 전국합산
	과세기준액	공시지가 합 3억 원	공시지가 합 5억 원
	과세표준	(Σ주택공시가격 - 6억 원)	(Σ주택공시가격 - 6억 원*)×FMV
	세 율	17억~97억: 1%~4%	15억~45억: 0.75%~2%
	세부담상한액	전년대비 300%	전년대비 150%
	과표적용률	2006년 70%, 2009년까지 연 10%씩 ↑	80%
토 지 (별도 합산)	과세방법	인별 전국합산	인별 전국합산
	과세기준액	공시지가 합 40억 원	공시지가 합 80억 원
	과세표준	(Σ주택공시가격 - 40억 원)	(Σ주택공시가격 - 80억 원*)×FMV
	세 율	160억~960억: 0.6%~1.6%	200억~400억: 0.6%~1.6%
	세부담상한액	전년대비 150%	전년대비 150%
	과표적용률	2008년 65%, 15년까지 연 5%씩 ↑	70%(2010년 75%, 2011년~ 80%)

재산세의 경우에도 2009년에 약간 개정되었다. 개정된 내용은 대체적으로 종전에 비하여 재산세부담을 약간 낮추는 효과가 있었다. 즉 주택은 최저 과표구간을 4천만 원 이하에서 6천만 원 이하로 상향조정하면서 세율체계를 4단계로 올렸다. 세부담상한율은 6억 원 초과가 150%였던 것을 130%로 내려 세부담이 급등하는 것을 방지하고자 하였다. 그리고 재산세는 종합부동산세와 동일하게 공정시장 가액비율을 도입하여 주택은 60%(40%, 80%), 토지는 70%(50%, 90%)를 적용하고 있다.

[표 3-4] 재산세의 기본체계(2010. 1 기준)

구 분	주 택	토 지			건축물	선박 비행기
		종합합산 토지	별도합산 토지	분리과세 토지		
과세 대상	주택과 그 부속토지	나대지 잡종지 등	상가 등, 영업용건축물, 물류시설, 주차장, 운동시설토지, 공장용지 (도시지역내)	전·답 목장용지, 임야 공장용지 (읍·면지역, 산업지역, 공업지역), 회원제 골프장 (원형보전지 제외)	주택 이외 건축물	선박 비행기
과세 표준	주택별 시가표준액×공정시장가액비율 (60%)	Σ인별 관내 종합합산 토지 시가표준액 × 공정시장 가액비율 (70%)	Σ인별 관내별도합산 토지 시가표준액 × 공정시장가액비율 (70%)	분리과세 대상토지 시가표준액 × 공정시장 가액비율 (70%)	시가표준액 (시장·군수·구청장 결정·고시) × 공정시장 가액비율 (70%)	시가표준액의 100%
세 율	6천만원이하 0.1% 1.5억원이하 0.15% 3억원이하 0.25% 3억원초과 0.4%	5천만 원 이하 0.2% 1억 원 이하 0.3% 1억 원 초과 0.5%	2억 원 이하 0.2% 10억 원 이하 0.3% 10억 원 초과 0.4%	농지·임야 등 0.07% 골프장 등 4% 그 외 0.2%	고급오락장 등 4% 공장용 건축물 등 0.5% 그 외 0.25%	고급선박 5% 그 외 선박 0.3% 항공기 0.3%
세부담 상한액	직전연도주택분 재산세 대비 ※ 3억 이하:105% 6억 이하:110% 6억 초과:130%	직전연도 각 해당 분야 재산세 대비 150%			직전연도 각 해당 분야 재산세 대비 150%	
과세 기준일	매년 6월 1일 소유자기준					
가산금	o 가산금: 고지서상 납기내 미납부시 부과(3%) o 중가산금: 매 1월 경과시마다 1.2%(60개월 한도)					
과세 방법	신고·납부(매년 7.16~7.31) 재산세: 부과징수(주택: 7.16~7.31, 9.16~9.30, 토지: 9.16~9.30)					

자료: 지방세법.

2. 부동산 보유과세의 세수현황

2005년에 도입된 종합부동산세는 위헌결정·고령자 세액공제 등으로 인하여 2008년 이후 세수가 급격하게 감소하고 있다. 2005년 도입 당시에는 종합부동산세가 6,426억 원이었는데, 세수는 17,180억 원(2006), 27,671억 원(2007), 23,280억 원(2008), 9,876억 원(2009), 10,841억 원(2010 부과예상액)으로 규모가 많이 감소하

[표 3-5] 연도별 재산세 및 종합부동산세 세수비교

(단위: 억 원)

구 분	보유세			주 택		토 지		건 물 (재산세)	기 타 (선박·항공기)
	계	재산세	종부세	재산세	종부세	재산세	종부세		
2004	31,827	재산세 10,683 종토세 21,144	–	–	–	21,144	–	10,600	83
2005	33,402 (↑5.0%)	26,976 (△15.2%)	6,426	9,480	391	12,650	6,035	4,771	75
2006	49,437 (↑48.0%)	32,257 (↑19.6%)	17,180 (↑167.4%)	10,100	5,222	16,608	11,958	5,473	76
2007	66,505 (↑34.5%)	38,834 (↑20.4%)	27,671 (↑61.1%)	12,095	12,611	20,618	15,060	6,045	76
2008	69,193 (4.0%)	45,913 (↑18.2%)	23,280 (△15.9%)	14,982	8,448	24,983	14,832	5,873	85
2009	55,935 (△19.2%)	46,259 (↑1.0%)	9,676 (△58.4%)	13,008	1,945	26,744	7,731	6,388	119
2010 (예정)	60,170 (↑7.6%)	49,520 (↑7.0%)	10,650 (↑10.1%)	14,537	2,420	28,029	8,230	6,953	–

자료: 지방세정연감 각 연도, 행정안전부, 행정안전부 내부자료.

였으며, 2011년 다주택자가 임대사업자 등록을 하게 되면 더욱 감소할 예정이다. 종합부동산세 세수는 2008년 위헌결정 이후 2009년에 58.4% 급감하다가 2010년에는 10.1%로 낮은 증가율을 보였다.

반면 재산세 세수는 2006년 이후 계속 증가추세인데, 2008년까지는 약 20% 내외로 증가하다가 2009년 부동산경기가 침체되면서 1.0%의 낮은 증가를 보이고 있다. 2010년 재산세부과 규모는 49,520억 원으로 7.0% 증가하였다.

주택분재산세의 공정시장 가액비율이 2009년부터 주택은 60%, 토지 및 건물은 70%로 상향조정되어 세수증대에 기여하고 있다(2010년과 2011년 공정시장 가액비율은 2009년과 동일). 공정시장 가액비율은 시장의 변화를 반영하는 데 용이하도록 법률로 되어 있던 것을 2009년에 대통령령으로 변경하여 제도의 유연성을 높이고자 한 것이다. 종전 지방세법에서 규정하던 과표적용률을 폐지하고, 대통령령에 의한 시행령에서 공정시장 가액비율을 적용하고 있다.

개정 전(지방세법규정)
○ 과표적용률(매년 5%p 인상) - 주택: (2009) 60% → (2017) 100% - 토지・건물: (2009) 70% → (2015) 100%

⬇

개정 후(시행령규정)
○ 공정시장 가액비율(별도 시행령 개정이 없으면 현행 유지) - 주택: 60%(법: 60% ± 20% → 시행령: 60%) - 토지・건물: 70% (법: 70% ± 20% → 시행령: 70%)

앞에서도 기술하였듯이 2009년도 종합부동산세 세액은 9,677억 원으로 2008년에 비하여 감소하였는데, 납세인원과 세액을 개인과 법인으로 구분하여 살펴본 것이 [표 3-6]에 나타나 있다. 2009년도 전체 납세인원이 21.3만 명인데, 그 중 개인이 20.3만 명으로 대부분을 점하고 있지만, 납세액은 법인 1만 명이 총 세액의 67%를 차지하고 있는 것을 알 수 있다. 종합부동산세 세액을 과세대상별로 살펴보면, 종합합산에 해당하는 세수가 4,413억 원으로 가장 많으며, 별도합산 3,318억 원, 주택분 1,946억 원 순이다.

2010년도 종합부동산세 납세인원은 총 25만 명으로 2009년에 비하여 19.5% 증가하였다. 주택분 종합부동산세의 납세인원은 20.1만 명과 토지분 납세인원은 5.5만 명이다. 2010년도 종합부동산세 세액은 2009년에 비하여 974억 원 증가하여 10,650억 원으로 10% 증가하였다. 주택분 종합부동산세는 2009년에 비하여 24%(475억 원) 증가하여 2,420억 원이고, 토지분 종합부동산세는 전년대비 6.5% 증가하여 8,230억 원이다.

[표 3-6] 연도별 종합부동산세 부과현황

구 분	합 계		개 인		법 인		주택분	토 지	
								종 합	별 도
	인 원	세 액	인 원	세 액	인 원	세 액	세 액	세 액	세액
2005	7.1	6,426	6.2	892	0.9	5,534	391	2,420	3,615
2006	34.1	17,180	32.8	7,672	1.3	9,508	5,222	7,063	4,895
2007	48.3	27,671	46.9	15,731	1.4	11,940	12,611	9,170	5,890
2008	41.3	23,280	39.8	10,939	1.4	12,342	8,449	8,210	6,622
2009	21.3	9,677	20.3	3,185	1.0	6,492	1,946	4,413	3,318

자료: 행정안전부 내부자료, 2010.

[표 3-7] 2010년도 종합부동산세 납세인원 및 세수현황

2010년도	납세인원	세 수		
		2009	2010	증 가
총 계	25만(19.5%↑)	9,676억	10,650억	974억(10.0%↑)
주 택	20.1만	1,945억	2,420억	475억(24%↑)
토 지	5.5만	7,731억	8,230억	499억(6.5%↑)

자료: 행정안전부 내부자료, 2011.

부동산 보유과세의 과세대상 중 토지분이 차지하는 세수비중이 큰데, 재산세와 종합부동산세를 구분하여 비교하면 [표 3-8]과 같다. 2009년도 토지분재산세와 종합부동산세의 전체부과액은 3조4,564억 원인데, 재산세는 77.4%인 2조6,745억 원이고, 종합부동산세는 22.6%인 7,819억 원이다. 납세인원은 재산세가 1,018만 명으로 전체의 99.4%이고, 종합부동산세가 0.6%인 6만 명이다. 1인당 부담액은 종합부동산세가 재산세의 1인당 부담액의 50배 정도이다.

[표 3-8] 토지분재산세와 종합부동산세의 세수비교

구 분	재산세	비 중	종합부동산세	비 중
부과총액	2조6,745억 원 * 부가세포함시 4조1,494억 원	77.4%	7,819억 원 * 농특세포함시 8,600억 원	22.6%
과표총액	1,020조	83%	210조	17%
과세면적	59,918㎢		-㎢	
납세인원	1,018만 명	99.4%	6만 명	0.6%
1인당 부담액	262.7천 원	2%	13,031천 원	98%

토지분재산세를 개인과 법인으로 구분하여 살펴보면, 납세인원은 개인이 훨씬 많지만 법인이 납부하는 재산세가 43%나 된다. 토지분재산세의 납세인원은 개인이 96.4%인 982만 명이고 법인이 3.6%인 36만 명인데, 법인이 납부하는 토지분재산세는 전체의 43%인 9,500억 원이다. 1인당 납부액은 개인의 경우 155천 원이고, 법인은 2,648천 원이다.

토지분재산세를 세액단계별로 구분하여 살펴보면, 1만 원 초과 5만 원 미만의 납세인원이 가장 높은 45%를 차지하고 있으며, 특히 10만 원 미만 납세인원이 88%나 된다. 그러나 재산세는 100만 원 초과 구간의 1.1% 납세인원이 납부하는 세액이 16,614억 원으로 61.7%를 차지하고 있으며, 10만 원 이상 고액납세자 124만 명(12%)이 전체 재산세납부액의 85%를 차지하고 있다.

지역별로는 경기 8,450억(32%) > 서울 7,710억(29%) > 인천 1,636억(6%) > 지방 8,949억(33%) 순으로 수도권이 전체의 67%를 차지하고 있어 지역간 세수가 불균형이 심하다.

[표 3-9] 세액단계별 재산세분포

구 분		계	1만 원 이하	1만 원 초과 5만 원 미만	5만 원 초과 10만 원 미만	10만 원 초과 100만 원 미만	100만 원 초과
2009년	인원	1,018만 명 (100%)	336 (33.2)	458 (45)	100 (9.8)	110 (10.9)	14 (1.1)
	세액	26,745억 원 (100%)	348 (1.3)	2,327 (8.7)	1,385 (5.6)	6,071 (22.7)	16,614 (61.7)

자료: 행정안전부 내부자료, 2011.

3. 재산세세부담 상한제도의 현황 및 문제점

2005년 부동산 보유과세의 개편에 따라 주택의 과세표준 산정방식이 종전의 건물원가방식에서 토지와 건물을 합한 시가방식으로 변경되면서 현실화되어 재산세세부담이 급등하였다. 이러한 재산세세부담을 완화시키고자 도입된 것이 세부담상한제도이다.

재산세세부담 상한제도는 지방세법 제122조에 기초하고 있다. 재산세의 산출세액이 대통령으로 정하는 방법에 따라 계산한 직전연도의 해당 재산에 대한 재산세상당액의 일정 비율을 초과하는 경우에는 그 일정 비율에 해당하는 금액을 해당 연도의 부과액으로 한다. 즉 재산세세부담 상한제도는 재산세의 산출세액이 직전연도의 재산세액의 100분의 150을 초과하는 경우에는 100분의 150을 해당 연도 재산세액으로 한다. 다만, 주택의 경우 제4조 제1항에 따른 주택 공시가격 또는 시장·군수가 산정한 가액이 3억 원 이하인 주택은 직전연도의 재산세액의 100분의 105를 초과하는 경우에는 100분의 105를 해당 연도 재산세액으로 한다. 주택 공시가격 또는 시장·군수가 산정한 가액이 3억 원 초과 6억 원 이하인 주택은 직전연도의 재산세액의 100분의 110을 초과하는 경우에는 100분의 110을 해당 연도 재산세액으로 한다. 또한 주택 공시가격 또는 시장·군수가 산정한 가액이 6억 원을 초과하는 주택은 직전연도의 재산세액의 100분의 130을 초과하는 경우에는 100분의 130을 해당 연도의 재산세액으로 한다.

[표 3-10] 재산세세부담 상한율

구 분	주택 공시가격	상한율
주 택 (주택공시가격 기준)	3억 원 이하 3억 원~6억 원 이하 6억 원 초과	105% 110% 130%
토지 · 건물	150%	150%

재산세세부담 상한제적용을 받고 있는 주택을 수도권과 비수도권, 그리고 주택 공시가격대별로 살펴보면 다음과 같다. 2010년 재산세세부담 상한제적용건수는 총 부과건수 1,376만 건 중 677만 건(49.2%)이다. 지역별로 살펴보면 수도권이 473만 건으로 73%를 차지하고 있으며, 지방이 207만 건으로 28%이다. 주택가격대별로 보면 3억 원 이하의 주택이 601만 건으로 49%이고, 3억 원에서 6억 원이 69만 건으로 60.8%이며, 6억 원 초과 주택이 6.6만 건으로 18.7%이다.

[표 3-11] 재산세세부담 상한제현황 (단위: 만 건)

구 분	계			~3억 이하		3억~6억		6억 초과	
	계	산출세액 적용	상한 적용	계	상한 적용	계	상한 적용	계	상한 적용
전 국	1376	699 (50.8%)	677 (49.2%)	1227	601 (49.0%)	113	69 (60.8%)	35	6.6 (18.7%)
수도권	646	173 (26.8%)	473 (73.2%)	505	399 (78.9%)	106	68 (64.0%)	35	6.6 (18.8%)
지 방	729	526 (72.1%)	204 (27.9%)	721	203 (28.1%)	8	1 (15.4%)	0.3	0.0 (3.6%)

다음의 그림은 수도권과 비수도권의 재산세세부담 상한제 현황을 주택가격대별로 나타낸 것인데, 수도권의 상한제적용 건수가 지방에 비하여 높은 것을 알 수 있다.

재산세세부담 상한제도가 납세자의 급격한 세부담인상을 완화하기 위해 도입되었지만, 최근 부동산시장이 침체되면서 주택공시가격이 떨어지게 되면서 문제가 발생하고 있다. 세부담 상한제도는 재산세세부담을 과표와 세율에 의해 결정하지 않고 세부담상한율에 따라 결정하게 되어 있어 부동산가격은 떨어지는데 세부담은 늘어나는 비정상적인 세액산출 구조로 되어 문제가 발생하고 있다. 이러한 문제는 결과적으로 납세자간 과세불형평을 야기하여 '동일가격 · 동일세부담의 원칙'을 훼손하여 공평과세의 제해요인으로 작용하고 있다. 따라서 비정상적인 재산세제를 정상화하고 과세불형평을 해소하기 위한 현행 세부담 상한제도의 개선이 필요하다.

[그림 3-1] 수도권과 비수도권의 재산세세부담 상한제현황

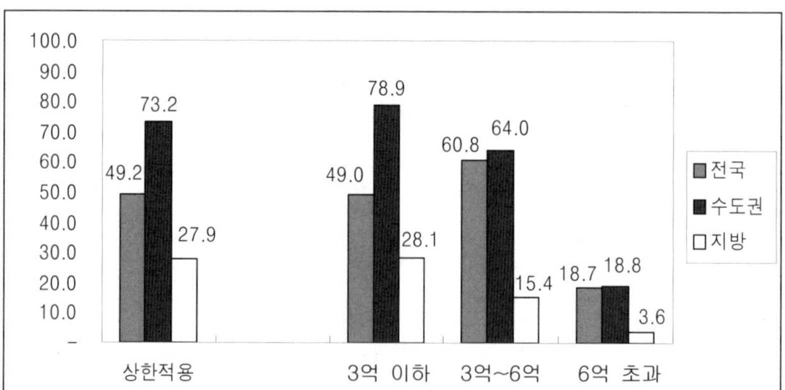

아래의 [그림 3-2]는 주택 공시가격이 9억에서 7.3억으로 낮아지게 되어 산출세액은 199만 원에서 175만 원으로 감소하였으나, 부과세액은 세부담상한제로 인하여 90만 원에서 135만 원으로 50% 증가하게 되는 문제를 잘 보여 주고 있다.

재산세세부담이 공평하지 못한 사례는 [표 3-12]를 통하여 보다 자세히 알 수 있다. [표 3-12]는 주택이 동일한 주택 공시가격으로 과세표준이 결정되었음에도 불구하고 재산세부과액이 서로 달라 수평적 불형평문제가 발생하고 있다. 뿐만 아니라 주택 공시가격이 낮을수록 수도권과 비수도권 간의 세부담차이가 커지는 문제도 있다.

서울 강남과 지방의 차이는 2006년 이전에 탄력세율을 적용하였기 때문에 문제가 증폭되었다고 본다. 즉 세부담상한 적용 이전 산출세액의 변동에도 불구하고 실제 부과액은 그에 상응하여 변동하지 않음으로써 재산세세부담의 수평적 불형평이 심화되었다고 본다. 서울 강남지역과 경기 일부지역은 재산세세부담을 낮추어 주고자 탄력세율을 적용하였는데, 그 당시 낮아진 과세표준

[그림 3-2] 재산세세부담 비교

〈동일가격·동일세부담원칙 훼손 및 불형평 사례〉

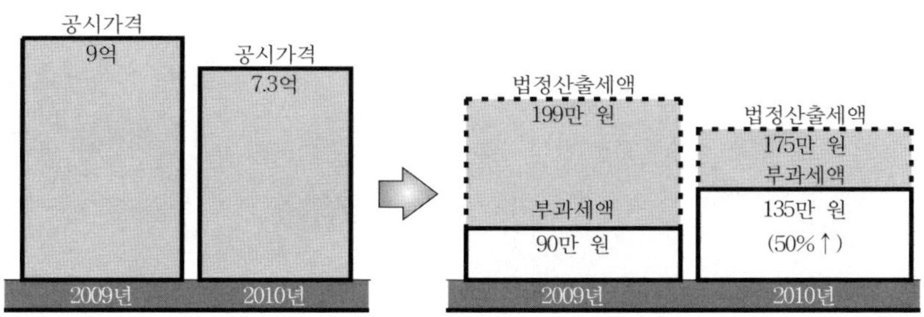

은 그 다음해 세부담상한에 영향을 미치어 과세표준을 지속적으로 낮게 하여 동일한 과세표준임에도 불구하고 부과세액이 서로 다른 문제를 발생시키는 요인이 되고 있다.

[표 3-12] 주택 공시가격별 세액비교(예시)

공시가격	지 역	2009 세액	차 이
5천만 원	경 기	14천 원	2배
	지 방	30천 원	
1억	서울 강남	32천 원	2배
	지 방	60천원	
2억	경 기	95천 원	1.6배
	지 방	150천 원	
3.5억	경기 분당	215천 원	1.5배
	지 방	321천 원	

자료: 행정안전부 내부자료, 2011.

제 4 장 선진외국의 부동산 보유과세 현황 및 시사점

제 1 절 OECD 국가의 부동산 보유과세 현황

조세제도는 국가의 역사적 배경 및 상황에 따라 매우 다양하지만, 그럼에도 불구하고 OECD 국가와의 비교는 의미가 있다고 본다.

본 연구는 OECD 국가의 부동산 관련 일반현황을 살펴보고, 우리나라의 부동산 보유과세와 유사하다고 할 수 있는 국가를 대상으로 자세히 살펴보고자 한다.

OECD 국가의 부동산 관련 재산과세현황이 [표 4-1]에 나타나 있다. OECD의 부동산 관련 재산과세는 순수재산세, 부유세, 상속・증여세, 금융자본 등 거래세를 포함하고 있는데, 우리나라의 취득세는 자산(금융자본) 거래세에 포함하고 있다. [표 4-1]은 연방형 국가의 부동산 관련 세수비중을 살펴본 것이다.

연방국가의 경우 부동산 관련 재산세는 주로 주정부와 지방정부에서 부과하고 있다. 오스트리아 및 스위스의 연방정부는 상속·증여세와 자산거래세를 부과하고 있으며, 벨기에는 부유세 및 자산거래세를 부과하고 있다. 미국은 상속·증여세가 연방정부세로 되어 있는 반면, 벨기에·독일·스페인·스위스는 주정부세로 되어 있다.

우리나라의 재산세에 해당하는 부동산 보유과세는 주로 주정부와 지방정부세로 되어 있다. 호주는 주정부와 지방정부의 재산세가 총 조세대비 각각 2.0%와 3.2%로 부동산 보유과세의 비중이 비교적 높은 국가에 속하는 것으로 나타났다. 오스트리아·호주·벨기에·스페인·스위스는 주정부 등 광역단위에서 부과하는 부동산 보유과세 세수비중이 높은 데 반하여, 캐나다와 미국은 지방정부에서 부과하는 비중이 높게 나타나 있다. 캐나다는 지방정부의 재산세가 총 조세 대비 9.0%이고, 미국의 재산세는 14.5%로 총 조세에서 점하는 비중이 높은 편이다.

[표 4-1] OECD 연방형 국가의 정부계층별 총 조세대비 부동산 관련 세수비중(2008년 기준)

(단위: %)

구 분	국가명	정부계층	계	부동산 보유세	(순)부유세	상속·증여세	자산(금융자본)거래세	기 타
연방형	호 주	연방	0.0	–	–	–	0.0	–
		주	5.0	2.0	–	–	3.0	–
		지방	3.2	3.2	–	–	–	–
	오스트리아	연방	0.3	0.0	–	0.1	0.1	0.0
		주	0.1	0.0	–	0.0	0.0	0.0
		지방	1.4	0.7	–	0.0	0.7	0.0

연방형	벨기에	연방	0.9	0.0	0.2	–	0.4	0.2
		주	5.2	0.0	–	2.1	3.1	–
		지방	1.3	1.3	–	–	–	–
	캐나다	연방	–	–	–	–	–	–
		주	1.8	0.8	0.5	–	0.4	0.1
		지방	9.8	9.0	–	–	0.1	0.7
	독 일	연방	–	–	–	–	–	–
		주	1.9	–	0.0	0.8	1.0	–
		지방	1.9	1.9	–	–	–	–
	멕시코	연방	–	–	–	–	–	–
		주	0.6	0.3	–	–	0.2	–
		지방	1.1	0.7	–	–	0.4	–
	스페인	연방	0.1	–	0.0	0.0	0.0	0.0
		지역	6.4	–	0.9	1.2	4.2	–
		지방	4.2	3.2	0.1	0.0	0.1	0.7
	스위스	연방	2.4	–	–	–	2.4	–
		주	4.4	0.1	3.5	0.7	0.0	–
		지방	2.9	0.3	2.2	0.4	0.0	–
	미 국	연방	1.0	–	–	1.0	–	–
		주	0.6	0.4	–	0.2	–	–
		지방	14.5	14.5	–	0.0	–	–

주) 총 세수 중 지불급여세(taxes on payroll and workforce)를 포함한 사회보장세는 제외한다. 재산과세는 부동산, 순부(純富), 상속・증여, 금융・자본 거래 등에 대한 과세이다.

자료: OECD, *Revenue Statistics*, 2010, pp.249~280.

아래의 [표 4-2]는 단일형 정부의 총 조세대비 부동산 관련 세수 비중을 나타낸 것이다. 부동산 관련세가 부유세뿐만 아니라 상속·증여세, 금융자산 등 거래세를 포함하는 관계로 중앙정부의 비중도 다소 높은 것으로 나타났지만, 부동산 보유과세는 대부분이 지방정부의 세임을 알 수 있다.

우리나라의 부동산 관련세 총 비중이 OECD 국가 중 프랑스 다음으로 높은 것을 알 수 있다. 프랑스의 부동산 관련세 총 비중이 16.2%로 중앙정부가 3.5%이고, 지방정부가 12.7%인 반면, 우리나라는 중앙정부가 5.2%이고, 지방정부가 10.0%이다. 영국의 국세인 NNDR(5.5%)을 제외하면, OECD 국가 중 우리나라 국세인 종합부동산세의 비중이 1.2%로 두 번째로 높은 것을 알 수 있다. 우리나라는 재산세가 3.4%로 비교적 낮은 반면, 취득세가 6.6%로 높은 것으로 나타난다.

[표 4-2] OECD 단일형 국가의 정부계층별 총 조세대비 부동산 관련 세수비중(2008년)

(단위: %)

구 분	국가명	정부계층	계	부동산 보유세	(순)부유세	상속·증여세	자산(금융자본)거래세 등	기 타
단일형	칠 레	중앙	2.9	0.0	–	0.0	2.6	–
		지방	2.8	2.8	–	–	–	–
	체 코	중앙	1.4	0.0	–	0.0	1.3	–
		지방	0.7	0.7	–	–	–	–
	덴마크	중앙	1.6	–	–	0.6	1.0	0.0
		지방	2.6	2.6	–	–	–	0.0
	핀란드	중앙	2.0	–	–	1.1	0.8	–
		지방	1.6	1.6	–	–	–	–

단일형	프랑스	중앙	3.5	0.2	1.0	1.9	0.3	–
		지방	12.7	10.3	–	–	2.4	–
	그리스	중앙	2.8	–	–	0.2	2.2	0.5
		지방	0.5	0.2	0.2	–	0.0	–
	헝가리	중앙	1.2	–	–	0.1	1.1	–
		지방	2.0	1.1	–	0.1	0.8	–
	아이슬란드	중앙	1.3	–	0.0	0.2	1.0	0.0
		지방	4.8	4.8	–	–	–	–
	아일랜드	중앙	4.5	–	–	0.8	3.7	–
		지방	3.1	3.1	–	–	–	–
	이스라엘	중앙	2.7	0.0	–	–	1.6	1.1
		지방	8.5	8.5	–	–	–	–
	이탈리아	중앙	3.8	–	0.0	0.1	3.5	0.3
		지방	2.5	2.1	–	0.0	0.2	0.1
	일 본	중앙	3.0	–	–	1.7	1.3	–
		지방	12.4	11.9	–	–	0.5	–
	한 국	중앙	5.2	1.2	–	1.3	2.7	–
		지방	10.0	3.4	–	–	6.6	–
	룩셈부르크	중앙	9.9	–	7.2	0.5	2.2	–
		지방	0.4	0.3	–	–	0.1	–
	네델란드	중앙	4.3	–	0.0	1.2	3.0	–
		지방	2.5	2.5	–	–	–	–
	뉴질랜드	중앙	0.1	–	–	0.0	0.1	–
		지방	5.6	5.6	–	–	–	–
	노르웨이	중앙	1.5	0.2	0.7	0.2	0.5	–
		지방	1.3	0.6	0.7	–	–	–
	폴란드	중앙	–	–	–	–	0.0	–
		지방	5.4	5.3	–	0.1	–	–
	포르투갈	중앙	0.6	–	–	0.0	0.6	–
		지방	4.8	2.8	–	0.0	2.0	–

단일형	슬로바키아	중앙	0.0	–	–	–	0.0	–
		지방	2.1	2.1	–	–	–	–
	슬로베니아	중앙	0.0	–	–	–	0.0	–
		지방	2.1	2.1	–	–	–	–
	스웨덴	중앙	1.7	0.9	–	0.0	0.8	–
		지방	1.0	1.0	–	–	–	–
	터 키	중앙	3.4	–	–	0.1	3.3	–
		지방	1.4	1.0	–	0.0	0.4	–
	영 국	중앙	8.5	5.5	–	0.8	2.3	–
		지방	5.9	5.9	–	–	–	–

주) 총 세수 중 지불급여세(taxes on payroll and workforce)를 포함한 사회보장세는 제외한다. 재산과세는 부동산, 순부(純富), 상속・증여, 금융・자본 거래 등에 대한 과세이다. OECD Revenue Stat 2010에 표기된 한국 자료의 2008년도 지방정부 재산세는 45조4,800억 원, 지방정부 부동산보유세는 7조3천억 원, 지방정부 자산거래세는 14조590억 원이다. 세정연감의 2008년 재산세는 부과액이 45조7,700억, 징수액이 44조1,100억이며, 취득세는 부과액이 7조1,950억 원, 징수액이 6조9,160억 원이다.

자료: OECD, *Revenue Statistics*, 2010, pp. 249～280.

제 2 절 주요국 현황

1. 일 본

가. 일반현황

1) 개 요

일본의 지방세는 도부현세와 시정촌세로 구분되며, 세목의 성격에 따라 다시 보통세와 목적세로 분류되고 있다.[1)] 세수의 대부분은 보통세에 의존하고 있으며, 도부현수준에서는 도부현민세(도부현세의 40.2%)와 사업세(14.6%) 등의 소득과세의 비중이 높다. 도부현과는 달리 시정촌수준에서는 소득과세인 시정촌민세(시정촌세 41.7%)와 보유자산 과세인 고정자산세(45.0%)의 비중이 높게 되어 있다.

재산세인 고정자산세는 시정촌민세와 더불어 시정촌의 기간세로 되어 있다. 고정자산세가 보통세인 데 비하여, 도시계획세는 고정자산세와 함께 부과되기는 하나 목적세로 분류되고 있다. 도시계획세가 시정촌세에서 차지하는 비중은 6.3%로 고정자산세에 비하여 훨씬 낮은 수준이나, 시정촌목적세 중에서는 가장 높은 비중을 차지하고 있다. 최근 부동산 실제가격은 떨어지는 데 반하여, 고정자산세 세부담이 증가하면서 과세표준의 조정과 더불어 조례감액제도를 도입하여 세부담이 전년 대비 10%를 초과하지 않도록 하고 있다.

일본의 지방세 중 특이한 점은 광역자치단체의 세수입 중 50% 이상이 소득과세인 사업세에 의해 확충되고 있으며, 소비과세의 비중도 약 30% 정도 되고 있다는 것이다. 기초자치단체는 재산과세에 의한 비중이 약 55% 정도로 가장 높지만, 소득이나 소비관련 세수비중도 각각 40%와 5%로 나타나고 있다.

일본의 지방세는 특히 자치단체별로 조례에 의해서 법정외세를 부과할 수 있도록 되어 있어 상당히 복잡한 구조로 되어 있다.

---

1) 동경도(東京都)의 경우는 특별구를 설치하고 있기 때문에 세목분류가 도부현세 및 시정촌세의 세목분류와는 다르게 되어 있다.

[표 4-3] 현행 일본의 조세체계 및 세수입 구성(2010년 예산)

지방세(32.5조 엔)			
도부현세(12.9조 엔)	구성비	시정촌세(19.6조 엔)	구성비
보통세*	100%	보통세	91.4%
도부현민세	40.2	시정촌민세	41.7
사업세	14.6	고정자산세	45.0
지방소비세	19.3	경자동차세	0.9
부동산취득세	2.8	시정촌담배세	3.8
도부현담배세	1.9	광산세	0.0
골프장이용세	0.4	특별토지보유세	0.0
자동차취득세	1.8	법정외보통세	0.0
경유인수세	6.5	목적세	8.1
자동차세	12.6	입탕세	0.1
광구세	0.0	사업소세	1.7
고정자산세(특례)	0.0	도시계획세	6.3
법정외보통세	0.0	국유재산소재	
목적세	0.3	시정촌교부금	0.5
수렵세	0.0		

주) 2009년부터 자동차취득세와 경유인수세가 목적세에서 보통세로 전환되었다.
자료: 諏訪園健司編著(2010), 圖說日本の稅制, 財經詳報社.

2) 과세대상

일본의 고정자산세는 과세대상을 크게 토지와 가옥, 그리고 상각자산으로 구분하고 있다. 일본은 우리나라와 달리 토지와 가옥을 구분하여 평가하고 있으며, 토지는 공시지가에 의해 평가하고 건물은 원가방식에 의해 평가하고 있다.

고정자산세는 시정촌세 세목 중에서 시정촌민세와 함께 가장 중요한 세수입을 차지하는 세목이다. 고정자산세의 과세대상이 되는 토지, 가옥 및 상각자산별 세수입 구성을 보면 [표 4-4]와 같다.

[표 4-4] 고정자산세의 과세대상별 비중

	市町村세 %(조円)	고정자산세 %			
			토 지	가 옥	상각자산
1975	100(4.3)	34.8	15.3	11.8	7.7
1985	100(13.1)	31.8	13.6	12.2	6
1995	100(19.8)	42.4	17.7	16.3	8.4
1997	100(21.2)	41.3	17.5	15.7	8.1
1998	100(20.6)	43.7	18.2	17.0	8.5
1999	100(20.5)	45.2	18.6	18.0	8.6
2000	100(20.0)	44.9	18.8	17.4	8.7
2001	100(20.0)	45.3	18.6	18.1	8.6
2002	100(19.6)	46.3	18.5	19.2	8.7
2003	100(19.0)	45.7	18.7	18.3	8.7
2004	100(19.1)	45.7	18.3	19.0	8.4
2005	100(19.6)	44.7	17.4	19.2	8.1
2006	100(20.2)	41.9	16.8	17.2	7.9
2007	100(21.5)	39.9	15.7	16.6	7.6
2008	100(21.6)	40.6	15.8	17.2	7.6
2009	100(21.6)	42.5	16.6	17.6	8.2
2010	100(21.6)	45.0	17.6	19.1	8.2

주) 2009년과 2010년은 계획치이다.

자료: 財務省(大藏省), 財政金融統計月報, 各年度.

고정자산세 세수는 1970년대나 1980년에 비해 점차 증가하였으며, 1990년대 후반에는 시정촌세 수입의 약 40%~45%를 차지하고 있다. 2000년대에도 고정자산세가 시정촌세 수입의 40%~

46%의 수준을 유지하고 있다. 고정자산세 세수입비중은 2001년 45.3%에서 2007년 39.9%로 하락하고 있는데, 그 이유는 주로 토지가격의 하락에 따른 토지분 고정자산세의 감소가 주된 요인이라고 할 수 있다.

고정자산세는 과세대상별로 약간의 변동이 있기는 하나 대체적으로 세수입의 안정성이 높다고 할 수 있다. 그 이유는 토지나 가옥은 가격의 거치제도가 있고, 감가상각 자산의 잔존률 등도 일정하게 정해져 있으며, 고정자산세 세율도 일정(1.4%)한 비례세율로 되어 있기 때문이다. 그러나 최근에는 토지나 가옥가격의 변동(하락)으로 고정자산세의 세부담 조정조치를 취하고 있다.

나. 지가세

일본경제의 고도성장과 더불어 1980년부터 3차례에 걸쳐 부동산가격이 급등하자, 정부는 기존의 재산과세로는 토지정책적 역할에 한계가 있다고 판단하였다. 즉 기초자치단체인 시정촌(市町村) 세로 되어 있는 고정자산세로는 토지정책 역할을 수행하는데 미흡하다고 결정하였다. 따라서 정부는 지가안정을 도모하려는 정책세제로써 국세인 지가세를 1992년 1월부터 도입하였다.

그러나 도입 이후 일본경제의 침체로 부동산 거품이 진정됨으로써 지가하락에 따른 대상세원이 급감하여 1998년부터 과세가 정지된 상태이다.

1) 지가세의 성격

지가세는 전국의 모든 토지를 납세자별로 합산하여 그 자산가치에 과세하는 것으로 토지보유에 따른 조세부담의 적정성과 공평성을 확보하고자 도입한 것이다. 즉 지가세는 고정자산세 과세대상의 평가적정화를 도모하면서 토지 보유비용과 그 의식을 증대시켜 토지의 유효이용 및 지가안정을 촉진하고자 하는 토지대책의 일환이었다.

지가세의 주요 과세요건으로는 과세대상은 개인 또는 법인이 소유하는 국내외의 토지(차지권 포함)이며, 납세의무자는 국내의 토지 및 차지권을 보유한 토지소유자 개인 및 법인이다. 세액계산 기준인 과세표준은 납세의무자가 과세시기에 소유하고 있는 모든 토지의 합계액이 되며, 토지의 평가가액은 상속세평가에 따라 산정한 시가를 따르고 있다. 과세대상액은 과세가격으로부터 기초공제액을 차감한 차액으로 하며, 과세가격이 기초공제액(과세최저한) 이하는 과세되지 않는다. 또한 기초공제는 정액공제와 면적비례 공제로 구분되어 있다.

지가세의 비과세대상은 국가・지방자치단체・공공법인 및 공익법인이 보유하는 토지, 공익용도에 제공되는 토지, 주택부지로 사용하고 있는 토지이다. 지가세의 신고・납부는 매년 10월 1일부터 10월 31일까지이며, 다음해 3월 31일까지 2분의 1씩 분할납부가 가능하다.

2) 지가세원의 운영

지가세는 세입을 조달할 목적으로 하여 도입한 세제로서보다는 오히려 정책목적을 실현하기 위한 정책세제로 도입되었다는 점이 특징이다. 즉 지가세는 토지보유에 관한 공평성을 확보하고 토지의 과다보유를 감소시키기 위해 도입한 세목이다.

국세인 지가세는 국세체계상 보통세로써 모든 세원은 국가재정의 일반재원으로 운영되고 있다.

2. 영 국

가. 개 요

영국의 조세구조는 국세위주로 만들어져 있으며, 1980년에 지방세였던 비주거레이트(Non-Domestic Rate)가 국세로 전환되면서 지방세수입은 감소하였다. 빈약한 지방재정은 중앙정부로부터의 이전재원에 의존하고 있으며, 주요 유럽국가들 중에서도 영국은 지방정부의 자체 재원비율이 가장 낮은 국가이다.

영국의 재산과세는 지방세인 카운슬세(Council Tax Rate)와 국세인 비주거레이트가 대표적인 세목이다. 카운슬세는 영국의 유일한 지방세로 1993년에 도입되었는데, 재산과세 성격을 갖고 있으면서도 소득과세의 특성을 동시에 지니고 있다. 비주거레이트는 국가기관(Valuation Office Agency: VOA)에서 평가하지만, 부과 및 징수 업무는 지방정부에서 수행하고 있다.

영국의 지방정부는 카운슬세로부터 징수하는 세수가 크지 않기 때문에 중앙정부의 이전재원에 의존하는 경향이 높다. 자체 재원은 지방세수입・세외수입・기타수입으로 구성되어 있는데, 이전재원은 가급적 자율성이 보장되는 일반보조금을 선호하고 있다.

중앙정부로부터 이전되는 재원은 세입지원 교부금(Revenue Spport Grants), 비주거레이트(NNDR) 등 공식에 의해 배분되는 이전재원과 특정한 목적을 위한 지역기준 보조금(Area Based Grant) 등이 있다. 세입지원 교부금과 비주거레이트는 보조금의 사용용도가 정해지지 않는 일반보조금에 해당된다.

나. 비주거레이트(NNDR) 배경

영국의 지방세제도는 1980년대 말까지는 '레이트(Rates)'라는 한 가지 세목으로 구성되어 있었다. 레이트는 지방행정구역내에 자산을 대상으로 부과되는 재산과세로서 주거레이트(Domestic Rate)와 비주거레이트(Non-Domestic Rate)로 구분된다. 주거레이트는 일반주민들이 살고 있는 주거용 자산, 즉 주택을 대상으로 부과되는 세금이고, 비주거레이트는 주로 기업 등 영업목적으로 활용하는 비주거용 자산에 부과되는 세금으로서 흔히 영업레이트(Business Rate)라고 한다.

1980년 말부터는 1세기 이상을 유지해 온 주거레이트가 폐지되고 주민부담금(Community Charge)이라는 새로운 지방세가 도입되었으나, 주민부담금은 불공평과세 및 전 근대적인 인두세(Poll Tax)라는 인식으로 국민들에게 심한 비판과 반발을 받았다. 보수당 메이져(Jone Major) 정권은 1993년 주민부담금을 폐지하고, 과거 주거레이트와 주민부담금의 성격을 절충한 지방세라 할 수 있는 카운슬세(Council Tax)를 도입하여 현재에 이르고 있다.

지방세로서 중요한 역할을 해왔던 비주거레이트는 1980년대 말 주민부담금 제도가 도입되면서 국세(Non-Domestic Rate: NNDR)로 전환되었다. 비주거레이트는 1601년에 도입되었는데, 국세로 전환된 주 이유는 지방정부들이 상대적으로 손쉽고 조세저항이 적은 비주거레이트의 세율인상을 통하여 지방재정을 운영하는 경향이 있었기 때문이다. 그 동안 지방정부는 NNDR의 세수입으로 재정지출을 과도하게 운영하는 경향이 있었다. 뿐만 아니라 그 동안 비주거레이트가 기업에게 가중한 재정부담을 주어 생산비용을 가중시키고, 나아가 경쟁력·고용효과면에서 부정적인 현상을 야기하였다.

그러나 국세인 비주거레이트는 과세권이 비록 국가에 있지만, 징수한 세수는 지방에 배분하는 일종의 조정(이전) 재원으로서의 역할을 담당하고 있다. NNDR의 과세표준은 토지와 건물의 순임대가치를 기준으로 평가하여 산정하고 있다. 세율은 단순비례세율로서 세율인상은 소비자 물가지수의 상승률을 초과하지 않는 범위에서 중앙정부가 결정하고 있다. 2011년 기준 NNDR의 과세대상은 1,800만 호이다.[2)]

다. 비주거레이트의 배분

지방정부별로 세율을 달리하여 관리하던 비주거레이트는 전국적으로 균등한 단일세율(2011년~2012년 세율 43.2%)을 적용한 국세로 전환되었다. 비주거레이트의 세원관리는 중앙정부의 '공동자금(National Rate Pool)' 관리방식으로 전환되었다.

중앙정부는 각 지역으로부터 징수한 비주거레이트를 해당 지방정부에 세입지원 교부금과 동일한 기준으로 재배분해 주고 있다. 현행 비주거레이트는 일종의 양여세와 같은 기능을 지니며,

2) Patrick H. Bond, "The Assessment System in the UK and Role of the Valuation Office," 부동산 과세평가선진화를 위한 국제세미나, 한국감정원, 2011. 9. 28.

세입지원 교부금과 더불어 지방재정 조정제도의 주요부분으로서 기능을 하고 있다.

종전에는 비주거레이트의 세수는 해당 지방정부의 성인인구 기준으로 배분되었으나, 2006년~2007년부터는 세입지원 교부금과 동일한 기준으로 배분하고 있다.

3. 호 주

가. 개 요

호주는 연방정부, 6개의 주정부, 728개의 지방정부의 3계층 행정체제로 구성된 내각책임제에 입각한 연방국가로서 지방분권 제도가 발달된 국가이다. 연방정부는 주정부와 지방정부에게 교부금과 보조금으로 재정을 지원하고 있다.

교부금의 목적은 지방정부의 재정을 강화하고자 각 지방정부가 지역주민에게 동등수준의 행정서비스를 제공하도록 하는 데 있으며, 재원확보를 보장하는 데 있다. 교부대상은 6개 주정부와 2개의 특별구역 행정정부가 교부금대상에 해당한다.

주정부는 관할구역 내 지방정부를 관리 및 연방정부 자금을 지방정부에 교부해 주는 역할을 한다. 지방정부는 세입의 약 40%를 재산세에 의존하고 있으며, 주 및 연방정부로부터의 교부금수입은 총 수입의 17% 정도이며, 대부분이 연방정부의 일반목적 교부금이다.

지방정부에 대한 일반 재정지원은 '지방정부(재정지원)법'에 의하고, 보통 주정부를 통해서 지정교부금으로서 연 4회 분할・교부되며, 주정부는 지방정부에 일반교부금으로 지원하고 있다. 교부대상은 629개 지방정부와 수도특별 구역정부, 그리고 99개의 행정정부가 해당된다.

교부기준은 각 주정부의 인구를 기준으로 소비자물가 지수를 고려하여 배분하는데, 1년 전 연방수상과 각 주・특별구역 수상이 참여하는 회의에서 주별 배분규모가 결정된다. 주내 각 지방정부에 대한 배분은 주의 '지방정부교부금위원회'[3]의 권고안을 검토한 후 연방정부장관에게 승인을 요청하며, 연방장관은 이 요청안에 따라 각 지방정부별로 자금규모를 결정・지원하고 있다.

나. 재산보유세 현황

호주는 부동산 보유과세에 대한 과세권이 주정부와 지방정부로 이원화되어 있다. 주정부는 토지세(land tax)를 부과하며, 지방정부는 재산세(municipal rates)를 부과하고 있다. 주정부는 미개발토지에 대해 토지세를 과세하고 있으며, 지방정부는 미개발토지, 개발토지 또는 토지와 건물 전체에 대해 지방정부의 개별적인 결정에 따라 재산세를 부과하고 있다.

주정부의 토지세는 개인 또는 법인의 토지를 인별로 합산과세하고 있으며, 상업용 토지로부터의 세수가 주거용 토지에 비해 약 3배 정도 많다. 토지세는 누진합산 과세를 하며, 거주주택의 토지가액이 2011년 기준 $2,366,000(호주 달러)을 초과할 경우 특별

3) 위원회는 5년 임기로 장관이 임명한 4명의 위원으로 구성되며, 재임명이 가능하다.
'지방정부(재정지원)법, 1995'의 규정에 따라 지방정부에 일반목적교부금을 배분하기 위한 권고안을 작성, 지방정부장관에게 보고한다.

[표 4-5] New South Wales 주의 과표구간 및 세율체계(2011) (단위: 호주 달러)

과거 3년 토지가격 평균	Land Tax	Premium Land Tax
$387,000 이하	0.0%	0.0%
$387,000 초과 $2,366,000 이하	1.6% + $100	1.6% + $100
$2,366,000 초과	해당 사항 없음	2%

주택재산세가 부과되고 있다. 합산토지 과세의 기준금액은 해당 지역의 토지가액 변동률에 따라 조정하고, 특별 주택재산세의 기준금액은 시드니 주거용 토지가액 변동률에 따라 조정하고 있다.

호주는 주정부에 따라 세율체계가 상이한데, New South Wales주의 사례를 보면 다음과 같다. 토지가격이 $387,000 이하이면, 토지세 및 특별 주택재산세가 면제되고 있다.

제 3 절 시 사 점

일본의 지가세가 우리나라의 종합부동산세와 매우 유사한 목적으로 도입되었다고 볼 수 있으나, 다른 점은 종합부동산세와 같이 자치단체의 재정형평성 제고를 위해 배분하지 않는다는 것이다. 지가세는 고정자산세만으로 토지정책을 안정화시키는 데 역부족이라고 판단하여 토지의 과다보유 및 지가안정을 촉진하고자 하는 토지대책의 일환으로 도입하였다. 따라서 지가세는 도입목적이 세입조달보다는 정책목적을 달성하기 위한 것이었기 때문에 국세의 보통세로서 모든 세원은 국가재정의 일반재원으로 운영되었으며, 지가가 안정되면서 1998년부터 정지된 상태이다. 우리나라의 종합부동산세가 현재 정책목적보다는 세수확충 수단으로 활용되는 것과는 대조적이라고 볼 수 있다.

또한 세부담상한제와 관련해서 일본은 주택 등 부동산 공시가격과 과세표준 간의 고질적인 괴리로 부동산 실제가격은 낮은데 과세표준이 상승하면서 급등하는 세부담을 완화하고자 조례감액제도를 도입하였지만, 우리나라의 재산세 세부담상한제와는 성격이 다르다.

영국의 NNDR(Non-Domestic Rate)은 1980년대 말에 도입된 국세의 재산세라고 할 수 있지만, 도입목적 및 성격이 우리나라의 종합부동산세와는 차이가 있다. NNDR이 국세로 전환된 주 이유는 첫째, 지방정부들이 상대적으로 손쉽고 조세저항이 적은 비주거레이트의 세율인상을 통하여 지방재정을 운영하는 경향이 있었다. 둘째, 비주거레이트는 기업에게 가중한 재정부담을 주어 생산비용을 가중시키고, 나아가 경쟁력·고용효과면에서 부정적인 현상을 야기하였다. 국세로 전환된 비주거레이트의 세수는 지방에 배분하는 일종의 조정(이전)재원으로서의 역할을 하고 있다.

호주의 경우 재산세와 관련하여 주정부는 토지세(land tax)를, 지방정부는 재산세(municipal rates)를 부과하고 있으나, 주정부가 지방정부에 세수를 배분하지는 않는다. 주정부는 미개발토지에 대해 토지세를 과세하고 있으며, 지방정부는 미개발토지, 개발토지 또는 토지와 건물 전체에 대해 지방정부가 개별적인 결정에 따라 재산세를 부과하고 있다. 주정부토지세는 개인 또는 법인의 토지과표를 인별 합산과세하며, 상업용 토지로부터의 세수가 주거용 토지에 비해 약 3배 정도 많다. 주정부의 토지세가 인별 합산과세한다는 측면에서 종합부동산세의 합산과세 체계와 유사하지만, 목적은 토지의 과다보유 억제보다는 토지이용의 효율화에 있다는 점에서 차이가 있다.

외국의 부동산 보유과세를 살펴보았지만, 우리나라의 재산세 또는 종합부동산세의 개편을 위한 벤치마킹할 부분은 그다지 크지 않다고 본다.

첫째, 부동산 보유과세의 성격이 국가마다 상이하지만, 우리나라의 종합부동산세는 세계적으로 매우 특이한 세목으로 유사한 세목을 운영하고 있는 국가는 일본의 지가세 정도라고 본다.

둘째, 영국의 NNDR은 투표권이 없는 비거주자에게 높은 세부담을 적용하는 부작용을 방지하고자 국세로 전환한 후 세수를 지방으로 이전하는 것으로 우리나라의 종합부동산세 취지와는 전혀 다르다.

셋째, 우리나라의 세부담상한제는 일부 주택을 대상으로 상한율과 누진세율 체계에서 중복혜택을 적용받고 있는데, 외국의 경우에는 찾기 어렵다.

| 제 5 장 |

부동산 보유과세의 개편

제 1 절 종합부동산세의 개편

1. 배 경

2005년 도입될 당시부터 문제가 많았던 종합부동산세는 2008년 세대별 합산에 대한 위헌 및 1세대 1주택 장기보유자에 대한 헌법불합치 결정이 되었다. 따라서 기획재정부는 종합부동산세의 문제점을 점검하고, 이에 대한 개선책으로 지방세로의 전환을 제안한다. 기획재정부가 지적하는 종합부동산세의 문제점은 다음과 같다.

첫째, 종합부동산세가 담세력을 초과하는 과도한 세부담으로 지속이 불가능하고, 조세원칙과 일반적인 보유세원칙에 부합하지 않는다. 종합부동산세가 특정지역의 부동산가격 상승억제를 강화하면서 납세자의 불만을 야기하였다. 2007년 개인주택분 종합부동산세 신고인원은 2005년 대비 11배이며, 신고금액은 42.3배가 될 정도였다.

둘째, 재산보유 과세는 납세자의 소득과 무관하게 과세되므로 세부담이 클 경우 부동산보유가액 대비 소득이 낮은 계층에 큰 부담이 된다. 그 결과가 1주택 장기보유자에 대한 헌법불합치결정이 내린 것이다.

셋째, 종합부동산세는 극소수 납세자(전체세대의 2%)에게 세부담이 집중되므로 국민개세주의의 원칙에 위배된다.

넷째, 종합부동산세의 세원은 원래 지방세원인데, 지방세원을 국세로 전환하여 분권화에 역행하고 있으므로 다시 환원하는 것이 바람직하다.

다섯째, 세무행정 비용이 과다하고 평가결과에 자의성개입의 여지가 있다는 점이다.

기획재정부는 위의 문제점을 토대로 2008년 종합부동산세의 세율조정을 통해 세부담을 완화하였으나, 이러한 완화조치는 과도기적인 것으로 종합부동산세는 궁극적으로 지방세로 전환해야 할 필요가 있음을 강조한다. 기획재정부는 2010년도 VIP 연두업무보고회에서 '종합부동산세의 지방세로 전환'을 보고하게 된다.

기획재정부의 지방세로 전환해야 할 가장 큰 이유는 첫째, 종합부동산세의 주 목적이 세대별 합산을 통한 재분배역할에 역점을 두고 도입하였으나, 2008년 세대별 합산이 위헌결정되어 개인별 합산으로 완화되면서 재분배목적을 달성하기 어렵다는 것이다.

둘째, 종합부동산세는 지역의 균형발전을 위한 재원으로 활용되는데, 세부담완화에 따른 세수입감소는 사실상 균형재원 역할수행에 문제가 발생한다는 것이다.

결국 종합부동산세는 세수가 충분하지 못하기 때문에 소득재분배 기능과 지역간 재원재배분 기능을 상실하게 되어 국세로 유지하는 데 논리적 근거가 희박하므로 지방세로 전환해야 한다는 것이다.

본 연구에서는 기획재정부가 제시한 종합부동산세의 지방세 전환에 대한 타당성 여부에 역점을 두고 대안을 모색하고자 한다.

2. 종합부동산세의 개편

가. 지방세전환 타당성검토

종합부동산세의 개편은 앞의 배경부분에서 기술하였듯이 기획재정부가 종합부동산세를 지방세로 전환하는 방안을 제시하면서 시작되었다. 따라서 본 항에서는 종합부동산세의 성격 및 역할을 원점에서 검토하고, 지방세로의 전환이 타당한 것인지에 역점을 두고 논의하고자 한다.

종합부동산세의 도입목적은 종합부동산세법 제1조(목적)에 다음과 같이 기술되어 있다.

"고액의 부동산보유자에 대하여 종합부동산세를 부과하여 부동산보유세에 대한 조세부담의 형평성을 제고하고, 부동산의 가격안정을 도모함으로써 지방재정의 균형발전과 국민경제의 건전한 발전에 이바지함을 목적으로 한다."

즉 종합부동산세법에 의한 목적은 크게 두 가지이다.

첫째, 종합부동산세는 부동산 투기억제를 위하여 부동산 과다보유 또는 고액보유자에게 고율과세하여 소득재분배 기능을 확보한다.

둘째, 지방세인 종합토지세 일부가 종합부동산세로 흡수되면서, 이에 해당하는 부분을 지방으로 환원할 때 지방의 균형발전을 위한 배분역할을 한다.

종합부동산세의 소득재분배 기능은 도입 당시부터 이견이 존재하는 부분이다. 부동산보유가 소득재분배 기능을 담당할 수 있다고 보는 것은 부동산을 부(wealth)의 하나로 간주할 때 가능하다. 제2장 이론부분에서 언급하고 있듯이 재산세는 소득세의 보완세로서 역할을 하고 있는 것이 선진외국의 공통적인 현상인데, 이때 핵심은 재산세의 과세대상을 정하는 범위라고 할 수 있다. 즉 재산세 과세대상은 고정자산인 부동산위주의 유형자산으로 한정하는 방법이 있고, 또는 주식·채권·현금·예금 등 무형재산인 금융자산까지 포함할 수도 있다. 그 이외에 가구·보석·그림 등 재산가치가 있는 유형·무형 재산뿐만 아니라 이들을 보유함으로 인하여 발생하는 자산소득도 재산세의 과세대상이 될 수 있다. 즉 모든 재산을 부(wealth)의 개념으로 간주할 경우에는 국세인 소득세와 지방세인 재산세로 구분할 필요가 크지 않으며, 부유세 하나로 과세할 수 있다.

그러나 부에 대한 측정이 용이하지 않아 부유세만으로는 세부담의 공평성확보에 어려움이 발생하므로, 대부분 국가는 소득세와 재산세의 과세대상을 구분하여 운영하고 있다. 부유세는 인세로 개인의 재산총액에서 부채를 공제한 재산순액에 대하여 과세하는 것인데, 이에 대한 측정은 세무행정상 거의 불가능하기 때문에 부유세를 실시하는 국가는 부유세를 주로 자본소득 또는 자본이득 등 재산 관련 기능을 보완하는 데 역점을 두고 있다.

종합부동산세는 일정 과표 이상의 부동산보유자에게 세부담을 강화하여 소득재분배 역할을 수행하게 하는 불완전한 부유세라고 할 수 있다. 경제가 단순하던 시절에는 부동산은 개인이 소유한 자산의 큰 부분을 차지하고 있었지만, 금융위기가 세계적으로 큰 파장을 일으키는 것처럼 최근에는 금융자산의 역할이 중요하게 되었다. 특히 그 동안 우리나라에서 부동산이 매우 중요한 자산증식의 한 수단이었지만, 최근 이러한 경향은 부동산 이외의 다른 자산으로 다양화되고 있다. 따라서 부동산보유에 대한 세부담을 강화하는 것은 다른 자산소유자와의 불공평한 세부담문제를 야기하게 된다.

그러므로 부담능력에 따른 공평과세 실현을 위해서는 종합부동산세의 세부담 약화 또는 폐지까지 검토할 필요가 있는데, 실제로 종합부동산세와 유사한 제도를 실행하고 있는 국가는 없다. 이러한 논리가 결국 2008년 종합부동산세의 세대별 합산 위헌과 장기주택보유자 과세에 대한 헌법불합치 결정을 하게 되었다. 결국 종합부동산세가 경제적 능력에 따른 세부담을 담당하게 하는 것은 바람직하다고 보지 않는다.

기획재정부가 제시한 종합부동산세가 담세력을 초과하는 과도한 세부담으로 지속이 불가능하여 더 이상 국세의 소득재분배 기능을 수행할 수 없으며, 일부 계층에 집중되는 세부담문제가 조세원칙과 일반적인 보유세원칙에 부합하지 않는다는 것은 종합부동산세가 지방세로 전환되어도 동일한 문제로 남게 된다.

김경환(2004)은 종합부동산세는 정책목표의 타당성·효과성, 지방분권과의 관계, 건물공급에 미치는 부작용, 조세행정비용 등을 감안할 때 바람직하지 않고, 부동산 보유과세의 문제는 재산세제의 개편을 통해 해결하는 것이 바람직함을 제안하고 있다. 또한 김경환(2007)은 건물은 토지와 달리 공급이 고정되어 있어 고율과세는 장기적으로 주택감소를 초래하게 되므로 토지세를 강화하는 것이 바람직함을 주장한다. 그리고 부동산보유세는 가격안정보다는 자원배분의 효율성제고에 역점을 두고 장기적으로 종합부동산세를 폐지하는 것이 바람직함을 제안하고 있다.

김영우(2006)는 부동산 경기과열은 정부정책의 실패로 발생한 것임에도 불구하고, 일부 계층의 부동산 과다보유가 원인인 것으로 간주하여 불특정다수의 고가부동산 소유자에게 종합부동산세를 부과하는 것은 잘못된 것이라고 지적한다. 특히, 종합부동산세가 1세대 1주택에 대한 배려가 없는 점 및 세대별 합산과세한다는 점은 위헌의 문제가 있다고 보았다. 또한 종합부동산세는 세계 주요국의 어느 나라에서도 그와 유사한 성격의 조세가 없을 뿐만 아니라 입법필요성도 크지 않으므로 폐지해야 한다고 주장한다.

김대영(2011)은 종합부동산세가 도입된 지 7년 정도 경과되었으므로 점검해 볼 필요가 있다고 제안한다. 그는 종합부동산세 개편의 핵심은 이중과세 자체보다는 헌법에서 보장하고 있는 납세자의 권리를 침해하는지에 관한 사항이라고 보고 있다. 즉 '국세와 지방세의 조정 등에 관한 법률'에서는 국가와 지방자치단체는 이 법에 규정한 것을 제외하고는 중복과세 금지를 규정하고 있는

데, 종합부동산세는 이 법에서 명시적으로 규정하고 있기 때문에 실정법을 위배한 것은 아니라고 본다. 그러나 종합부동산세는 재산세와 동일한 토지나 건물을 과세대상으로 한다는 점에서 형식상으로는 이중과세로 볼 수 있으며, 종합부동산세가 재산권의 본질을 훼손할 정도로 과하거나, 수익의 범위를 초과하는 경우에는 위헌이 될 수도 있으므로 이러한 세부담에 대한 조정은 필요하다고 본다.

김상겸(2006)은 종합부동산세의 세부담은 반액과세의 원칙에 위배한다고 보았으며, 종합부동산세의 초과누진 세율체계는 누진도를 약화시킨 단일비례 세율체계로 개편할 필요가 있음을 제안한다. 종국에는 종합부동산세가 지방세의 재산세로 흡수되어 지방에서 제공하는 공공서비스에 대한 조세가격을 제대로 반영할 수 있도록 설계할 필요가 있음을 제기하고 있다.

반면에 유태현·현성민(2005)은 종합부동산세의 과세대상은 본래 지방세원이었던 것으로 과세권을 광역과 기초자치단체의 공동세형태로 운영하는 것이 바람직함을 제안하고 있다. 또한 유태현(2009)은 종합부동산세를 현행 재산세와 통합하여 지방세화하여 부동산 보유과세의 역할을 재정립할 필요가 있음을 제기하고 있다. 임주영 외 4인(2004)은 종합부동산세의 도입이 논의될 당시 종합부동산세의 과세권은 광역단위의 지역사업 수요가 늘어나고 있다는 점 등을 들어 광역자치단체의 세목으로 하는 것이 바람직하다고 제안하였다. 송상훈(2010)은 종합부동산세는 지방세의 과세대상에 대하여 국가가 세수를 징수하는 것으로 자치단체의 재정자주권을 훼손하고 있다고 보며, 따라서 종합부동산세가 지방세로 전환될 필요가 있음을 주장하고 있다. 박종수・서보국(2010)은 종합부동산세의 법적 검토를 통해 현행 국세인 종합부동산세를 종합부동산세분 광역재산세로 전환하면서 과거 종합토지세와 동일한 형태의 과세를 제안하고 있다.

지금까지 검토한 종합부동산세에 대한 선행연구는 크게 두 가지로 구분할 수 있다. 김경환・김영우・김상겸은 이론적 차원에서 종합부동산세의 근본적 문제를 제기하면서 폐지 또는 완화를 제안하고, 김대영은 종합부동산세의 세부담 정도에 대한 제도개선이 필요하다고 보았으며, 유태현・현성민, 송상훈, 박종수・서보국은 지방자치단체 입장에서 종합부동산세가 지방세로 전환되어야 함을 전제로 논의하였다.

선행연구는 종합부동산세에 문제가 있다는 점에 대하여는 모두 찬성하는 것으로 나타났다. 다만, 종합부동산세의 문제를 해결하는 방법은 서로 다른 의견을 갖고 있다. 즉 하나는 종합부동산세는 폐지하거나 세부담을 약화시킬 필요가 있다는 것이고, 다른 하나는 종합부동산세는 지방세로 전환하여 지방의 과세자주권을 향상시키는 방향으로 발전시켜야 한다는 것이다.

본 연구는 종합부동산세가 본질적으로 갖고 있는 문제는 지방세로 전환해도 바뀌지 않으므로 종합부동산세를 폐지하거나 약화시키는 것이 바람직하다고 본다. 단지, 종합부동산세의 세수가 지방으로 이전되었으므로, 이에 대하여는 다른 방법으로 모색할 필요가 있다고 본다. 따라서 기획재정부가 제안하고 있는 종합부동산세의 지방세전환은 타당하다고 보지 않는다.

나. 종합부동산세의 개편

종합부동산세 개편의 기본전제는 첫째, 납세자세부담이 증가하지 않도록 하며, 둘째, 자치단체간 세수배분에 큰 변동이 없도록 한다. 두 가지의 기본전제 하에 다음의 세 가지 측면을 고려하여 종합부동산세의 개편을 모색하고자 한다.

첫째, 종합부동산세의 조세성격을 규명하여 판단하고자 한다. 종합부동산세의 지방세전환 여부는 조세성격에 따라 다를 수 있다고 보여진다. 즉 종합부동산세가 지역과 밀접한 연관이 있는 재산세라고 판단하면 지방세로 전환이 당연하고, 그렇지 않을 경우에는 지방세로의 전환은 논리가 약해진다.

둘째, 종합부동산세의 정책효과를 고려하여 개편방안을 모색한다. 종합부동산세는 부동산 투기억제를 통한 지방재정의 균형발전과 고가부동산 소유자에 대한 중과세를 통한 소득재분배가 주요한 역할이므로, 이러한 정책이 제대로 수행하고 있는지의 여부를 검토할 필요가 있다.

셋째, 세무행정 및 납세 순응비용이 최소화되도록 할 필요가 있다. 즉 종합부동산세를 국가에서 운영하는 것과 지방에서 운영하는 데 따른 세무행정 비용을 고려하여 검토할 필요가 있다.

종합부동산세의 개편은 우선 앞에서 설정한 세 가지 기본방향(조세성격 · 정책효과 · 세무행정 비용)에 기초하여 검토하고자 한다.

첫째, 종합부동산세의 조세성격은 명쾌하게 정의하기 어려운 관계로 여러 견해가 있을 수 있다. 종합부동산세는 일종의 부동산 소득에 대한 과세로 일반적인 소득세와는 차이가 있지만, 개인의 전국부동산을 합산하여 과세한다는 차원에서 미래소득을 전제로 한 자산소득에 대한 과세라고 볼 수 있다.

자산소득이라 함은 근로·용역 등의 제공으로 얻은 소득이 아니고 단순히 자산, 즉 부동산·증권·현금 등의 소유에서 발생하는 부동산소득·이자소득·배당소득 등을 말하는데, 자산소득은 근로소득 등에 비하여 중과하는 것이 공평의 원칙에 타당하다고 보며, 자산소득은 세대 내의 주된 소득자의 종합소득에 합산하여 과세하고 있다(이병태, 법률용어사전, 법문북스, 2010).

종합부동산세의 도입취지는 근본적으로 부동산 투기억제를 위해 부동산 과다보유자를 대상으로 개인별 전국합산을 하여 징수된 세수는 소득재분배 및 지역 균형발전을 위해 사용되고 있기 때문에 종합부동산세는 자산소득세의 일종이라고 보는 견해가 다수이므로 국세라고 보는 편이 타당하다. 그러나 김대영(2010)은 종합부동산세는 부동산에 대한 과세로 실현되지 않은 부동산소득에 대한 과세(수득세)라는 측면에서 재산세적 측면이 완전히 없다고 할 수 없음을 지적하고 있다.

박종수·서보국(2010)은 종합부동산세의 성격은 "일정한 재산의 소유라는 사실에 담세력을 인정하여 부과하는 재산보유세의 일종 + 일부 과세대상 부동산으로부터 발생하는 수익에 대하여 부과하는 수익세적 성격도 포함 + 고액의 부동산에 대하여 중과세함으로써 국가재정 수요의 충당 이외에 부동산의 과도한 보유 및 투기적 수요 등을 억제하여 부동산가격을 안정시키고자 하는 유도적·형성적 기능을 가진 정책적 조세의 성격"이라고 정의한다.

결국 종합부동산세는 재산세와 소득세 성격의 일부를 내포하고 있는 매우 특이한 정책세제라고 볼 수 있으므로 조세성격만으로 국세와 지방세의 구분이 용이하지 않다.

둘째, 종합부동산세의 정책효과에 대하여 살펴보고자 한다. 기획재정부는 종합부동산세의 소득재분배 기능과 지역균형 발전 수행에 한계가 있으므로 지방세로 전환할 것을 제안하고 있다. 즉 종합부동산세는 세대별 합산 위헌판결로 세대별로 보유한 재산의 규모와 과세표준의 괴리가 발생하여 종합부동산세 도입목적 중 하나인 소득재분배 기능을 담당하는 데 한계가 있다고 보고 있다. 그러나 박명호(2008) 등은 종합부동산세의 누진도가 강하였던 2006년~2007년 하에서도 소득재분배 효과는 미약한 것으로 분석하였다. 또한 종합부동산세가 추구하는 목적 중의 하나가 부동산 투기억제를 통한 부동산가격의 안정화인데, 대부분의 연구는 종합부동산세의 부동산가격 안정화효과는 부정적이라는 견해를 보이고 있다(김경환, 2007; 김상겸, 2006; 김영우, 2006; 손재영, 2009; 박명호·우석진, 2007).

현행 종합부동산세는 세수가 증가하면서 도입 당시 정책목적과는 달리 재정확충에 역점을 두고 균형발전이라는 명목 하에 교육·사회복지비 등 재정지출 충당에 활용되고 있는 실정이다.

종합부동산세는 2008년 이후 세수입이 크게 감소하여 부동산교부세 균형재원이 거의 사라지게 되었기 때문에 지역간 형평성을 제고하는 재정조정 수단으로서의 역할이 미약해졌다. 종합부동산세는 부동산투기 억제차원에서 정책과세로 도입되었으므로, 역할이 있으면 존치하지만 역할이 없다면 정지 또는 폐지되어야 한다. 즉 일본의 지가세와 같이 부동산경기가 과열되어 부동산투기가 발생하면, 국가가 직접적으로 부동산경기 수위조절을 하고,[1] 반대로 부동산경기가 침체되면 과세부과를 정지하는 탄력적 운영을 하는 것이 바람직하다고 본다.

셋째, 종합부동산세 관련 세무행정 비용 및 납세순응 비용에 대하여 논의하고자 한다. 종합부동산세는 전산시스템의 개발로 세무행정 비용은 적을 수 있으나, 납세순응 비용은 클 수 있다고 보여진다. 종합부동산세는 국가에서 전산시스템에 의해 부과 및 징수하고 있기 때문에 종합부동산세가 지방으로 이전되어도 추가적인 세무행정 비용은 크지 않을 수 있다.

종합부동산세가 2005년 도입된 지 6년이 경과되었을 뿐만 아니라 도입 초기에는 신고납부제였으나 지금은 부과고지하고 있으므로, 전국의 납세자별 정보가 축척되어 있는 상태이기 때문에 조세행정상 큰 어려움이 크지 않다고 볼 수 있다. 그러나 종합부동산세가 지방으로 전환되면 납세순응 비용은 크다고 보여진다.

우선, 종합부동산세가 지방으로 전환되는 방식에 따라 납세순응 비용에 차이가 나겠지만, 우선 지방세에는 재산세가 있기 때문에 추가적으로 중복되는 종합부동산세 문제는 피할 수 없기 때문에 이에 대한 조세저항은 클 것이다. 재산세가 종합부동산세를 흡수할 경우에는 재산세의 세율체계가 상향조정되어 재산세제가 복잡해지고, 종합부동산세를 독립세형태로 이전할 경우에는 세목의 중복과세 및 세부담중복에 대한 논란이 문제될 것이다.

---

1) 종합부동산세가 도입된 궁극적인 목적은 부동산 과다보유억제를 위해 부동산 과표를 상향조정하고자 하였으나, 지방자치단체가 이에 부응하지 않는 관계로 국가가 직접적으로 역할을 수행하고자 종토세가 폐지되면서 종합부동산세가 도입된 바 있다.

예전에 종합토지세가 지방세로서 15년 동안 종합부동산세와 유사한 역할을 담당하였지만, 결국 종합토지세는 성공하지 못한 지방세였다. 종합토지세는 부동산 투기억제기능도 미흡하고 인별 전국합산 토지과세였음에도 세수도 미미하였으며, 재산세제만 복잡하게 하여 순응비용만 높였던 지방세였다. 그럼에도 박종수·서보국(2010) 등 일부에서는 종합부동산세가 예전의 종합토지세 형태로 전환시켜야 한다는 주장을 하고 있으나, 이것은 종합토지세가 헌법에 위배되는 부분은 없다고 하더라도 지방세로서 종합토지세가 갖고 있던 문제를 답습하는 결과가 될 것이므로 바람직스럽지 않다. 재산세가 지방자치단체의 기간세로서 자리매김을 하기 위해서는 지방에서 제공하는 공공서비스에 부응하도록 조세가격 기능을 살릴 수 있도록 제도를 개선해 나가야 한다.

결론적으로 종합부동산세는 손재영(2009)이 제안한 것처럼 조건 없이 폐지할 필요가 있다고 본다.

3. 종합부동산세 세수의 지방이전

종합부동산세가 이론적으로 재산세성격에 부합하지 않기 때문에 학자들은 폐지해야 한다는 의견이 다수이지만, 정치적으로는 부동산 과다보유자들에 대한 사회의 부정적 시각 때문에 종합부동산세를 폐지하는 것이 용이하지 않을 것이다. 특히 종합부동산세의 폐지는 현실적으로 그 동안 걷어 왔던 종합부동산세의 세수를 포기해야 하는데, 정부는 재정적으로 큰 부담이 될 것이다. 그러한 이유로 기획재정부는 종합부동산세가 재산세의 일종이므로 지방분권 차원에서 지방세로 전환할 필요가 있음을 제기하고 있는 것이다.

종합부동산세를 폐지할 경우, 그 동안 지방으로 이전되던 재원부분에 대한 문제는 국가와 지방 간 세원 또는 재원 조정을 통해 해결할 필요가 있다. 종합부동산세의 폐지로 인한 세수손실 규모는 2010년 기준 1조 원 정도이다. 종합부동산세 세수가 지방으로 이전된 부동산교부세 규모는 10,200억 원(2006), 18,892억 원(2007), 31,770억 원(2008), 33,482억 원(2009), 10,841억 원(2010 예상)이다. 따라서 종합부동산세가 폐지될 경우, 지방재정 손실은 무슨 형태로든 대안이 모색되도록 해야 할 것이다.

현행 부동산교부세는 재정여건(50%), 사회복지비(25%), 지역교육비(20%), 보유세규모(5%)에 따라 배분하고 있어 상대적으로 비수도권지역에 많이 배분되고 있는 상황이다. 종합부동산세 세수규모손실은 국가의 재정이전 또는 지방세제의 개편을 통해 보전책이 마련되도록 해야 할 것이다.

본 연구는 종합부동산세의 폐지를 전제할 때, 그 동안 지방으로 이전되고 있는 부동산 교부세재원의 확보차원에서 세 가지 대안을 모색하고자 한다.

첫째, 종합부동산세의 동일세원을 지방세로 전환한다.

둘째, 재산세가 종합부동산세를 흡수하여 통합한다.

셋째, 지방교부세와의 연계를 통해 재정보전방안을 모색한다.

가. 종합부동산세 동일세원의 지방세전환

종합부동산세의 동일세원을 지방세로 전환하는 방안은 귀속주체가 국가에서 지방으로 전환되는 것과 동일한 것이다. 이 안은 기획재정부가 제안한 제1안과 동일하다. 제1안은 지방세의 재산세와 별도로 독립세목을 신설하는 안으로 가칭 '공동세'라고 칭하고자 한다.

공동세라고 칭하는 이유는 종합부동산세의 기존 역할이 지방으로의 재정이전을 통해 지역간 균형을 위해 배분하는 세원이기 때문이다. 종합부동산세가 폐지되더라도 현행 부동산교부세의 역할이 수행되지 않을 경우 문제가 되므로, 재정여건(50%), 사회복지비(25%), 지역교육비(20%), 보유세규모(5%) 등에 의해 지방에 배분하고 있는 규모가 크게 감소되지 않도록 조치할 필요가 있다고 본다.

종합부동산세의 현행 역할을 그대로 수행하기 위해서는 종합부동산세의 세수를 공동세가 아닌 독립 지방세목으로 신설하는 것은 문제가 될 수밖에 없는 실정이다. 그 동안 종합부동산세의 세수는 부동산교부세 제도를 통해서 지역간 세수불균형을 완화하는 역할을 담당하는 재정조정 재원이었기 때문에 일반적인 지방세목으로는 이러한 역할을 담당하기 어렵다.

종합부동산세는 자체 재원이 상대적으로 풍부한 자치단체에서 대부분 징수되는 반면, 종합부동산세의 이전재원인 부동산교부세는 자체 재원이 열악한 자치단체에 상대적으로 많이 배분되도록 설계되어 있기 때문에 공동세와 유사한 배분공식이 없는 일반세목인 경우에는 현행 역할을 수행할 수 없는 문제가 있다. 현행 종합부동산세는 수도권에서 75% 이상이 징수되는 반면, 부동산 교부세를 통한 종합부동산세 세수는 비수도권에 75% 이상 배분되고 있는 실정이기 때문에 공동세가 아닌 세목으로는 현행 부동산교부세의 재원을 대신할 수 없다고 판단한다(2010년 기준, 서울·경기 등 종합부동산세 징수규모가 큰 자치단체의 부동산교부세 배분 비율이 전남·경북 등의 배분비율과 유사한 실정임).

따라서 종합부동산세의 폐지에 따른 지방재정 보전은 공동세 제도를 통해서 보전하도록 하는 것이 가장 바람직한 대안이라고 본다. 종합부동산세 세수를 공동세로 도입하는 대안은 종합부동산세 체계가 그대로 이전되는 관계로 큰 변화 없이 지속할 수 있다고 보여진다.

공동세는 특정 목적을 지닌 세목이므로 과세 및 징수·배분 등 공동세의 모든 권한은 지방자치단체가 갖되 전국적인 단위에서 운영하는 것이 바람직하다고 보는데, 그 이유는 다음과 같다.

첫째, 현행 역할을 그대로 수행하기 위해서는 공동세가 종전과 동일한 전국합산을 해야 하는데, 일반 지방세목이 전국합산을 하는 것은 지방세제도를 왜곡시킬 우려가 있으므로 피하는 것이 바람직하다(예전에 종합토지세가 전국 합산과세로 존재하기는 하였지만, 지방세의 성격에 부합하지 않았기 때문에 비판의 대상이었을 뿐만 아니라 정책효과가 크지 않았으므로 2005년 부동산보유세제 개편의 대상이 되었음).

둘째, 새로운 공동세는 종전과 유사한 재정규모를 자치단체별로 배분할 필요가 있는데, 배분공식이 종전과 다르게 될 경우, 종합부동산세 폐지에 따른 자치단체의 저항으로 이어질 우려가 크다.

셋째, 종합부동산세의 부과 및 징수는 국세청에서 담당하고 있기 때문에 전국단위의 기존 시스템을 그대로 활용하도록 하기 위해서는 전국단위의 세목이 되도록 할 필요가 있기 때문이다.

종합부동산세의 폐지로 인하여 초래되는 부동산 교부재원의 확보를 위해 공동세를 하나의 대안으로 제시하고 있지만, 공동세가 신설될 경우 다음과 같은 문제가 발생할 수 있다.

첫째, 공동세의 신설은 지방세체계를 복잡하게 하는 요인이 될 수 있다. 공동세의 신설은 동일한 과표에 재산세와 공동세가 이중으로 부과하여 재산보유 과세체계가 복잡해지고, 납세자의 순응비용을 증가시킬 수 있다.

둘째, 바람직한 지방세는 자치단체가 과세자주권을 갖도록 설계해야 지방분권의 본질인 재정책임성을 확보할 수 있는데, 공동세는 세수를 일정한 공식에 의하여 자치단체에 배분하는 것으로 재정책임성이 미흡하다. 최근 일본은 지방분권의 본질인 과세자주권 확보를 위한 지방세개혁이 심도 있게 논의되고 있으며, 그 일환으로 지방소비세도 세율결정권을 갖는 방법을 모색하고 있다 (모치다 · 호리바 · 모치즈, 2010).

셋째, 공동세는 전국 합산과세이므로 예전의 종합토지세가 지니고 있던 지방세원칙에 위배되는 문제를 그대로 갖게 되어 지방세제의 선진화에 역행하게 된다. 공동세는 지방소비세의 가중치와 더불어 재정조정 기능을 담당하게 되어 지방세의 바람직한 기본원칙에 충실하지 못하다.

넷째, 공동세는 순수지방세가 아님에도 불구하고 지방세수 규모가 증가되는 것과 동일한 효과를 초래하여 지방재정 자주재원환상의 요인이 될 수 있다. 박종수 · 서보국(2010)은 독일의 공동세 등을 언급하면서 종합부동산세가 지방세의 공동세로 전환하는 것을 제안하고 있으나, 독일은 지방교부세 제도가 없기 때문에 공동세가 재정조정 기능을 담당하고 있는 것으로 우리나라의 상황과는 매우 다르다고 볼 수 있다.

나. 재산세체계의 조정을 통한 종합부동산세 흡수

재산세체계의 조정을 통한 종합부동산세의 흡수방안은 종합부동산세의 세율체계를 재산세와 통합하는 것으로 종합부동산세의 과표구간과 세율체계를 반영하여 재산세체계를 조정하는 안이다.

제2안의 핵심은 재산세 세율체계의 조정으로 두 세목의 단순통합을 상정할 수 있다. 단순통합은 재산세 세율체계와 종합부동산세 세율체계의 1:1 통합으로 주택의 세율체계를 9단계로 조정하고자 한다.

[표 5-1] 재산세의 조정 전과 후의 세율체계

<table>
<tr><th rowspan="2">구 분</th><th colspan="2">조정 전</th><th>조정 후</th></tr>
<tr><th>재산세</th><th>종합부동산세</th><th>재산세</th></tr>
<tr><td>세율 체계</td><td>○ 주 택:
- 6천만 원 이하 0.1%
- 6천만~1.5억 0.15%
- 1억5천~3억 0.25%
- 3억 초과 0.4%</td><td>○ 주 택: 5단계
- 6억 이하 0.5%
- 6억~12억 0.75%
- 12억~50억 1%
- 50억~94억 1.5%
- 94억 초과 2%</td><td>○ 주 택:
- 6천만 이하 0.1%
- 6천만~1.5억 0.15%
- 1억5천~3억 0.25%
- 3억~4억5천만 0.4%
- 4억5천만~6억 0.5%
- 6억~12억 0.75%
- 12억~50억 1%
- 50억~94억 1.5%
- 94억 초과 2%</td></tr>
</table>

	○ 나대지: - 5천만 원 이하 0.2% - 5천만~1억 0.3% - 1억 초과 0.5%	○ 나대지: - 15억 이하 0.75% - 15억~45억 1.5% - 45억 초과 2%	○ 나대지: - 5천만 이하 0.2% - 5천만 ~ 1억 0.3% - 1억 ~ 7억 0.5% - 7억 ~ 15억 0.75% - 15억 ~ 45억 1.5% - 45억 초과 2%
	○ 사업용지: - 2억 이하 0.2% - 2억~10억 0.3% - 10억 초과 0.4%	○ 사업용지: - 200억 이하 0.5% - 200억~400억 0.6% - 400억 초과 0.7%	○ 사업용지: - 2억 이하 0.2% - 2억~10억 0.3% - 10억~100억 0.4% - 100억~200억 0.5% - 200억~400억 0.6% - 400억 초과 0.7%
	○ 건축물 · 농지 등 : 단일세율* * 건축물 0.25% 농지 0.07%		○ 건축물 · 농지 등 : 단일세율* * 건축물 0.25%, 농지 0.07%

주) 재산세와 종합부동산세 경계부분 과표는 평균에 준하여 세율조정.

제2안은 부동산 보유과세인 종합부동산세가 재산세로 통합되어 제1안과 달리 세목이 증가하지 않고 재산관련세가 하나로 통합하여 지방세제가 덜 복잡하다는 장점이 있다. 또한 종합부동산세가 재산세로 통합되어 지방자치단체의 과세자주권이 강화되어 세율조정 등에 대한 재량권이 확보할 수 있는 기회를 제공한다.

그러나 제2안은 다음의 문제가 발생할 수 있는 단점이 있다.

첫째, 재산세통합으로 인하여 기존의 전국합산은 바람직하지 않고 기존 재산세체계와 동일하게(주택: 물건별과세, 토지: 관내합산) 과세해야 하는데, 종합부동산세는 주택과 토지가 모두 인별합산이므로 세수의 대폭 감소(행정안전부 추정: 3,491억 원 정도)는 불가피하다.

둘째, 재산세체계에 의한 과세는 수도권과 비수도권 간 조정이 불가하여 자치단체간 세수불균형이 초래되어 종합부동산세의 역할을 수행하는 데 한계가 있다. 종합부동산세 세수배분은 수도권과 비수도권 비율이 24.3 : 75.7인 데 반하여, 재산세통합세수 배분비율은 수도권과 비수도권이 75 : 25로 역전될 것이다. 2010년 종합부동산세 부과액(10,841억 원)을 기준으로 할 때, 수도권과 비수도권 배분액은 각각 2,633억 원(24.3%), 8,208억 원(75.7%)인데, 종합부동산세를 재산세와 통합할 경우의 배분액은 수도권과 비수도권이 각각 8,204억 원(75.7%), 2,637억 원(24.3%)이다.

셋째, 종합부동산세와 재산세를 통합하는 과정에서 재산세 세율체계의 누진도가 강화되면서 재산세의 순수역할은 더욱 약해지고, 자본소득 분배역할이 강해지어 지방세의 본질이 퇴색하게 된다.

다. 지방교부세 제도를 통한 재원이전

제3안은 종합부동산세는 국세이지만 세수가 지방으로 이전되면서 이전재원화되므로 지방교부세 제도를 통해 종합부동산세의 역할을 수행하는 대안이다. 제3안은 종합부동산세 세수의 50%가 자치단체의 재정력을 고려하여 지역간 세수불균형을 완화하는데, 이것은 지방교부세의 역할과 크게 다르지 않다고 보아 제안한 것이다.

우선 지방교부세 제도에 대한 개요를 살펴보고자 한다. 지방교부세 제도는 '지방자치단체의 행정운영에 필요한 재원을 교부하여 그 재정을 조정함으로써 지방행정의 건전한 발전을 도모'하는 데 그 목적을 두고 있는데, 크게 재정조정 기능과 재원보장 기능이 있다. 재원조정 기능은 자치단체간 재정력격차를 해소하기 위해 지방교부세의 적정한 배분을 통해 자치단체 상호간 과부족을 조정하고 균형화를 도모하기 위함이다. 지방재원 보장기능은 지방교부세 총액을 내국세의 19.24%(부동산교부세 제외)로 법정화하여 재원을 보장하고 있으며, 기준재정 수요액과 기준재정 수입액이라는 기준설정을 통해 모든 지방자치단체가 행정의 계획적인 운영이 가증하도록 부족한 재원을 보장해 주는 기능을 수행하고 있다.

지방교부세는 보통교부세 · 특별교부세 · 분권교부세 · 부동산교부세의 네 종류로 구분되는데, 본 연구에서는 보통교부세 제도의 개선방안을 논하고자 한다. 보통교부세는 모든 자치단체가 일정한 행정수준을 유지할 수 있도록 표준수준의 기본적 행정수행경비를 산출하고, 지방세 등 일반재원 수입으로 충당할 수 없는 부족분을 일반재원으로 보전하는 재원이다.

보통교부세의 재원배분은 매년도 기준재정 수입액이 기준재정 수요액에 미달하는 자치단체에 대하여 교부한다(지방교부세법 제6조 제1항). 기준재정 수요액은 각 자치단체의 재정수요를 합리적 기준에 따라 자치단체별로 산정한 표준적인 재정소요액이다.

기준재정 수요액은 지방교부세법 시행령에 규정된 측정항목 및 측정단위와 동법 시행규칙에서 규정한 단위비용과 보정계수에 의하여 산정하는 기초수요와 각종 법률 등에 근거하여 산정하는 법정보정 수요 및 지역균형 수요, 사회복지 균형수요, 그리고 자치단체의 세출절감 등 노력정도를 반영하는 인센티브 반영금액을 합산하여 산정한다.

기준재정 수입액은 기준재정 수요액에 대응한 개념으로 각 자치단체의 재정력을 합리적 기준에 따라 자치단체별로 산정한 표준적인 재정수입액이다. 기준재정 수입액은 지방교부세 법령에서 규정한 지방세법상의 보통세를 기초수입으로 하고, 목적세 및 경상세 외 수입, 일반재정 보전금, 시 · 도세 징수교부금 등은 보정수입, 그리고 세입증대 노력 등을 반영하는 인센티브 반영금액을 합산하여 산정한다. 기준재정 수입액은 기초수입액과 보정수입액, 그리고 수입 자체 노력을 반영하여 산정하고 있다. 기초수입액은 지방세법상 표준세율의 100분의 80에 상당하는 율인 기준세율로 산정한 해당 자치단체의 보통세수입액이다. 산정된 결과는 80%만을 반영하고 있는데, 이것은 지방세입의 여력을 확보하여 지방재정의 신축성을 보완하고 자치단체의 징세노력을 촉진하기 위한 것이다.

기준재정수입액 = 기초수입액 + 보정수입액 ± 수입자체노력

보정수입액은 기준재정 수입액을 보완하기 위한 것으로 목적세수입과 경상세외 수입을 그 대상으로 하고 있다. 목적세와 경상세 외 수입의 경우에도 보통세와 마찬가지로 80% 상당액을 기준재정 수입액에 반영하고, 나머지 20%는 유보재원으로 운영된다. 목적세가 특정목적대로 사용된다면 관련 수입을 기준재정 수입액에서 제외함이 타당하지만, 현재 목적세수입이 일반재원처럼 사

용하고 있는 관계로 기준재정 수입액에 산입하고 있다.

수입자체노력은 자치단체가 자구노력과 책임에 대한 정도를 기준재정 수입액산정에 반영하는 것이다. 현재 운용되고 있는 수입자체 노력항목은 지방세징수율, 주민세 개인균할인상, 탄력세율 적용, 지방세체납액 축소, 경상세 외 수입확충, 지방세 신세원 발굴인데, 이들의 노력정도에 따라 인센티브·역인센티브를 부여하여 반영하고 있다.

[그림 5-1] 보통교부세 산정 흐름도

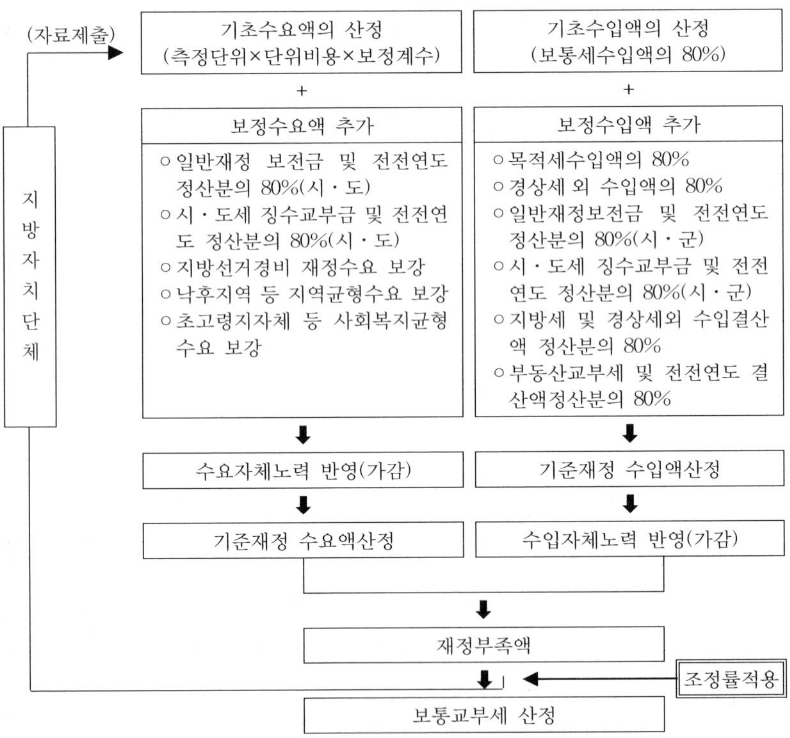

자료: 행정안전부, 2010년도 지방교부세 산정해설.

기존 지방교부세 재원은 부동산교부세가 제외되어 있으므로, 우선 종합부동산세 세수에 상당하는 재원을 현행 지방교부세(내국세의 19.24%)에 포함하여 이전한다. 한 예로 2010년 기준 종합부동산세 세수가 10,841억 원인데, 이는 내국세의 0.82%에 해당하므로 이를 포함하여 지방교부세를 내국세의 20.06%로 상향조정할 필요가 있다.

보통지방교부세는 보정수요액 추가항목에 종합부동산세 배분규모와 배분공식을 추가하여 계산하도록 한다. 단, 기존 보정수입액 추가항목의 '부동산교부세 및 전전연도 결산액 정산분의 80%'는 삭제하도록 한다.

이러한 방법이 기존 부동산교부세 배분규모와 어느 정도 상관관계가 있는지는 정확한 계산이 요구되지만, 지역간 세수불균형 완화를 목적하고 있다는 점에서 크게 벗어나지 않는다고 본다.

지방교부세가 종합부동산세의 역할과 유사하지만, 제3안이 갖고 있는 문제는 다음과 같다.

첫째, 지방교부세세율 상향조정은 기획재정부와 행정안전부의 민감한 사안으로 두 부처의 합의가 필요하다.

둘째, 지방세의 바람직한 방향은 자주재원 비율을 높이는 것이나, 지방교부 세율의 상향조정은 과세자주권 측면에서 바람직하지 않다.

셋째, 국가가 종합부동산세 세수에 상응한 규모를 지방으로 이전해야 하는 부담이 국가재정에 가중될 것이다.

라. 평 가

기본적으로 조세이론적 또는 정책적 측면에서 종합부동산세의 폐지는 당연한 것이라고 본다. 그럼에도 불구하고 정치적으로 종합부동산세의 폐지는 정부의 부담이기 때문에 현실적으로 실행하는 것이 용이하지는 않다. 현실적으로 종합부동산세의 폐지가 어렵더라도 기획재정부가 제안하는 종합부동산세의 지방세전환은 상황을 더욱 어렵게 하므로 바람직하지 않다. 종합부동산세가 지방세로 전환되면 종합부동산세가 갖고 있는 본질적인 문제가 해결되는 것이 아니라, 종합부동산세는 지방세체계를 복잡하게 할 뿐만 아니라 재산세체계의 선진화에 역행하는 요인이 될 것이다. 특히 종합부동산세의 지방세전환은 어떠한 대안도 현행 세수를 확보하는 데 문제가 될 뿐만 아니라 지역간 세수불균형이 심화되고, 순응비용 등이 크게 증가하게 되어 자치단체의 큰 부담이 될 것이다.

따라서 본 연구는 종합부동산세의 폐지를 제안하지만, 폐지될 때까지 현행 체제로 유지하면서 점진적으로 종합부동산세의 세부담을 약화시킴과 동시에 재산세제의 개편 및 재정조정 재원의 확보를 통해 지역간 세수불균형 완화를 도모하는 것이 가장 바람직하다고 판단한다.

제 2 절 재산세의 개편

1. 배 경

재산세의 세부담상한 제도는 2005년 부동산 보유과세의 대폭적인 개편에 따라 과표가 현실화되는 과정에서 재산세의 세부담 급등을 완화하고자 도입한 것이다. 재산세는 그 동안 건물과 토지가 구분되어 평가되고 과세되었는데, 2005년 이후 주택은 건물과 토지를 하나의 과세대상으로 통합되면서 시가방식으로 전환되어 과표가 현실화되었다. 주택에 대한 시가방식의 평가는 재산세세부담을 갑자기 증가시키는 계기가 되어 일정가격 주택에 따라 세부담을 완화시키고자 세부담상한 제도를 도입하게 되었다. 즉 재산세 세부담상한 제도는 서민의 세부담급등을 우려하여 도입한 제도이다.

그러나 재산세 세부담상한 제도는 도입 당시 예상하지 못했던 납세자간 세부담불형평 문제 등을 발생시키고 있다. 문제의 핵심은 주택공시 가격이 동일한 주택이라도 재산세세부담이 동일하지 않아 과세대상간 수평적 불형평문제가 발생하고 있다. 즉 주택에 대한 산출세액은 동일하여도 부과세액간의 차이로 인하여 세부담이 달라 문제가 되고 있다.[2] 산출세액과 부과세액 간의 차이는 탄력세율 적용여부, 주택공시가격 증가율 등이 요인이 되어 문

2) 산출세액이라 함은 주택공시 가격에 공정시장 비율과 세율을 적용한 세액이고, 부과세액이라 함은 산출세액에 탄력세율, 세부담상한율 등을 고려하여 실제로 부과하기 위해 산정한 세액이다.

제가 되고 있는데, 요약하면 다음과 같다.

첫째, 재산세세부담 상한제도는 전년도 부과세액이 기준이 되는 관계로 주택공시 가격의 증가폭이 클수록 다음 연도의 산출세액과 부과세액의 차이를 확대시키게 되며, 해가 갈수록 납세자간 세부담의 수평적 형평문제를 증폭시킨다.

둘째, 2004년부터 2006년까지 일부 자치단체의 탄력세율 적용은 세부담상한 제도와 더불어 상한폭을 제한하는 효과를 주게 되어 산출세액과 부과세액 간의 격차를 크게 하여 더욱 문제가 되고 있다. 2005년 이전 탄력세율 대상이던 주택의 과세표준이 표준세율로 환원하지 않은 상태에서 산출세액을 산정함으로써 부과세액을 지속적으로 낮게 유지시켜 과세대상간 수평적 불형평문제가 증폭되고 있다.

셋째, 그 동안 주택공시가격 상승률이 높으면 높을수록 상한폭제한 때문에 부과액이 상대적으로 낮은 반면, 주택공시가격 상승률이 낮으면 그 반대현상이 나타나 저가주택이면서 공시가격 상승률이 낮은 주택이 상대적으로 더 많은 재산세를 부담하는 경우가 발생하여 문제되고 있다.

넷째, 세부담상한 적용으로 산출세액과 실제 부과액 간의 격차가 해소되지 않은 상태에서 공정시장 가액비율이 상향조정되어 이들간의 격차를 확대시켜 문제가 되고 있다. 공정시장 가액비율의 상향조정은 재산세 산출세액을 높임으로써 산출세액과 부과액 간의 차이를 보다 심화시키는 요인으로 작용한다.

결론적으로 재산세세부담 상한제도의 최대쟁점은 동일한 가격의 주택은 재산세세부담이 동일하여야 함에도 불구하고, 부과세액이 서로 상이하여 납세자간 세부담의 불형평이 나타나고 있어 문제가 되고 있다. 경기침체로 인한 실질소득 강등 또는 은퇴후 경제적 능력저하 등 재산세납부에 한계가 있는 경우, 재산세감면 등을 고려할 수 있다. 재산세세부담 상한제도 역시 이러한 제도의 일환이라고 보는데, 납세자의 급격한 세부담을 완화하기 위한 제도가 세부담의 수평적 형평문제를 야기하므로 이에 대한 개편이 필요하다.

재산세세부담 상한제도는 수직적 능력원칙에 기초하여 저가주택의 소유자가 경제적인 능력이 낮다고 판단하여 저가주택 소유자에게 세부담상한을 두어 혜택을 주고자 하는 정책이다. 그러나 이러한 조치는 저가주택이라도 소유하고 있는 계층이 자가주택을 보유하지 못하는 계층에 비하여 결과적으로 혜택을 받게 되므로 불공평하다는 견해도 있다. 특히 재산세의 세율구조가 초과누진세율 체계인 경우 수직적 능력원칙은 이미 반영되어 있는데, 별도의 세부담 상한조치에 의한 이중혜택은 재산세세부담의 공평과세 실현에 걸림돌이 될 수도 있다고 본다.

유태현 · 한재명(2008)은 재산세의 세부담상한 제도로 인하여 세부담의 역진성문제가 발생하므로 단기적으로 세율인하와 상한율 상향조정 등을 제안하고 있으며, 또한 장기적으로는 세부담상한의 상향조정을 유지하되 그 조정폭을 낮추어 주는 방안을 제시하고 있다.

재산세 세부담상한의 대표적인 사례는 미국 캘리포니아주의 proposition 13이라고 할 수 있다. 캘리포니아주는 1978년 재산세 세부담의 급격한 상승이 조세저항으로 나타나면서 과표와 세율에 대한 상한을 정하는 제도를 도입하여 재산세세부담을 완화시키고 있다. proposition 13에 의한 재산세세부담 상한제도는 현재까지 운영되고 있으며, 캘리포니아주는 이로 인한 세수손실이 주요한 문제로 대두되고 있는 실정이다. 그러나 proposition 13은 일부 주택에 한하여 적용하는 것이 아니라, 모든 주택을 대상으로 하고 있는 점이 우리나라와는 차이가 있다.

우리나라는 2005년 부동산 보유과세의 개편에 따라 과표의 급격한 상승에 따라 세부담이 증가되어 저가주택(6억 이하)을 대상으로 세부담상한 제도를 운영하고 있다. 즉 과표가 3억 원 이하인 주택은 재산세세부담이 전년 대비 5% 이상을 초과하지 못하고, 과표가 3억 원 이상 6억 원 이하인 주택은 10% 이상을 초과하지 못하며, 과표가 6억 원 초과 주택은 30% 이상을 초과하지 못한다.

우리나라는 재산세의 세율구조가 초과누진세율 체계로 되어 있어 세부담상한의 필요성이 그다지 크지 않다고 볼 수 있다. 현행 재산세는 4단계(0.1%~1.4%)의 초과누진세율 구조로 되어 있다. 특히 재산세 세부담상한이 5%, 10%, 30%의 낮은 비율로 되어 있어 주택가격 공시가 상승하다가 낮아지게 되어도 재산세세부담은 증가하는 모순을 지니고 있는 실정이다.

향후 재산세 세부담상한으로 야기되는 문제는 상한비율의 상향조정 혹은 공정한 과표 및 세율체계의 개편을 통한 상한제도의 폐지 등을 고려할 수 있다고 본다.

2. 재산세세부담 상한제도의 개편

본 연구는 재산세세부담 상한제의 개편을 위한 기본방향을 크게 두 가지 측면을 고려하여 모색하고자 한다.

첫째, 주택 공시가격이 동일하면 재산세의 세부담이 동일하도록 납세자간 세부담의 형평성을 제고한다. 현재는 주택 공시가격이 동일하더라도 해당 주택이 탄력세율의 적용 여부, 주택공시가격 증감률 등에 의해 부과세액이 달라지고 있다.

둘째, 세부담상한제의 개편으로 재산세세부담이 급격하게 증가하게 되면 조세저항이 야기되므로, 이에 대한 충격을 완화하는 차원에서 점진적인 개편이 되도록 한다. 세부담상한 제도는 소위 서민층의 세부담을 완화하는 정책이므로 세부담이 급등하는 것은 바람직하지 못하다.

가. 단기방안: 세부담상한율의 상향조정

세부담상한 제도가 도입 당시에는 예상하지 못했던 납세자간 수평적 세부담의 불형평을 초래하여 문제가 되고 있음을 논의한 바 있다. 또한 세부담상한 제도가 주택 공시가격에 따라 주는 혜택이 주택을 소유하지 않은 사람에게는 부여되지 않아 경제적 능력에 따른 수직적 불형평문제도 있다고 지적하였다. 더불어 세부담상한 제도는 초과누진세율 체계와 더불어 중복적으로 혜택을 주게 되어 수직적 불형평문제를 더욱 심화시키고 있어 문제가 되고 있다. 세부담상한 제도의 가장 큰 문제는 주택 공시가격이 동일함에도 불구하고 세부담이 서로 달라 납세자간 세부담불형평이 야기되는 것이다. 이러한 문제들을 고려할 때 세부담상한 제도는 긍정적인 측면보다는 부정적인 측면이 많으므로 궁극에는 폐지하는 것이 바람직하다.

본 연구는 재산세세부담 상한제의 폐지를 제안하지만 점진적인 차원에서 과도기적 방안으로 세부담상한율의 상향조정 방안을 제안한다. 그러나 급격한 세부담급등은 조세저항을 야기하므로 이를 완화하는 차원에서 과도기적으로 재산세세부담 상한폭을 상향조정하여 결과적으로 재산세세부담 상한제의 효과를 소멸시키는 방안이다.

즉 아래의 단기방안은 중·장기 방안으로 가기 위한 과도기적 방안이다.

재산세세부담 상한제도는 세부담상한의 폭을 넓힐수록 제도의 도입취지는 약화되지만, 동일한 주택 공시가격에 대한 차등적인 재산세세부담으로 인한 납세자간 불형평문제는 개선될 수 있다. 그러나 재산세세부담 상한폭을 단기간 내에 상향조정할 경우, 납세자의 세부담이 급등하게 되므로 어느 정도 기간을 두고 접근하는 것이 적절하다고 본다.

본 연구는 과도기적인 단기방안으로 3년 정도를 유예기간으로 두고, 점진적으로 다음과 같은 방안을 제안하고자 한다.

첫째, 1차 연도는 과표가 3억 원 이하(세부담상한율 5%) 주택의 경우, 3억 원~6억 원(세부담상한율 10%)과 동일한 10%로 통일한다.

둘째, 2차 연도는 과표 6억 원 이하 주택의 경우, 과표가 6억 원 이상 주택(세부담상한율 30%)과 동일한 30%로 통일한다.

셋째, 3차 연도는 모든 주택의 세부담상한율을 2005년도와 동일한 50%로 통일한다.

나. 중 · 장기 방안: 세부담상한 제도의 폐지

중 · 장기 방안은 단기방안의 연속으로 단기방안의 세 번째 단계(세부담상한율 50%)에 이어 폐지하는 대안이다. 4차 연도인 2016년이 되면 현행 산출세액과 부과세액 간의 격차가 95% 이상 감소하므로 세부담의 급등문제는 그다지 심각하지 않아 조세저항이 크지 않을 것이라고 판단한다.[3)]

우리나라 현행 재산세제도는 4단계(0.1%~1.4%)의 초과누진세율 체계구조로 되어 있어 주택 공시가격이 낮은 주택은 낮은 세율을 부과함으로써 주택 공시가격이 높은 주택소유자에 비하여 세부담혜택을 부여하고 있는 실정이다. 그럼에도 불구하고 세부담상한제를 별도로 두어 일부 주택을 대상으로 상한율을 두고 세부담이 증가하지 않도록 하는 것은 중복적인 혜택뿐만 아니라 재산세제도를 복잡하게 하는 요인으로 작용한다.

결국 재산세세부담 상한제는 일시적으로 서민들의 세부담이 급등하는 것은 막을 수 있었으나, 이로 인하여 납세자간 세부담 형평성 등의 문제가 발생되므로 상한율을 상향조정하면서 종국에는 폐지하도록 하는 것이 적절하다고 판단한다.

---

3) 하능식 외 5인, 재산세세부담 상한제도 개선방안, 한국지방행정연구원, 2011, p. 100.

제6장
요약 및 정책건의

제1절 요 약

2005년 부동산 보유과세의 대폭적인 개편 이후 7년이 경과된 지금, 개편 당시에는 예상하지 못했던 문제가 발생하고 있다. 특히 부동산경기의 침체는 부동산 보유과세의 세부담에 큰 장애가 되고 있다. 부동산 보유과세의 개편 이후 큰 변화는 2008년 종합부동산세의 세대별 합산에 대한 위헌결정과 거주목적 1주택 장기보유자에 대한 헌법불합치 결정이다. 또한 다가구 임대주택은 부동산경기 침체와 전월세시장 활성화를 위해 종합부동산세 대상에서 제외하기로 하였다. 이러한 상황은 결과적으로 종합부동산세의 세수를 급격하게 감소시키는 요인이 되고 있다. 재산세와 관련해서는 서민들의 재산세세부담이 급격하게 증가하지 않도록 도입하였던 세부담상한제가 주택가격이 낮아짐에도 불구하고 재산세는 감소하지 않아 문제가 되고 있다.

종합부동산세가 위헌결정 및 헌법불합치 등의 문제로 세수가 격감하게 되면서, 기획재정부는 2009년 12월 청와대에 종합부동산세를 지방세로 전환하고자 하는 방안을 보고하였다. 현재는 기획재정부에서 종합부동산세를 국세에서 지방세로 전환하는 방안을 중·장기 과제로 검토중이다.

재산세의 세부담상한제는 2005년 재산세개편에 따른 급격한 세부담의 완화를 위한 수단으로 도입되었다. 즉 세부담상한제는 주택가격에 따라 상한율을 차등적용하여 재산세가 급격하게 증가하지 않도록 한 것이다. 그러나 부동산경기가 침체되면서 주택 공시가격은 감소하였는 데도 불구하고 재산세세부담이 증가하거나, 동일한 가격의 주택이라도 전년 납부재산세에 따라 세부담이 다르게 나타나는 문제가 발생하고 있다. 즉 재산세세부담이 과표와 세율에 의해 결정되지 않고, 세부담상한에 따라 결정되는 비정상적인 현상이 발생되고 있다. 이러한 문제는 납세자·지역간 과세불형평을 야기시켜 동일가격 동일세부담원칙을 훼손하여 공평과세에 문제가 되고 있다.

따라서 본 연구의 목적은 다음 두 가지 사안에 역점을 두고 연구를 진행하였다.

첫째, 바람직한 부동산 보유과세의 역할과 기능정립 제고를 위한 이론적 논의를 바탕으로 종합부동산세의 향후 방향 및 지방세로의 전환가능성 여부를 타진하였다.

둘째, 재산세의 세부담상한제 문제를 해결하기 위한 대안을 모색하였다.

첫번째, 종합부동산세의 지방세전환과 관련해서는 선행연구의 대부분이 종합부동산세에 문제가 있다는 점에 대하여는 모두 인정하고 있다. 다만, 종합부동산세의 문제를 해결하는 방법은 서로 다른 의견을 갖고 있다. 본 연구는 종합부동산세가 본질적으로 갖고 있는 문제는 지방세로 전환해도 바뀌지 않으므로 종합부동산세를 현행체제 하에서 폐지하거나 약화시키는 것이 바람직하다고 본다. 즉 기획재정부가 제안하고 있는 종합부동산세의 지방세 전환은 타당하다고 보지 않는다.

두 번째, 재산세세부담 상한제도의 개편과 관련해서는 2005년 부동산 보유과세의 대폭적인 개편에 따라 과표가 현실화되는 과정에서 재산세의 세부담급등을 완화하고자 도입한 것이다. 그러나 재산세세부담 상한제도는 도입 당시 예상하지 못했던 납세자간 세부담불형평 문제 등을 발생시키고 있다. 결론적으로 재산세세부담 상한제도의 최대쟁점은 동일한 가격의 주택은 재산세세부담이 동일하여야 함에도 불구하고, 부과세액이 서로 상이하여 납세자간 세부담의 불형평이 나타나고 있어 문제가 되고 있다. 재산세세부담 상한제도는 수직적 능력원칙에 기초하여 저가주택의 소유자가 경제적인 능력이 낮다고 판단하여 저가주택 소유자에게 세부담상한을 두어 혜택을 주고자 하는 정책이다. 그러나 이러한 조치는 저가주택이라도 소유하고 있는 계층이 자가주택을 보유하지 못하는 계층에 비하여 결과적으로 혜택을 받게 되므로 불공평하다는 견해도 있다. 특히 재산세의 세율구조가 초과누진세율 체계인 경우 수직적 능력원칙은 이미 반영되어 있는데, 별도의 세부담 상한조치에 의한 이중혜택은 재산세세부담의 공평과세 실현에 걸림돌이 될 수도 있다.

제2절 정책건의

1. 종합부동산세의 개편

가. 기본방향

종합부동산세 개편의 기본전제는 첫째, 납세자세부담이 증가하지 않도록 하며, 둘째, 자치단체간 세수배분에 큰 변동이 없도록 한다.

두 가지의 기본전제 하에 다음의 세 가지 측면을 고려하여 종합부동산세의 개편을 모색하고자 한다.

첫째, 조세성격 규명

둘째, 정책효과

셋째, 세무행정 및 납세순응비용 최소화

나. 종합부동산세의 폐지

종합부동산세의 개편은 우선 앞에서 설정한 세 가지 기본방향(조세성격 · 정책효과 · 세무행정 비용)에 기초하여 검토한다.

첫째, 종합부동산세의 조세성격은 명쾌하게 정의하기 어려운 관계로 여러 견해가 있을 수 있다. 종합부동산세는 일종의 부동산소득에 대한 과세로 일반적인 소득세와는 차이가 있지만, 개인의 전국부동산을 합산하여 과세한다는 차원에서 미래소득을 전제로 한 자산소득에 대한 과세라고 볼 수 있기 때문에 국세라고 보는 견해도 있다. 그러나 일부는 종합부동산세는 부동산에 대한 과세로 실현되지 않은 부동산소득에 대한 과세(수득세)라는 측면에서 재산세적 측면이 완전히 없다고 할 수 없음을 지적하고 있다. 일부는 종합부동산세는 국가재정 수요의 충당 이외에 부동산의 과도한 보유 및 투기적 수요 등을 억제하여 부동산가격을 안정시키고자 하는 유도적·형성적 기능을 가진 '정책적 조세의 성격'이라고 정의한다.

결국 종합부동산세는 재산세와 소득세 성격의 일부를 내포하고 있는 매우 특이한 정책세제라고 볼 수 있으므로, 조세성격만으로 국세와 지방세의 구분이 용이하지 않다.

둘째, 종합부동산세의 정책효과에 대한 논의를 요약하면 다음과 같다. 종합부동산세는 소득재분배 효과는 미약하며(박명호 외, 2008), 부동산가격 안정화효과 역시 부정적이라는 견해가 강하다(김경환, 2007; 김상겸, 2006; 김영우, 2006; 손재영, 2009; 박명호·우석진, 2007). 종합부동산세는 2008년 이후 세수입이 크게 감소하여 부동산교부세 균형재원이 거의 사라지게 되었기 때문에 지역간 형평성을 제고하는 재정조정 수단으로서의 역할이 미약해졌다.

결론적으로 종합부동산세는 도입목적과는 달리 효과가 미미한 것을 알 수 있으며, 이러한 종합부동산세가 지방세가 될 경우에도 미미한 효과는 대동소이 하다고 보여진다.

셋째, 종합부동산세 관련 세무행정 비용 및 납세순응 비용에 대하여 논의하고자 한다. 종합부동산세는 전산시스템의 개발로 세무행정 비용은 적을 수 있으나, 납세순응 비용은 클 수 있다고 보여진다. 종합부동산세는 국가에서 전산시스템에 의해 부과 및 징수하고 있기 때문에 종합부동산세가 지방으로 이전되어도 추가적인 세무행정 비용은 크지 않을 수 있다. 그러나 종합부동산세가 지방으로 이전되면 전환되는 방식에 따라 납세순응 비용에 차이가 나겠지만, 우선 지방세에는 재산세가 있기 때문에 추가적으로 중복되는 종합부동산세 문제는 피할 수 없기 때문에 이에 대한 조세저항은 클 것이다.

결론적으로 종합부동산세는 손재영(2009)이 제안한 것처럼 조건 없이 폐지할 필요가 있다고 본다.

다. 종합부동산세의 지방세전환

종합부동산세가 이론적으로 재산세성격에 부합하지 않기 때문에 학자들은 폐지해야 한다는 의견이 다수이지만, 정치적으로는 부동산 과다보유자들에 대한 사회의 부정적 시각 때문에 종합부동산세를 폐지하는 것이 용이하지 않을 것이다. 특히 종합부동산세의 폐지는 현실적으로 그 동안 걷어 왔던 종합부동산세의 세수를 포기해야 하는데, 정부는 재정적으로 큰 부담이 될 것이다.

종합부동산세를 폐지할 경우, 그 동안 지방으로 이전되던 재원부분에 대한 문제는 국가와 지방 간 세원 또는 재원조정을 통해 해결할 필요가 있다. 종합부동산세의 폐지로 인한 세수손실 규모는 2010년 기준 1조 원 정도이다. 종합부동산세 세수가 지방으로 이전된 부동산교부세 규모는 10,200억 원(2006), 18,892억 원(2007), 31,770억 원(2008), 33,482억 원(2009), 10,841억 원(2010 예상)이다.

본 연구는 종합부동산세의 폐지를 전제할 때, 그 동안 지방으로 이전되고 있는 부동산교부세 재원의 확보차원에서 세 가지 대안을 모색하였다.

첫째, 종합부동산세 동일세원의 지방세전환

둘째, 재산세의 종합부동산세 흡수

셋째, 지방교부세와의 연계

1) 종합부동산세 동일세원의 지방세전환

종합부동산세의 동일세원을 지방세로 전환하는 방안은 귀속주체가 국가에서 지방으로 전환되는 것과 동일한 것이다. 종합부동산세의 현행 역할을 그대로 수행하기 위해서는 공동세제도를 통해서 지방재정을 보전하는 것이 적절하다. 종합부동산세 세수를 공동세로 도입하는 대안은 종합부동산세 체계가 그대로 이전되는 관계로 큰 변화 없이 지속할 수 있다고 보여진다.

종합부동산세의 폐지로 인하여 초래되는 부동산 교부재원의 확보를 위해 공동세를 하나의 대안으로 제시하고 있지만, 공동세가 신설될 경우 다음과 같은 문제가 발생할 수 있다.

첫째, 공동세의 신설은 지방세체계를 복잡하게 하는 요인이 될 수 있다.

둘째, 바람직한 지방세는 자치단체가 과세자주권을 갖도록 설계해야 지방분권의 본질인 재정책임성을 확보할 수 있는데, 공동세는 세수를 일정한 공식에 의하여 자치단체에 배분하는 것으로 재정책임성이 미흡하다.

셋째, 공동세는 전국 합산과세이므로 예전의 종합토지세가 지니고 있던 지방세원칙에 위배되는 문제를 그대로 갖게 되어 지방세제의 선진화에 역행한다.

넷째, 공동세는 순수지방세가 아님에도 불구하고 지방세수 규모가 증가되는 것과 동일한 효과를 야기시켜 지방재정 자주재원확상의 요인이 될 수 있다.

2) 재산세체계의 조정을 통한 종합부동산세 흡수

제2안은 종합부동산세의 세율체계를 재산세와 통합하는 것으로 종합부동산세의 과표구간과 세율체계를 반영하여 재산세체계를 조정하는 안이다. 제2안의 핵심은 재산세 세율체계의 조정으로 두 세목의 단순통합을 상정할 수 있다. 단순통합은 재산세세율 체계와 종합부동산세 세율체계의 1:1 통합으로 주택의 세율체계를 9단계로 조정한다.

제2안은 부동산 보유과세인 종합부동산세가 재산세로 통합되어 제1안과 달리 세목이 증가하지 않고 재산관련세가 하나로 통합하여 지방세제가 덜 복잡하다는 장점이 있다. 또한 종합부동산세가 재산세로 통합되어 지방자치단체의 과세자주권이 강화되어 세율조정 등에 대한 재량권이 확보될 수 있다.

그러나 제2안은 다음의 문제가 발생할 수 있다.

첫째, 재산세통합으로 인하여 기존의 전국합산은 바람직하지 않고 기존 재산세체계와 동일하게(주택: 물건별 과세, 토지: 관내합산) 과세해야 하는데, 종합부동산세는 주택과 토지가 모두 인별합산이므로 세수의 대폭 감소(행정안전부 추정: 3,491억 원 정도)는 불가피하다.

둘째, 재산세체계에 의한 과세는 수도권과 비수도권 간 조정이 불가하여 자치단체간 세수불균형이 야기되어 종합부동산세의 역할을 수행하는 데 한계가 있다.

셋째, 통합하는 과정에서 재산세세율 체계의 누진도가 강화되면서 재산세의 순수역할은 더욱 약해지고 자본소득 분배역할이 강해져 지방세의 본질이 퇴색한다.

3) 지방교부세 제도를 통한 재원이전

종합부동산세는 국세이지만 세수가 지방으로 이전되면서 이전재원화되므로 지방교부세제를 통해 종합부동산세의 역할을 수행하는 대안이다. 제3안은 종합부동산세 세수의 50%가 자치단체의 재정력을 고려하여 지역간 세수불균형을 완화하는데, 이것은 지방교부세의 역할과 크게 다르지 않다고 보아 제안한 것이다.

기존 지방교부세 재원은 부동산교부세가 제외되어 있으므로, 우선 종합부동산세 세수에 상당하는 재원을 현행 지방교부세(내국세의 19.24%)에 포함하여 이전한다. 한 예로 2010년 기준 종합부동산세 세수가 10,841억 원인데, 이는 내국세의 0.82%에 해당하므로 이를 포함하여 지방교부세를 내국세의 20.06%로 상향조정한다.

보통지방교부세는 보정수요액 추가항목에 종합부동산세 배분규모와 배분공식을 추가하여 계산하도록 한다. 단, 기존 보정수입액 추가항목의 '부동산교부세 및 전전연도 결산액정산분의 80%'는 삭제하도록 한다.

지방교부세가 종합부동산세의 역할과 유사하지만, 제3안이 갖고 있는 문제는 다음과 같다.

첫째, 지방교부세세율 상향조정은 기획재정부와 행정안전부의 민감한 사안으로 두 부처의 합의가 필요하다.

둘째, 지방세의 바람직한 방향은 자주재원 비율을 높이는 것이나 지방교부세율의 상향조정은 지방세의 선진화에 역행하는 조치이다.

4) 평 가

기본적으로 조세이론적 측면에서 종합부동산세의 폐지는 당연한 것이라고 판단하나, 정부는 정치적인 부담으로 당분간 종합부동산세를 급격하게 폐지하기 어렵다고 판단한다. 그렇다고 기획재정부가 청와대에 보고하였듯이 종합부동산세를 지방으로 이전하는 계획도 단순하지 못하다고 판단한다. 종합부동산세를 지방세로 전환하게 될 경우, 어떠한 대안도 현행 세수를 확보하는데 문제가 있을 뿐만 아니라, 지역간 세수불균형 심화 및 세무행정 또는 순응비용 등이 크게 증가하게 되어 지자체의 큰 부담이 될 것이다.

종합부동산세가 폐지될 때까지 현행 체제로 유지하면서 점진적으로 재산세제의 개편과 재정조정 재원의 확보를 통해 지역간 세수불균형 완화를 도모하는 것이 가장 바람직하다고 판단한다.

2. 재산세의 개편

가. 기본방향

첫째, 주택 공시가격이 동일한 경우, 재산세세부담이 동일하도록 세부담의 형평성을 제고한다.

둘째, 재산세개편으로 재산세세부담이 급격하게 증가하면 조세저항이 야기되므로, 어느 정도 이에 대한 충격을 완화하는 차원에서 제안한다.

나. 재산세의 세부담상한 제도 개편

1) 단기방안: 세부담상한율의 상향조정

단기방안은 중・장기 방안으로 가기 위한 과도기적 방안이다. 세부담상한 제도는 주택 공시가격이 동일함에도 불구하고 세부담이 서로 달라 납세자간 세부담불공평이 야기되므로 종국에는 폐지될 필요가 있다. 그러나 급격한 세부담급등은 조세저항을 야기하므로 이를 완화하는 차원에서 과도기적으로 재산세세부담 상한폭을 상향조정하여 결과적으로 재산세세부담 상한제의 효과를 소멸시키는 방안이다.

재산세세부담 상한제도는 세부담상한의 폭을 넓힐수록 제도의 도입취지는 약화되지만, 동일한 주택 공시가격에 대한 차등적인 재산세세부담으로 인한 납세자간 불형평문제는 개선될 수 있다. 그러나 재산세세부담 상한폭을 단기간 내에 상향조정할 경우 납세자의 세부담이 급등하게 되므로, 어느 정도 기간을 두고 접근하는 것이 적절하다고 본다.

본 연구는 과도기적인 단기방안으로 3년 정도를 유예기간으로 두고 점진적으로 다음과 같은 방안을 제안한다.

첫째, 1차 연도는 과표가 3억 원 이하(세부담상한율 5%) 주택의 경우, 3억 원~6억 원(세부담상한율 10%)과 동일한 10%로 통일한다.

둘째, 2차 연도는 과표 6억 원 이하 주택의 경우, 과표가 6억 원 이상 주택(세부담상한율 30%)과 동일한 30%로 통일한다.

셋째, 3차 연도는 모든 주택의 세부담상한율을 2005년도와 동일한 50%로 통일한다.

2) 중·장기 방안: 세부담상한 제도의 폐지

중·장기 방안은 단기방안의 연속으로 단기방안의 세 번째 단계(세부담상한율 50%)에 이어 폐지하는 대안이다. 4차 연도인 2016년이 되면 현행 산출세액과 부과세액 간의 격차가 95% 이상 감소하므로, 세부담의 급등문제는 그다지 심각하지 않아 조세저항이 크지 않을 것이라고 판단한다.

우리나라 현행 재산세제도는 4단계(0.1%~1.4%)의 초과누진세율 체계구조로 되어 있어 저가주택 소유자에게 낮은 세율을 부과함으로써 고가주택 소유자에 비하여 세부담혜택을 부여하고 있는 실정이다. 그럼에도 불구하고 세부담상한제를 별도로 두어 저가주택 소유자에게 일정률 이상 세부담이 증가하지 않도록 하는 것은 중복적인 혜택뿐만 아니라 재산세제도를 복잡하게 하는 요인으로 작용한다.

결국 재산세세부담 상한제는 일시적으로 서민들의 세부담이 급등하는 것은 막을 수 있었으나, 이로 인하여 납세자간 세부담 형평성 등의 문제가 발생되므로 상한율을 상향조정하면서 종국에는 폐지하도록 하는 것이 적절하다고 판단한다.

참고문헌

곽태원, 조세론, 법문사, 2000.

국중호, 주요국의 조세제도: 일본편, 한국조세연구원, 2009.

권강웅, 지방세법해설, (주)조세통람사, 2011.

김경환, "종합부동산세 도입과 부동산 세제개편," 공공경제 제9권, 2004..

김경환, "주택관련 세제의 개편 방안," 감정평가연구, 제17집 제2호, 2007. 12.

김대영・이영희 외, 감가상각자산의 취득・재산세 세원화 연구, 한국지방행정연구원, 2002.

김대영, "종합부동산세의 평가와 과제," 지방재정과 지방세 통권 제35호, 2010. 11.

김동건, 현대 재정학, 박영사, 1996.

김상겸, "보유세제의 위헌성 검토 및 대안제시: 종합부동산세를 중심으로," 시장경제 ISSUE PAPER-10, 한국경제연구원, 2006.

김영우, "종합부동산세법의 입법적 문제점과 개선방안," 세무학연구 제23권 제4호, 2006. 12.

노영훈, 건물분 재산세의 개편방안 연구, 한국조세연구원, 1997.

______, 부유세 도입의 타당성과 세제개혁의 방향, 성균관대학교 경제연구소, 2004.

류금렬, 선진국의 지방세제도, 한국지방세연구회, 2001.

______, "미국의 재산세," 지방세 제4호, 1999.

박명호, 주택 보유세의 소득재분배 효과분석, 한국조세연구원, 2008.
박명호·우석진, 부동산세제 개편효과 분석 및 전망, 한국조세연구원, 2007.
박종수, "부동산투기 억제를 위한 세제적 대책의 한계 – 재산세를 중심으로," 토지공법연구 제22집, 2004. 7.
박종수·서보국, 부동산 보유세제 개편방안, 한국공법학회, 2010.
손재영, "부동산 시장의 추이와 정책과제," CFE Report, 자유기업원, 2009. 11. 20.
송상훈, 지방세제 선진화를 위한 종합부동산세 개편연구, 2010.
시립대학교 부설 지방세연구소, "부동산보유세제의 합리적 개편방안에 관한 연구," 제2차 자문회의 자료, 2004. 6.
안종석·박명호, 종합부동산세·재산세의 통합방안에 대한 연구, 한국조세연구원, 2009. 12.
원윤희, "부동산 보유과세의 핵심논점과 실태," 지방세 제1호, 2004.
유태현·현성민, "종합부동산세 과세권의 조정에 관한 연구," 재정정책논집 제7집 제2호, 2005.12.
유태현·한재명, "주택분 재산세 부담 불형평성 개선방안에 관한 연구–서울특별시 사례를 중심으로," 재정정책논집 제11집 제2호, 한국재정정책학회, 2009. 9.
유태현·한재명, 재산세의 합리적 개선방안, 서울시립대학교 지방세연구소, 2008. 12.
유태현, 부동산정책의 종합적 검토와 발전방향 모색(부동산 세제 개편방향), 한국개발연구원, 2008. 12(미간).
이병태, 법률용어사전, 법문북스, 2010.
이영희, "지방분권과 지방세제의 개편," 지방재정학회 춘계세미나, 2003.
이영희 외, 재산세제도 개편방안, 한국지방행정연구원 용역보고서, 2003.
이준구, 재정학, 다산출판사, 1995.

이진순, 부동산 보유과세제도의 개편방안에 관한 연구, 재정경제부 용역보고서, 2003.

임주영 외 4인, 부동산보유세제의 합리적 개편방안에 관한 연구, 서울시립대학교 지방세연구소, 2004. 12. 15.

하능식 외 5인, 재산세 세부담 상한제도 개선방안, 한국지방행정연구원, 2011.

지방세정보화사업단 추계자료, 2011. 4.

지방세법, 2011.

행정안전부, 지방세정연감, 각 연도.

국세청 http://www.nta.go.kr/

요코하마(横浜)시, 平成22年(2010년)度 固定資産税のあらまし, 2010.

Bird, R. and E. Slack, *Land and Property Taxation: A Review*, World Bank Working Paper, 2002.

Bond, Patrick H., "The Assessment System in the UK and Role of the Valuation Office," 부동산 과세평가 선진화를 위한 국제 세미나, 한국감정원, 2011. 9. 28.

Conklin, Fred, *2003 US Master Property Tax Guide*, CCH Incoporated, 2003, US.

Mieszkowski, P., "The Property Tax: An Excise Tax or A Profits Tax?," *Journal of Public Economics* 1(1), April.

Netzer, D., *Economics of the Property Tax*, Washingtion, D.C.: Brookings Institute, 1966.

OECD, *OECD Revenue Statistics*, 2010.

http://www.tax.re.kr/lis/livedb/national/property_usa.htm.

http://www.nts.go.kr/

http://www.nso.go.kr/

財務省(大藏省)(各年度), 財政金融統計月報(租稅特集).

大藏省(財務省)(各年度), 財政金融統計月報(租稅特集).

横浜市, 平成23年(2011年)度 固定資産税のあらまし, 2011.

財団法人資産評価システム研究センター, 平成22年度　固定資産税関係資料集, 2011. 3.

諏訪園健司編著, 圖說日本の税制, 財經詳報社, 2010.

제3부

과세자주권 제고를 위한 주행세개편 방안

하능식

제 1 장
서 론

제 1 절 연구 필요성 및 목적

지금 세계는 기후변화와 에너지위기에 직면하여 온실가스 감축 및 환경보전에 대한 관심이 고조되고 있다. 주요 선진국에서는 온실가스 감축을 위하여 탄소세를 도입하거나 기존의 에너지 관련 세제에 탄소세적 기능을 강화하는 등 시장기반의 정책수단을 적극적으로 검토하고 있다. 이러한 상황에서 MB 정부는 2008년 8 · 15 기념경축사를 통해 대한민국 새로운 비전의 축으로 저탄소 녹색성장을 제시하였다. 녹색성장은 온실가스와 환경오염을 줄이는 지속가능한 성장을 의미하며, 녹색기술과 청정에너지로 신성장동력과 일자리를 창출하는 새로운 국가발전 패러다임이라고 하였다.

우리의 경우도 녹색성장 · 온실가스 감축 · 에너지절약을 위해 중・장기적으로 에너지 관련 세제를 강화하고 환경친화적으로 세제개편을 추진하는 것이 핵심과제로 대두되고 있다. 특히 우리나라 에너지세제의 기간세목인 교통・에너지・환경세는 한시세로서 2012년 말 개별소비세로 전환이 예정되어 있다. 이에 따라 휘발유・경유에 부과되는 교통・에너지・환경세(국세)의 부가세인 주행세도 환경친화적 세제개편 및 개별소비세전환에 대비한 발전전략의 수립이 필요하다.

그리고 주행세는 자동차세 세수보전・유류세보조금・유가연동보조금 순으로 보전되는 등 세수 대부분의 용도가 지정되어 있으므로 환경과세로서 정책세제 기능을 강화할 필요성이 있다. 또한 세율이 보전용도별 에너지수요전망에 따라 달라지고 국세에 의해 부차적으로 결정됨에 따라 안정적인 세수확보가 곤란하다는 문제점도 지적되고 있다. 한편 주행세 중 일반재원으로 사용되는 자동차 관련 지방세 감소보전분은 금액이 정액으로 정해져 있어 주행세 최초 도입목적인 실질적 세수감소 보전기능을 발휘하지 못하는 실정이다.

그러므로 본 연구의 목적은 주행세제도의 운용상 나타난 문제점에 바탕을 두고 과세자주권[1] 제고를 위한 주행세제의 합리적 개

---

1) 일반적으로 과세자주권이란 "지방자치단체가 지방세를 부과・징수함에 있어 세목과 과세표준, 세율 등을 자율적으로 결정할 수 있는 권리"를 말한다(김대영, 2002). 이러한 적극적 의미의 과세자주권 외에 소극적 의미의 과세자주권은 추가로 세수규모의 결정과 세수의 사용에 있어 중앙정부 의존에서 탈피하여 독립성을 확보하는 것을 의미한다. 따라서 본 연구에서 과세자주권 제고라 함은 주행세를 국세부가세에서 독립세로 전환하는 것, 세율을 독자적으로 정하는 것, 세수사용을 국가정책 목적이 아닌 지방자율로 사용하는 것 등을 포함하는 내용이다.

편방안을 마련하는 데 있다. 특히 최근 우리나라에서도 관심이 높은 환경친화적 세제개편에 부응하도록 주행세의 환경정책적 기능 강화에도 주목하고자 한다. 또한 주행세의 본질적 기능을 훼손하고 있는 유류세보조금 재원에 대한 개선책을 제시하고 주행세가 지방재원 확충에 기여할 수 있도록 개편방안을 마련하고자 한다.

본 연구는 분석내용에 따라 다음의 방법을 적절히 사용하고자 한다. 첫째, 주요 선진국의 에너지 관련 세제현황 및 구조를 통계자료 중심으로 분석한다. 특히 OECD · EU 등 주요 선진국의 에너지 관련 세제현황 및 개편동향을 살펴보고, 우리나라 에너지 세제개편 및 주행세개편과 관련한 시사점을 도출하고자 한다. 둘째, 주행세의 환경세제 기능강화를 위한 이론적 측면을 검토하고, 이를 바탕으로 개편방안을 마련하고자 한다. 교통 · 에너지 · 환경세의 부가세에서 독립세로 전환하는 방안 및 세율결정 구조를 설계하고, 용도제한이 없는 일반재원화하기 위한 세부방안을 검토하고자 한다. 셋째, 세제개편 대안별로 세수효과 및 형평화효과를 분석한다. 주행세개편 대안별 지방세수에 미치는 효과를 자치단체 유형별로 분석하고, 지방재정 전반에 미치는 영향도 고찰하고자 한다.

제 2 절 기존 연구의 검토

주행세는 지방재정 측면에서 여러 가지 문제점을 내재하고 있음에도 이에 관한 연구는 매우 드문 실정이다. 주행세도입 논의는 1990년대 초반부터 자동차 보유과세의 완화 및 사용과세 강화를 목적으로 논의가 활발히 전개된 바 있다. 대표적 연구로 손희준(1995)은 기존 자동차세의 삭감 또는 폐지를 염두에 두고 주행세를 국세 또는 지방세 형태로 도입하기 위한 네 가지 대안을 제시하고 각 대안별 장·단점을 검토하였다. 특히 주행세도입의 찬반논리를 대비시키면서 집단이론의 분석틀을 이용하여 주행세 도입안의 결정원리를 설명하였다. 그런데 이 연구는 주행세도입 이전에 이루어진 연구로 지금은 폐지된 지방양여금 재원방식 등을 포함한 비교적 넓은 선택폭을 가지고 자유롭게 논의하였다는 특징을 지니고 있다. 그러나 본 연구는 기존의 주행세제도가 당초의 도입취지와 다르게 운영되면서 나타나는 문제점개선에 주안점을 두고 개편방안을 논의하는 것이어서 논의의 폭이 상대적으로 제한적일 수밖에 없다는 점에서 이 연구와 차이점이 있다.

이영희 외(2002)는 환경친화적 자동차 관련 세제구축방안의 일환으로 주행세제개편을 논의하였다. 이 연구는 주행세의 도입 초기 연구로 배분방식 및 세율결정 구조방식개편을 논의하고 있으며, 상대적으로 낮은 경유세율 인상분을 주행세로 흡수하기 위해 단계적으로 세율을 인상할 것을 주장하였다. 또한 현행 주행세 안분 기준이 자동차세수이므로 주행세가 일종의 보유과세 역할을 한다는 점을 강조하고, 휘발유 및 경유의 판매량에 따라 배분해야 할 것을 제시하여 본 연구와 접근방법이 유사하나, 유류소비량 배분시 제기될 수 있는 문제점에 대한 검토가 충분하지 않았다.

김대영(2002)의 연구도 주행세의 유가보조금 재원조달기능이 본격화하기 이전에 수행되어 주로 지방세인 주행세가 국세인 교통세의 부가세(surtax)라는 점에서 제기되는 자치단체의 과세자주권 확보에 관심을 가졌다. 즉 주행세가 지방세임에도 불구하고 자치단체는 교통세의 부가세인 주행세의 과표나 세율 등을 결정할 권한을 보유하지 못하므로, 과세자주권 확보를 위해 교통세로부터 독립하고 세율구조도 정액세율로 개편할 것을 제안하였다. 그러나 주행세를 독립세화할 경우 제기될 수 있는 과세주체, 징세문제, 그리고 세수의 배분기준 등에 대한 논의가 거의 이루어지지 않아 본 연구와는 연구중점이 다르다고 할 수 있다.

이재민 외(2008)의 경우 교통부문 유류세인 교통에너지환경세·개별소비세·교육세·주행세·판매부과금 등을 대상으로 유류소비로 인한 환경외부성의 내부화문제를 주로 연구하였다. 이 연구를 통해 환경측면 및 교통부문의 외부비용 내부화를 위한 적정유류세 수준을 평가하고 있으나, 지방세로서 주행세가 갖는 문제점은 관심의 대상이 아니었다.

지방재정 측면에서 주행세를 분석한 최근 연구로는 장덕희(2011)를 들 수 있다. 이 연구는 주행세가 자동차 관련세 세수감소분 보전을 위해 도입되었다는 것에 착안해 주행세도입 전후 지자체세입 규모 및 지자체간 세입격차를 분석하였다. 그러나 장덕희(2011)는 현행 주행세수 증가가 유가보조금 증가로 인한 것이고, 주행세의 3분의 2 이상이 유가보조금 재원이기 때문에 이 부분은 자치단체가 사용의 재량권을 전혀 행사할 수 없다는 측면을 무시하고 있다. 즉 이 연구는 주행세가 자동차 관련 지방세수 감소분 보전용도로만 사용되는 것처럼 취급하여 지자체 세수확충에 기여한 것으로 분석하고 있다. 따라서 주행세의 대부분이 유가보조금

용도로 사용되어 지방재정상 여러 문제점을 야기하는 점에 주목하고 있는 본 연구와는 전혀 다른 접근을 취하고 있다.

최근 우리나라 유류세 관련 연구는 환경친화적 세제개편을 중심으로 이루어지고 있다. 김승래 외(2008)는 에너지 관련 세제와 자동차 관련 세제의 환경친화적 개편을 위해 기존 세제의 외부성 교정기능강화와 중·장기적 탄소세도입을 주장하였으며, 산업의 국제경쟁력 및 취약계층에 대한 소득분배도 세제개편시 중요한 고려요소가 되어야 한다고 하였다. 그러므로 이 연구는 본 연구의 관심분야인 유류세의 국세 지방세 관계에 대한 논의는 없이 유류세의 환경친화적 개편에만 주목하고 있다는 특징을 지닌다.

이 밖에도 현행 에너지세제의 기본골격을 유지하면서 탄소저감기능 강화를 위한 세제개편 방향을 제시하는 연구도 활발하다(김승래, 2009). 또한 유태현(2010)은 지방재정 측면에서 지방탄소세 도입논의도 전개하고 있으나, 이것은 국세인 탄소세의 일부로 도입할 것을 주장하고 있으므로 국세의 탄소세도입 여부에 따라 결정될 내용으로 볼 수 있다. 본 연구의 주행세개편 논의는 유류소비세 형태의 과세를 전제하고 있으므로, 지방탄소세는 본 연구의 범위를 넘어서는 부분이라고 할 수 있다.[2)]

2) 지구온난화 방지를 위한 온실가스 감축수단인 탄소세를 국세에 추가하여 지방세로 도입하는 것이 바람직한지에 대해서는 추가적 논의가 필요할 것으로 판단된다.

제2장

주행세의 이론적 접근

제 1 절 환경세적 접근[1)]

사회적 비용이란 개별 경제주체의 경제행위에 따라서 발생하는 비용으로 사적 비용(internal cost or private cost)과 외부비용(external cost)으로 구분된다. 그 경제행위를 수행한 경제주체가 부담하는 비용을 사적 비용이라 하고, 경제행위를 수행한 경제주체가 부담하지 않는 비용으로 그 경제행위와 관련되지 않는 불특정다수의 경제주체가 부담하는 비용을 외부비용이라 한다.

외부성(externality)이란 각 개인들의 생산·소비 행위가 시장교환에 참여하지 않고 있는 다른 소비자 또는 생산자에게 영향을 끼치는 것을 말한다. 외부성이 존재할 경우 시장가격은 사회적 비용을 제대로 반영하지 못하기 때문에 개인의 최적화된 행동이 사

1) 조명환(2009)을 수정·보완함

회적으로 효율적이지 못한 결과를 초래할 수 있다. Pigou(1932)는 이에 대하여 세금 또는 보조금을 통한 교정가능성을 제시하였고, 이후 외부성으로 인한 시장실패를 교정하기 위한 과세는 Baumol (1972) 등에 의해 지속적으로 연구되었으며, 이러한 세금을 우리는 피구조세(Pigouvian tax)라 일컫는다.

외부성을 내부화하는 방법으로 조세 외에 보조금·배출권허가제·배출권거래제 등이 있다. 조세의 경우 오염유발자에 대하여 비용부담을 지움으로써 오염을 억제하는 효과를 발휘하는 데 비해, 보조금의 경우 외부경제를 유발하는 경제행위를 촉진하기 위해 인센티브로 사용되는 경제적 수단이다. 배출권허가제는 외부비경제를 유발하는 경제행위에 대하여 경제주체에게 배출권한을 일정량 허가하는 것이다. 그리고 배출권거래제는 이러한 배출권한을 개별 경제주체간에 거래할 수 있도록 한 제도이다.

어떤 재화시장에서 정부의 개입이 없다면, 일반적으로 경쟁시장 메커니즘은 그 재화에 대한 소비자들의 사적 한계편익(Private Marginal Benefit: PMB)과 생산을 위한 사적 한계비용(Private Marginal Cost: PMC)을 일치시키는 수준에서 생산량과 소비량을 결정한다. 이론적으로 재화에 외부성이 없다면 사적 한계편익이나 사적 한계비용은 사회적 한계편익(Social Marginal Benefit: SMB)과 사회적 한계비용(Social Marginal Cost: SMC)이 일치하게 되어 경쟁시장 메커니즘은 사회적으로 효율적인 수준의 생산량을 결정한다.

재화의 시장가격을 P라 하면, 균형에서는 다음이 성립한다.

[그림 2-1] 환경오염 교정피구세

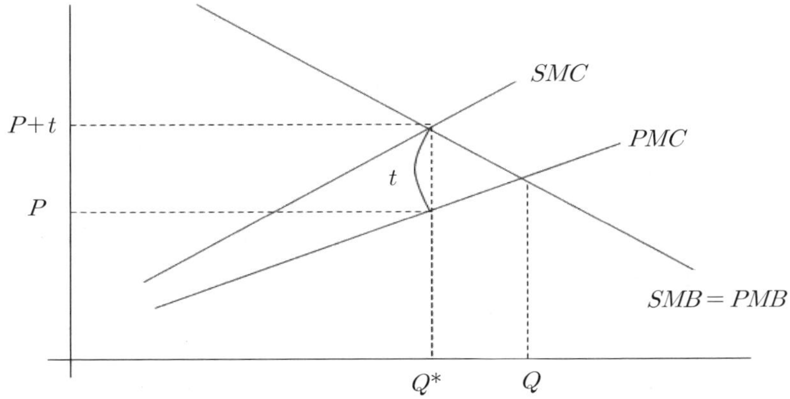

$$SMB=PMB=P=PMC=SMC$$

하지만 재화의 생산과 소비에 있어 부의 외부성(negative externality)이 존재한다면, 사적 한계비용은 사회적 한계비용과 더 이상 일치하지 않아 경쟁시장 메커니즘은 사회적으로 효율적인 수준보다 더 높은 수준에서 재화의 생산량을 결정한다. 이 경우 균형에서는 다음이 성립한다.

$$SMB=PMB=P=PMC < SMC$$

이 때 정부가 재화의 소비 한 단위에 대하여 사회적 한계비용과 사적 한계비용의 차이만큼 세금 t원을 부과하면, 균형에서는 다음이 성립한다.

$$SMB=PMB=P+t=PMC+t=SMC$$

즉 사회적 한계편익과 사회적 한계비용이 일치하게 되는 수준에서 재화의 생산이 이루어진다.

이와 같이 사회적 한계편익과 사회적 한계비용이 일치하게 되는 수준에서 재화의 소비량이 결정되어 사회적으로 바람직한 효율성을 달성할 수 있다는 것이 Pigou적 조세이다.[2] 여기서 최적세율은 사회적 한계비용과 사적 한계비용의 차이에 의해서 정해지므로, 효율성달성을 위해서는 외부성으로 인한 사회적 비용이 클수록 더 높은 세금을 부과해야 한다.

그러나 이중배당 가설(Double dividend hypothesis)에 의하면 최적환경 세율은 이러한 피구조세보다 낮은 수준이어야 한다고 한다. 왜냐하면 환경을 오염시키는 물질 또는 경제행위에 조세를 부과하면 환경오염을 완화시키는 효과뿐만 아니라 다른 왜곡적인 조세(distortionary taxes)를 감소시켜 조세효율성을 향상시킬 수 있다고 주장한다(이재민 외, 2008).

유류는 현대사회에서 중요한 에너지원이나 그 소비에 있어 대기오염·온실가스를 통한 지구온난화, 자동차운행을 통한 교통혼잡, 교통사고 증가, 소음 등의 부정적인 외부효과를 발생한다. 그러므로 Pigou적 조세의 아이디어는 각국의 유류세제에서 종종

2) P는 공급자가 직면하는 가격이고, 소비자가 직면하는 가격은 $p+t$이다.

찾을 수 있다.

외국에서의 유류에 대한 대표적인 Pigou적 조세의 예로는 북유럽국가 등에서 볼 수 있는 탄소세가 있다. 탄소세는 지구온난화를 유발하는 이산화탄소를 배출하는 에너지원에 부과하는 세금으로 1990년 핀란드가 처음 탄소세를 도입한 이후 노르웨이 · 스웨덴 · 덴마크 등에서 차례로 탄소세를 도입하였다. 그리고 UN 주관으로 1992년 환경회의에서 기후변화에 관한 UN 협약이 채택되었고, 이를 위해 1997년 당사국 총회에서 교토의정서(Kyoto Protocol)를 채택하였다. 교토의정서에는 대부분의 OECD 국가들과 EU 국가 등에 대하여 온실가스 배출량감축을 의무화하고 있는데, 이에 따라 많은 국가들이 탄소세의 도입을 적극 추진할 것으로 예상되고 있다. 또한 영국 · 핀란드 · 네덜란드 · 덴마크 등에서는 유 · 무연 휘발유와 황함유량에 따라 경유에 대해 차등과세를 적용하고 있으며, 스웨덴은 유류에 대하여 유황함유량, 방향족 탄화수소함유량에 따라 환경기준을 분류하여 세금을 부과하고 있는 것도 Pigou적 조세의 적용 예가 될 것이다.

이론적으로 외부성으로 인한 비효율을 교정하기 위한 Pigou적 조세로서 종량세와 종가세는 차이가 없지만, 우리나라를 비롯한 많은 국가가 부가가치세 등을 제외하고 대부분 종량세로 유류에 대해 과세하고 있는 것도 Pigou적 조세와 관련이 있다. 앞서 설명한 것처럼 Pigou적 조세는 외부효과로 인한 사회적 한계비용만큼 부과되어야 한다. 하지만 유류소비의 외부성으로 인한 사회적 비용의 변동에 비해 유가의 변동이 심할 경우, 유류에 대하여 종가세로 Pigou적 조세를 부과한다면 사회적 비용을 반영하기 위하여 세율을 자주 변경해 주어야 한다. 현실적으로 세율을 자주 변경하는 데 여러 가지 제약이 있음을 고려하면 유류에 대하여 종가세보다 종량세로 과세하는 것이 경제의 효율성을 달성하는 데 바람직하다고 할 수 있다.

제2절 소비세적 접근[3)]

Ramsey(1927)에 의해 제시된 최적조세 문제는 정해진 조세수입을 달성해야 한다는 제약조건 하에 효율적 조세구조를 찾고자 하는 것이다. 여기서 효율성은 조세로 인한 초과부담(excess burden)을 최소화함으로써 사회후생을 극대화하는 것을 의미한다. Ramsey의 최적조세 문제는 이후 여러 방면으로 확장되어 연구되어 왔고 모형에 따라 차이를 보이나, 기본적으로 효율성달성을 위해서는 수요의 가격탄력성이 낮은 물품에 높은 세율을 부과하고 가격탄력성이 높은 물품에 낮은 세율을 부과하여야 한다는 주장이다. 이러한 주장은 몇 가지 강한 가정들 하에 '역탄력성규칙(inverse elasticity rule)'으로 단순화되기도 하는데, 이는 최적물품세율은 각 물품의 보상수요의 탄력성에 역비례한다는 것이다.

최근의 유류에 대한 최적조세를 찾고자 하는 시도는 Parry and Small(2005)이 대표적이다. 이들은 유류가 육상교통 수단을 통하여 환경오염·교통혼잡·교통사고 등의 외부효과를 발생시킨다는 점을 고려하여 정해진 조세수입을 달성하여야 한다는 제

3) 조명환(2009)을 수정·보완하였다.

약 하에 최적 유류세율을 도출하고 있다.

이들의 모형을 간단히 소개하면 다음과 같다. 이 연구는 대표적 개인을 상정하고, 대표적 개인의 효용은 여가와 소비뿐만 아니라 유류를 소비하는 자동차로부터 나오는 공해 · 교통사고 · 정부지출 등에도 영향을 받는다고 가정한다. 따라서 대표적 개인의 예산제약 하의 효용극대화 문제는 다음과 같다.

$$\max U(C, N, F, H; P, A, G) \quad \text{subject to } C+(qF+tF)F+H=(1-tL)(L-N) \qquad \cdots\cdots (1)$$

여기서 C는 소비, N은 여가, F는 유류소비량, H는 유류를 제외한 교통비용, P는 공해량, A는 교통사고량, G는 정부지출, L은 가용시간을 의미한다. P와 A는 대표적 개인이 선택한 F와 H에 의하여 결정된다. 또한 qF는 유류의 가격이며, tF와 tL은 각각 유류와 노동소득에 부과되는 세율을 의미한다. 정부의 예산제약은 세입과 정부지출이 일치하여야 함을 의미하며 이는 다음과 같이 표현할 수 있다.

$$tL(L-N)+t_F F=G \qquad \cdots\cdots (2)$$

가격 qF가 주어져 있다고 하면, 대표적 개인의 효용극대화 문제 (1)의 해 C^* · N^* · F^* · H^*는 세율 tF · tL에 영향을 받으므로 대표적 개인의 최적화된 효용수준은 다음과 같이 표현된다. 이를 우리는 각 세율에서의 사회적 후생으로 이해할 수 있다.

$$V(tL,\ tF)=U(C*,\ N*,\ F*,\ H*) \quad \cdots\cdots\cdots\cdots\cdots (3)$$

가장 효율적인 조세수준은 식 (2)를 만족시키면서 식 (3)의 사회적 후생을 최대화하는 조세수준을 의미한다.

이와 같은 모형에서 Parry and Small(2005)은 사회후생을 극대화하는 유류세율 $tF*$는 다음과 같이 표현할 수 있다.[4)]

$$tF*=RT+APT+CF \quad \cdots\cdots\cdots\cdots\cdots (4)$$

여기서 '*RT*' 부분은 Ramsey 규칙과 관련한 부분으로 유류의 소비탄력성이 증가할수록 감소하며, 노동의 공급탄력성에 대하여 증가한다. 그리고 '*APT*'부분은 외부성을 교정하기 위한 Pigou적 조세와 관련한 것으로 유류의 한계외부 비용(marginal external cost)이 증가할수록 증가한다. '*CF*'는 교통혼잡 감소가 대표적 개인의 시간자원을 증가시켜 사회후생을 증가시키는 것을 나타내는 부분이다.[5)]

현실에서 유류에 대해 높은 세금이 부과되는 것을 Ramsey 규칙에 의해 설명할 수도 있다. [표 2-1]은 이전 연구들의 우리나라 휘발유와 경유에 대한 기존 가격탄력성 추정결과를 보여 주고 있는데, 이들 연구들은 추정모형이나 추정방법에 따라 차이가 있으나, 대부분 유류의 수요는 가격변화에 비탄력적으로 반응한다.

---

4) 이에 대한 자세한 내용은 Parry and Small(2005)을 참조바란다.

5) Parry and Small(2005)은 이 모형을 사용하여 탄력성 등의 추정된 변수들로부터 휘발유에 대한 세금이 미국은 최저수준보다 낮고, 영국은 최저수준보다 높다고 주장한다.

[표 2-1] 우리나라 휘발유와 경유의 가격탄력성

구 분	휘발유		경 유	
	단 기	중 기	단 기	중 기
산업연구원(2003)	0.167~0.209	0.061~0.079	0.240~0.244	0.079~0.093
에너지경제연구원(2004)	0.79	0.02	0.57	0.44

자료: 산업연구원, 자동차연료의 적정가격 비율연구, 2003; 에너지경제연구원, 중·단기 에너지수급전망 연구(Ⅱ), 2004.

즉 유류의 수요가 가격에 대해 비탄력적이기 때문에 다른 물품들에 비해 상대적으로 높은 세금이 부과된다는 것을 의미한다.

제 3 절 주행세의 근거

우리나라 주행세는 주로 수송용으로 사용되는 휘발유 및 경유에 부과되는 세제로서 국세인 교통에너지환경세 및 교육세와 더불어 유류세제로 통칭되고 있다. 주행세는 세율도 독립적으로 결정되지 않고 유가보조금 및 유류소비량 추계를 바탕으로 교통에너지환경세 및 교육세와 동시에 결정된다. 따라서 주행세의 이론적 근거는 교통부문 유류세의 외부비용 내부화기능에서 그 근거를 찾아야 할 것이다.

교통부문에서 발생하는 외부비용은 환경적 측면에서의 대기오염피해 비용·소음피해 비용·온실가스 피해비용 등과 사회적 측면에서의 교통혼잡 비용과 교통사고 비용 등을 포함하는 것으로 볼 수 있다.

[표 2-2] 교통부문에서의 사회적 비용의 구분

구 분		대 상	비용 항목
사회적 비용	사적 비용	교통시설 공급자	- 건설비용 - 운영비용 - 자본비용(이자 및 감가상각비) - 유지보수 비용
		교통수단 이용자	- 차량구입 비용 - 유류비 및 차량유지 비용 - 통행요금 - 고속도로 이용료
	외부비용	환경적 측면	- 대기오염 피해비용 - 소음피해 비용 - 온실가스 피해비용
		사회적 측면	- 교통혼잡 비용 - 교통사고 비용

자료: 이재민・한상용(2009), pp. 33~42; Levinson *et al.*(1997), pp. 191~120.

사회적 비용을 사적 비용과 외부비용으로 구분할 때 사적 비용은 교통시설 공급자가 부담하는 비용과 교통시설 이용자가 부담하는 비용으로 구분된다. 차량구입 비용, 유류비 및 차량유지 비용, 통행요금, 고속도로 이용료 등은 교통수단 이용자가 유류세와 별도로 직접적으로 지불하는 비용으로 유류세를 통하여 내부화할 대상이 아니다. 따라서 교통시설 공급자가 부담하는 건설비용・운영비용・자본비용・유지보수 비용을 유류세를 통해 조달해야 할 사적 비용으로 간주할 수 있다. 본 연구에서는 교통시설 공급자가 부담하는 사적 비용을 내부비용으로 정의다.

교통부문에서 발생하는 외부비용은 환경측면에서의 대기오염 피해비용・소음피해 비용・온실가스 피해비용과 사회적 측면에서 교통혼잡 비용 · 교통사고 비용 등을 포함한다.

국세 유류세는 중앙정부 책임의 도로건설 및 유지비용 등 사적 비용인 내부비용과 온실가스 피해비용 등 파급효과(spillover)가 큰 환경비용인 외부비용을 내재화하는 수준이어야 한다. 이에 비해 주행세와 같은 지방세 유류세는 지방정부 책임의 지방도로 건설 및 유지비용 등 사적 비용인 내부비용과 대기오염 피해비용 · 소음 피해 비용 등 파급효과(spillover)가 비교적 작은 환경비용 및 기타 사회적 비용인 외부비용을 내재화하는 수준이 바람직하다. 그러나 국세 유류세와 지방세 유류세의 적정수준을 구분하게 해 주는 비용자료가 거의 없고, 있다 하더라도 측정시기와 측정기관에 따라 비용차이가 상당히 큰 편이어서 향후 연구과제로 남아 있다.

그 동안 우리나라 유류세제는 휘발유에 높은 세율, 경유에 낮은 세율을 부과하여 세수확보 목적의 소비세적 접근에 의해 과세되어지고, 산업정책적 측면이 크게 고려된 결과의 산출물로 볼 수 있다. 그러나 2000년대 들어 두 차례의 에너지세제 개편과정기간 동안 환경오염 수준에 비해 저세율과세되던 경유 및 LPG에 대한 세율을 인상하면서 유류세제의 환경기능이 강화되고 있다고 할 수 있다. 그럼에도 불구하고 유류세제의 국세 · 지방세 역할분담과 같은 논의는 거의 없었다. 따라서 향후 지방유류세로서 주행세는 유류사용의 내부비용 및 외부비용 내재화를 염두에 두고 국세 유류세와의 역할분담 및 상호 조화를 이루는 방향에서 개편이 이루어져야 할 것이다.

제3장

주행세의 현황 및 문제점

제1절 도입배경

주행세는 지방자치단체의 자주재정 확충을 목적으로 1999년 12월 지방세법 개정으로 도입되었다. 직접적인 이유는 1998년 한미자동차 양해각서체결로 인한 자동차세 세율인하로 발생하는 자동차세 세수감소를 보전하기 위하여 도입하였다. 즉 2,000cc를 초과하는 비영업용 승용차에 대해서 자동차세를 cc당 220원으로 하고, 2,000cc 이하의 경우 각각 cc당 20원씩 인하하며, 자동차세 과표구간도 7단계에서 5단계로 축소하는 등의 내용을 포함한 지방세법을 개정하였으며, 이를 통한 자동차세 세수감소분은 2,900억 원으로 추정되었다. 그리고 2001년 1월부터 자동차 등록면허세가 폐지되면서 등록면허세가 2,000억 원 감소되었다. 또한 2001년 7월부터 비영업용승용차의 자동차세가 차령에 따라 감면됨에 따라 자동차세가 3,342억 원 감소되었다. 2004년 1월부터는 경차의 취·등록세가 면제됨에 따라 발생하는 해당 세수감소가 200억 원으로 추정되었다. 이러한 일련의 지방세 감면조치로 전체지방세수 감소분합계 8,442억 원을 주행세를 통하여 전액 보전하기로 하였던 것이다.

한편 두 차례에 걸친 에너지세제 개편으로 인하여 경유 및 LPG에 대한 유류세가 인상됨에 따라 비용부담이 커진 버스·택시·화물업체 등에 대해 2001년 6월 당시의 유류세보다 인상되는 부분을 유가보조금으로 지원하기로 하였다. 이러한 유가보조금 지급재원을 주행세를 통해 마련하기로 하고, 지방세법을 개정하였던 것이다(2000. 12. 29).

제 2 절 주행세의 세율

주행세는 휘발유·경유에 대해 교통·에너지·환경세의 납세의무자에 부과되는 부가세(surtax)이다. 교통·에너지·환경세의 세수는 교통시설(80%), 환경개선(15%), 에너지자원(3%), 균형발전(2%) 특별회계로 전입되는 목적세이다.

[그림 3-1] 주행세세율 구조

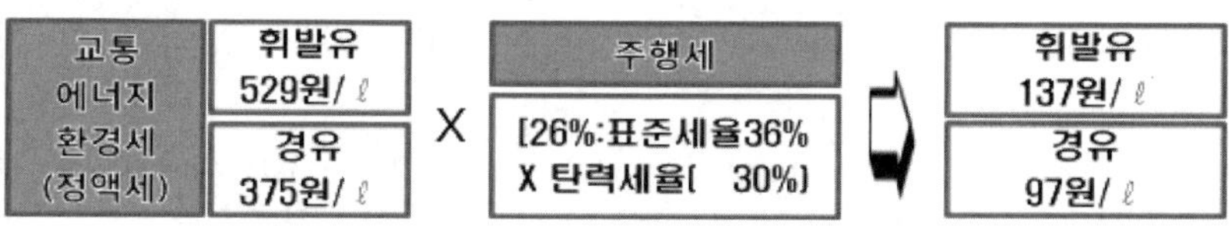

주행세의 표준세율은 지방세법 제196조의 17 제1항에서 교통세액[1]의 1,000분의 360으로 하고 있지만, 동조 제2항에서 대통령령으로 표준세율의 30% 이내의 범위 내에서 탄력적으로 조정가능하다. 현행 주행세율은 교통세액의 26%이며, 주행세는 유류공급자(정유회사 · 유류수입업자)에게 부과되고 있다.

일반적으로 세수의 크기는 해당 세목의 세율결정 결과이지만, 주행세의 경우 세수를 먼저 결정하고 결정된 세수를 확보하기 위하여 세율을 결정하는 구조적 특징을 지니고 있다. 자동차세 등 지방세수 감소를 보전하기 위해서 매년 지자체에 지급되는 정액보전금 8,442억 원과 버스 · 택시 · 화물 업체의 유가보조금 신청예상액을 합산하여 당해연도에 주행세로 지급해야 할 금액을 산출한 후(주행세필요액), 해당 연도의 휘발유와 경유의 소비량을 예측하여 적정주행세율을 산정하는 방식이다.

주행세필요액 = 8,442억원 + 유가보조금 신청예상액 = 주행세율 × (휘발유 및 경유의 소비량)

다만, 주행세율의 인상이 국민에 대한 유류세인상으로 연계되지 않도록 하기 위해서 교통세율 및 교육세율과 연동하여 이루어진다. 즉 휘발유 및 경유의 경우 교통세 · 주행세 · 교육세를 통칭하여 유류세라고 하는데, 이러한 유류세가 2009년 1월 이후 휘

1) 휘발유의 교통세율은 1ℓ당 475원이고, 경유의 경우 340원이나, 역시 대통령령으로 표준세율의 30% 범위 내에서 조정할 수 있도록 하고 있다.

발유는 745원, 경유는 528원이 항상 유지되도록 하고 있다.[2] 만약 주행세가 인상되는 경우 교통세는 인하되고, 교통세의 15%인 교육세 역시 인하되는 구조이다.

이렇게 주행세율은 지방세수 감소보전을 위한 정액보전금 지급과 유가보조금 지급을 위한 필요세수를 확보하기 위해 결정되는데, 정액보전금은 지방세법 시행령 제146조의 16 제2항에 8,442억 원으로 고정되어 있다. 따라서 주행세율을 결정하는 요인은 당해 연도의 유가보조금 신청예상액[3]과 휘발유 · 경유의 소비예상량이라고 할 수 있다.

[표 3-1] 주요 유류세현황

세 목	세 율	탄력세율	부과방식	구 분
교통 · 에너지 · 환경세	휘발유: 475원(529원) 경유: 340원(375원)	세율의 30%	종량세	국 세
교육세	교통 · 에너지 · 환경세의 15%	세율의 30%	종량세	국 세
주행세	교통 · 에너지 · 환경세의 36%(26%)	세율의 30%	종량세	지방세
부가가치세	공급가액의 10%	–	종가세	국 세

주) ( ) 안은 현행 탄력세이다.

2) 휘발유유류세 745원=a(교통세) + a×z(주행세) + a×0.15(교육세), 경유유류세 528원=a(교통세) + a×z(주행세) + a×0.15(교육세).

3) 유가보조금 신청예상액은 에너지세제 개편으로 인한 유류세인상, 유가연동 유가보조금의 지급(2008. 7~2009. 6) 등 에너지세제에 대한 국가정책 결정에 영향을 받아 왔다.

[표 3-2] 유류세(교통세·주행세·교육세) 관련 세율변화 추이

구 분	2008.1~3.9		2008.3.10~10.6		2008.10.7~12.31		2009.1~2009.4		개 정	
	휘발유	경 유	휘발유	경 유	휘발유	경 유	휘발유	경 유	휘발유	경 유
교통세	505	358	472	335	472	335	514	364	529	375
주행세	164 (32.5%)	116 (32.5%)	127 (27%)	90 (27%)	141 (30%)	100 (30%)	154 (30%)	109 (30%)	137 (26%)	97 (26%)
교육세	76 (15%)	53 (15%)	71 (15%)	50 (15%)	71 (15%)	50 (15%)	77 (15%)	54 (15%)	79 (15%)	56 (15%)
합 계	745	527	670	475	684	485	745	527	745	528

제3절 주행세의 배분

주행세의 배분구조를 보면 주행세는 자동차세보전액·유류세보조금·유가연동 보조금 순으로 보전한다. 자동차세보전액(8,442억 원)은 매년 승용자동차세 징수액비율에 따라 시·군세입으로 정액보전된다. '유류세연동 유가보조금'은 제1차 에너지세제개편에 따라 경유·LPG 부탄에 대한 유류세를 인상하면서 운수업계 부담완화를 위해 세액인상분을 보조금으로 지급하기로 한 것이다.4)

4) '유가연동 유가보조금'은 '고유가극복종합대책(2008. 6)' 중 하나로 기준가격(1,800원/ℓ, 경유) 이상 상승분의 50%를 보조금으로 지원한다(2008. 7~2009. 6). 유가연동 보조금은 버스·화물차·택시·연안화물선·농어민에게 각각 보조되는 보조금예산액 비율로 안분된다.

[그림 3-2] 주행세 배분구조

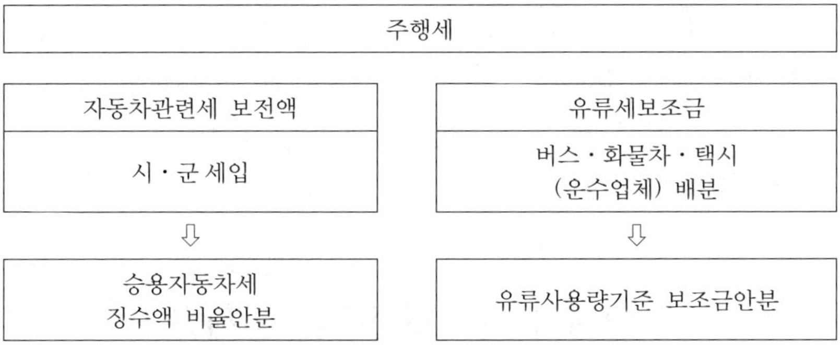

주행세의 배분체계는 정유회사가 주행세를 해당 지자체에 납부하면 이를 합계하여 정해진 배분기준에 따라 지자체에 배분하고, 지자체는 이 중 자동차세보전액은 세입조치하며, 유가보조금은 운수업체에 배분하는 체계이다.[5)]

[표 3-3] 연도별 주행세수 지급결과 (단위: 억 원)

구분	주행세수(*a*)	시 · 군 지원금			과부족 (*a-b*)
		계(*b*)	정액보전금	유가보조금	
2000년	2,538	2,900	2,900	–	△362
2001년	5,420	7,012	5,571	1,441	△1,592
2002년	10,634	10,653	8,242	2,411	△19
2003년	12,658	13,890	8,242	5,648	△1,232
2004년	17,503	19,628	8,442	11,186	△2,125
2005년	22,925	23,210	8,442	14,768	△285
2006년	27,095	27,026	8,442	18,584	69

5) 자세한 사항은 하능식(2010)을 참조바람.

2007년	32,702	31,081	8,442	22,639	1,621
2008년	30,811	30,599	8,442	22,157	212
2009년	32,871	28,343	8,442	19,901	4,528
계	195,157	194,342	75,607	118,735	815

※ 유가연동보조금은 2008년 7월부터 지급(485억 원).

제4절 주행세의 지방재정측면 문제점

주행세는 도입된 지 10년이 경과하면서 운용상 지방재정 측면에서 여러 가지 문제점을 발생시키고 있다.

첫째, 주행세는 도입초기의 지방재정 확충이라는 주요 기능이 변질되어 유가보조금 재원조달을 위한 목적세로 변질되었다. 주행세는 한미통상협상 등으로 인한 자동차 관련 지방세수 손실을 보전하기 위해서 도입된 지방세세목이지만, 사실상 지방재원으로 사용되는 부분은 아주 일부에 불과하다. 나머지 대부분은 버스·택시·화물차에 지원되는 유가보조금 재원으로 사용된다. 유가보조금은 운송업자에 대한 국가정책적 목적의 보조금으로 당초 한시적으로 도입되었으나, 국토해양부에서 매년 1년씩 일몰을 연장해 오고 있으며, 매년 그 규모가 확대되어 오고 있다.

둘째, 주행세로 인하여 유류세체계의 복잡성이 한층 가중되고 있다. 휘발유와 경유에는 교통·에너지·환경세가 부과되고, 교통·에너지·환경세액의 26%가 주행세로, 그리고 교통·에너지·환경세액의 15%는 교육세로 부과된다. 그리고 휘발유와 경유의 공급가격과 교통·에너지·환경세, 주행세·교육세를 합한 금액의 10%로 부가가치세가 부과된다. 이에 비해 LPG·등유·중유의 경우 교통·에너지·환경세 대신 개별 소비세가 부과될 뿐 나머지 주행세와 교육세가 부과되지 않으며, 부가가치세는 휘발유·경유 등과 동일한 체계로 부과된다. 그 동안 정부는 경유 및 LPG에 대한 세율인상 또는 유류의 사용량증가 등으로 유가보조금 재원이 많이 필요하게 되면 주행세세율을 올리는 한편, 교통·에너지·환경세를 인하해 왔다. 반대로 유가보조금에 대한 수요가 줄어들면 주행세세율은 내리면서 교통·에너지·환경세는 인상하는 방식으로 운영하여 왔다.

셋째, 주행세는 세수불안정과 지속적 세율조정의 문제를 안고 있다. 주행세는 자동차세보전분을 제외하면 유류세보조금으로 용도가 지정되어 있는 데 비해, 세수입은 유류가격 및 유류소비량 등에 따라 변동폭이 크기 때문에 매년 세수가 초과되거나 또는 부족되는 현상이 지속적으로 발생한다. 이로 인해 세율조정을 매년 한두 번씩 해야 하는 문제가 있고, 이러한 지속적 세율조정에도 불구하고 매년 유가보조금 재원의 과부족은 발생하고 있다. 물론 이 과부족재원이 다음 연도에 이월되지만, 빈번한 세율조정과 이로 인한 정책적 복잡성 및 행정적 낭비도 무시할 수 없는 부분이라고 할 수 있다.

[그림 3-3] 휘발유 및 경유 세율의 변천

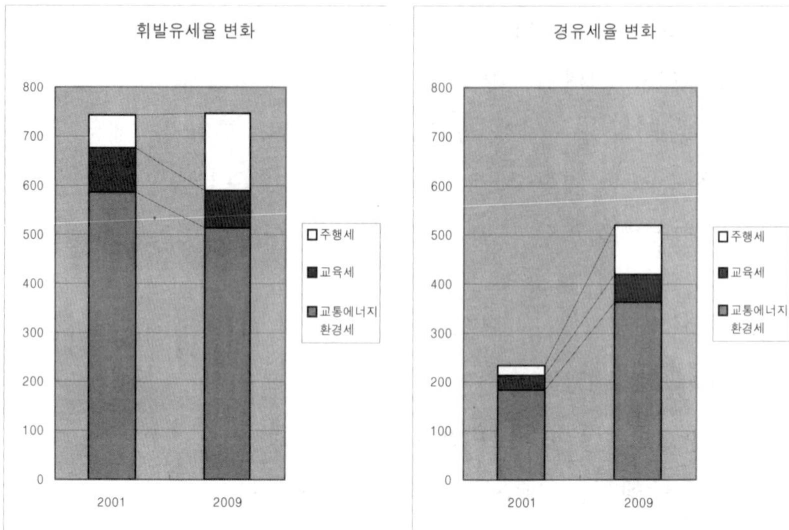

[표 3-4] 주행세의 비중변화 (단위: 10억 원)

지방세(A)

	2002	2003	2004	2005	2006	2007	2008	2009	증가율 (2002~2009)
합 계	31,584	33,397	34,159	35,977	41,282	43,532	45,835	45,057	42.7%
특·광역시	14,936	15,548	15,030	16,047	18,107	18,498	19,448	19,257	28.9%
도	9,156	9,135	9,323	9,783	11,732	11,820	11,801	11,374	24.2%
시	4,931	5,552	6,454	6,963	7,876	8,975	9,808	10,206	107.0%
군	1,007	1,123	1,313	1,374	1,500	1,794	1,961	2,076	106.2%
자치구	1,554	2,039	2,039	1,810	2,067	2,443	2,818	2,144	38.0%

주행세(B)

	2002	2003	2004	2005	2006	2007	2008	2009	증가율
합 계	1,063	1,266	1,747	2,291	2,710	3,263	3,078	3,287	209.3%
특・광역시	535	642	850	1,088	1,250	1,512	1,261	1,295	141.9%
도					25	27	28	25	
시	438	509	717	961	1,134	1,300	1,371	1,472	236.5%
군	90	114	180	241	301	424	418	495	450.0%
자치구									

자동차세(C)

	2002	2003	2004	2005	2006	2007	2008	2009	증가율
합 계	1,753	1,777	1,788	1,902	2,134	2,370	2,611	2,834	61.7%
특・광역시	844	854	855	891	976	1,065	1,161	1,245	47.6%
도					22	24	26	28	
시	760	775	783	852	962	1,084	1,202	1,310	72.4%
군	149	149	149	159	174	196	222	250	67.4%
자치구									

주행세비중(B/A)

	2002	2003	2004	2005	2006	2007	2008	2009	
합 계	3.40%	3.80%	5.10%	6.40%	6.60%	7.50%	6.70%	7.30%	
특・광역시	3.60%	4.10%	5.70%	6.80%	6.90%	8.20%	6.50%	6.72%	
도					0.20%	0.20%	0.20%	0.22%	
시	8.90%	9.20%	11.10%	13.80%	14.40%	14.50%	14.00%	14.43%	
군	8.90%	10.20%	13.70%	17.60%	20.00%	23.60%	21.30%	23.84%	
자치구									

자료: 지방재정연감, 각 연도.

넷째, 주행세는 지방재정 구조를 심각하게 왜곡하고 있다. 즉 주행세비중이 큰 자치단체의 경우 그 대부분이 유류세보조금인 데도 불구하고, 이로 인해 해당 자치단체 세입에서 차지하는 지방세비중이 높아지는 현상이 발생한다. 이러한 자치단체 지방세수입증가는 재정자립도를 높이고, 지방재정의 자율성 및 자치단체의 재정력을 과대평가하는 결과를 초래하여 지자체의 재정구조를 왜곡하고 있다. [표 3-4]에서 볼 수 있듯이 2002년~2009년 기간중 지방세는 42.7% 증가하였고, 자동차세는 61.7% 증가하였는 데 비해, 주행세는 209.3% 증가하여 자동차세증가율의 세배 이상 빠르게 증가하고 있다. 이로 인해 주행세의 지방세 대비 비중은 2002년 3.4%에서 2009년 7.3%로 두 배 이상 증가하였으며, 자치단체 유형별로 보면 불과 7년 만에 특·광역시에서는 3.6%에서 6.7%로, 군의 경우 8.9%에서 23.8%로 증가하였다. 특히 재정이 열악한 일부 자치단체에서는 그 비중이 매우 높게 나타나고 있다. 2008년 세입결산 자료에 의하면 전남 화순군은 주행세가 지방세의 65.9%, 경기 연천군은 64.0%, 경남 의령군은 57.1% 등으로 나타나 자치단체 주요 재원인 것처럼 보여질 수 있다. 그러나 문제는 그 대부분이 유가보조금 지급재원이어서 지방자치단체가 실제로 사용할 수 없는 국가의 운수업체 지원금이라는 것이다. 이와 같이 유가보조금 재원이 지방세수입을 높이고 이로 인해 재정자립도가 높아지는 결과를 초래하나, 실제 자치단체의 재정여력은 유가보조금 재원규모와 아무런 관계가 없다는 것이다.[6)]

---

6) 지방교부세 산정을 위한 기준 재정수입액(지방세의 80%) 산정시에는 주행세

다섯째, 주행세의 자동차세 정액보전분으로 인해 실질적 지방세수보전이 이루어지지 못하여 지방세수의 신장성을 저해하고 있다. 자동차세 정액보전분 8,442억 원은 지자체 세수감소보전에 사용되고 있지만, 동 지원금의 규모는 2003년도에 결정된 금액으로 그간 자동차세 규모증가를 고려할 때 실질적인 세수감소를 보전하지 못하는 것으로 보여진다. 예컨대 2000년 주행세도입 당시 국내등록된 자동차수는 1,206만 대(2000년 말 기준)에서 2009년 말에는 1,733만 대로 증가하였다.[7] 그런데 자동차 관련 지방세감소보전분의 경우, 2003년 이후 8,442억 원으로 고정되어 있어 자동차수증가에 따른 세수증가분과 자동차세의 누진구조 및 물가상승이나 소득수준 향상으로 인한 세수증가분 등이 전혀 반영되지 못하는 구조이다. 2003년~2009년 기간중 승용자동차의 증가율은 33.1%인데, 자동차세의 증가율은 그 두 배 수준인 66.7%로 나타났다. 승용자동차 배기량별로 보면 중소형인 2,000cc 이하의 경우 증가율이 건수 및 세액 모두 40% 미만인 데 비해, 2,000cc 초과 중대형의 경우 건수가 150.3% 증가하고 세액은 209.7% 증가하여 자동차세증가는 중대형 승용차의 증가에 기인하고 있음을 알 수 있다. 이로 인해 자동차 관련 지방세 세수감소분의 실질규모는 시간이 갈수록 급격히 확대되는 문제점을 안고 있다.

수입이 제외되고 있어 지방교부세 감소로 이어지지는 않는다.

7) 국토부 자동차등록현황(2000, 2009).

[표 3-5] 자동차세증가율 (단위: 건, 백만 원)

	2003		2009		증가율	
	건 수	세 액	건 수	세 액	건 수	세 액
1,000cc 이하	887,542	37,600	1,192,332	51,018	34.3%	35.7%
2,000cc 이하	14,064,228	1,369,078	15,794,864	1,692,712	12.3%	23.6%
2,000cc 초과	2,480,012	420,349	6,207,978	1,301,925	150.3%	209.7%
합 계	17,431,782	1,827,028	23,195,174	3,045,655	33.1%	66.7%

자료: 지방세정연감, 2004년 및 2010년.

제5절 유가보조금의 지방재정측면 문제점

1. 유가보조금 제도 개요

우리나라에서는 휘발유에 상대적으로 높은 세율, 경유 및 LPG에는 낮은 세율을 부과하여 왔고, 이로 인해 경유 및 LPG 차량이 증가하여 자원배분의 왜곡과 함께 세수감소가 초래되는 문제점이 발생하였다.[8] 이에 따라 정부는 2000년 제1차 에너지세제 개편안을 통해 당시 100 : 47 : 26이었던 휘발유·경유·수송용 LPG 가격비율을 2006년 7월까지 단계적으로 100 : 75 : 60으로 조

8) 수송용 연료체계 개편에 대한 최초의 논의는 1997년 이후의 LPG 수요급증과 1999년 사회적 문제로 제기되었던 'LPG 승합차파동'을 발단으로 시작되었다. 택시요금 안정과 국가유공자·장애인 복지증진의 목적으로 낮은 세금을 유지하던 LPG(부탄) 수요가 일반용 승합차의 허용으로 증가하여 안정적 에너지 믹스와 수급을 훼손하였다. LPG(부탄)수요는 1997년 1,836만 배럴에서 2001년 3,639만 배럴로, 등록된 차량은 40만 대에서 143만 대로 급격히 증가하였다.

정하기로 하였다. 제1차 에너지세제 개편(2001. 7~2004. 12)으로 인해 경유 및 LPG 부과 교통세 및 특소세의 세율이 단계적으로 인상되었으며, 이로 인한 운송업계의 급격한 부담증가를 막기 위해 유류세인상분을 보조금으로 지원하기로 하였다. 이러한 유가보조금 재원을 지방세인 주행세(2000년 12월 지방세법 개정)로부터 조달하기로 한 것이다.

제2차 에너지세제 개편(2005. 1~2007. 7)은 일반형 경유승용차의 국내판매 허용을 앞두고 예상되는 경유수요 급증과 그로 인한 대기오염 심화에 대응하기 위한 것이었다. 그리고 휘발유가격 대비 경유・LPG 가격의 비율을 100 : 85 : 50으로 재조정하기로 하였다.[9)]

유가보조금 대상차량은 경유와 LPG 이용 영업용 화물차량, 버스 및 택시 등이다. 구체적으로 노선여객 자동차운송업인 시내・시외・농어촌 및 마을버스, 택시는 법인택시와 개인택시, 영업용 화물차량은 일반・개별・용달 화물 운송업을 포함하는 것이었다.

유가보조금의 법적 근거를 보면 여객자동차운수사업법 제50조에서 여객자동차 운수사업의 진흥을 위하여 재정지원을 할 수 있도록 하고 있으며, 여객자동차운수사업법시행규칙 제94조 제4항에서 재정지원을 할 수 있는 것으로 "유가체계 조정에 따른 운수사업 부분의 유류세액 인상액의 보조"라고 규정하고 있다. 그리고 화물자동차운수사업법 제43조 제2항에서 "특별시장・광역시장・시장 또는 군수는 운수사업자에게 유류에 부과되는 다음 각

9) OECD 국가들 휘발유 : 경유 : LPG의 상대가격 비중평균은 100 : 80 : 51 수준이다.

[표 3-6] 연도별 유가보조금 지급현황 (단위: 억 원)

연 도	총 계	버 스	택 시	화물차	연안화물선
2001	1,476	442	687	347	
2002	2,474	685	1,212	577	
2003	5,410	1,405	2,324	1,680	
2004	9,786	2,138	4,165	3,483	
2005	14,923	3,045	5,296	6,428	155
2006	18,795	3,832	5,313	9,439	211
2007	22,881	4,352	5,376	12,911	242
2008	22,047	4,012	3,666	14,123	246
2009	20,171	3,809	1,054	15,038	270

자료: 국토해양부.

호의 세액 등 인상액에 상당하는 금액의 전부 또는 일부를 보조할 수 있다"라고 규정하고 있다. 2008년 5월부터 택시 운송사업자에게는 개별 소비세와 교육세를 한시적으로(2008. 5. 1~2012. 12. 31)[10] 면세함에 따라 판매부과금만 보조하고 있다.[11]

유가보조금의 지급현황을 보면 [표 3-6]에서 보는 바와 같이 2009년 현재 유가보조금 전체의 4분의 3이 화물차에 지급되며, 택

10) 정부는 2010년 말 '조세특례제한법'을 개정하여 택시연료에 부과되는 개별 소비세와 교육세 면제제도를 2012년 말까지로 연장하여 개별 소비세 및 교육세 면제액을 리터당 185원에서 23원으로 축소하고, 유가보조금은 36원에서 198원으로 인상하여 택시용 LPG에 대한 총 지원금액은 리터당 221원을 유지하기로 하였다.

11) 석유판매 부과금은 석유의 수급 및 가격안정을 위하여 석유 정제업자 혹은 석유 수출입업자에게 부과되는 징수금으로 2008년 3월 현재 kg당 62.28원(리터당 36.42원)으로 책정하였다.

시의 경우 2007년 이전에는 상대적 비중이 큰 편이었으나 택시에 대한 유류세 면세조치로 대폭 감소한 것을 알 수 있다. 그리고 버스와 택시에 비해 화물차에 대한 유가보조금이 지나치게 빠르게 증가하고 있음을 알 수 있으며, 화물차에 의한 물류비의 상당부분이 유가보조금에 의해 지원되고 있는 것이다. 이로 인해 유가보조금이 화물운송 산업을 과다하게 지원하여 우리나라 물류체계의 왜곡현상이 초래된다는 많은 지적이 제기되고 있다(이재민 외, 2007).

2. 유가보조금의 지방재정구조 왜곡

유가보조금의 재원을 지방세인 주행세로부터 마련함에 따른 지방재정 측면의 문제점은 다음과 같이 정리될 수 있다.

첫째, 보통세인 주행세가 유가보조금으로 인해 국가정책목적 달성을 위한 목적세로 변질되었다. 즉 유가보조금 지원은 국가의 유류세 인상조치에 따른 운송업자들의 비용부담 완화를 목적으로 국가에서 지급하는 보조금이다. 따라서 그 재원을 지방세인 주행세로 한다는 것 자체가 보통세로서 지방자치단체의 주요한 자주재원이라는 주행세 본래의 기능에 부합하지 않는 것이다. 특히 유가보조금 지급부분이 최근에는 전체 주행세수의 70%에 달하면서 주행세는 그 기능이 목적세로 변질된 결과를 초래하였다.

둘째, 유가보조금으로 인해 주행세율 결정구조가 불필요하게 복잡해진다. 주행세는 교통・에너지・환경세의 부가세이므로, 만약 유류세율 인상으로 유가보조금 지급단가가 인상되면 이것은 주행세율 인상요인으로 작용하고 전체 유류세율(교통에너지환경세+교육세+주행세)을 일정하게 유지하기 위해 교통·에너지·환경세율(정액세) 및 교육세(교통에너지환경세의 15%)의 조정이 필요하다. 주행세수는 2000년 도입 당시 2,538억 원에서 2009년 3조2,871억 원으로 13배 증가하였고, 2009년에는 지방세징수액 45조1,678억 원의 7.3% 비중을 차지하여 자동차세 징수액 2조8,340억 원을 초과하였다. 하지만 주행세징수액 중 실질적인 지방자치단체의 재원으로 사용되는 부분은 정액보전분 8,442억 원에 불과하고, 나머지 2조4천여 억 원은 유가보조금 재원으로 사용된다.

셋째, 유가보조금으로 인해 자치단체 재정력이 실제보다 과대하게 나타난다. 자치단체별 유가보조금이 지방세에서 차지하는 비중의 분포를 보면 [표 3-7]에서 보는 바와 같이 군의 경우 3개 자치단체는 50%를 초과하고 있으며, 20%를 초과하는 자치단체가

[표 3-7] 지자체별 지방세 대비 유가보조금 비중의 분포

비 중	시	군	특별·광역시·제주도
50% 이상		3	
40%~50%	2	2	
30%~40%	1	6	
20%~30%	5	17	
10%~20%	29	25	
5%~10%	26	17	5
5% 미만	12	16	3
계	75	86	8

주) 지자체별 유가보조금은 지자체별 주행세액에서 정액보전금을 차감하여 계산.

전체군의 3분의 1 수준인 28개에 달한다. 시의 경우도 두 개는 40%를 초과하고 있으며, 20%를 초과하는 시가 8개에 이르고 있다. 특히 재정력이 높지 않아 지방세수입이 크지 않은 자치단체일수록 유가보조금에 의한 지방세수 증대효과는 크게 나타난다.

지방자치단체 재정의 건전성을 나타내는 대표적인 지표인 재정자립도의 경우 지방세수입이 많을수록 재정자립도가 높아지는데, 주행세의 경우 3분의 2 이상이 운송업체에 대한 유가보조금으로 지급되므로 실질적 재정자립도와는 무관한 부분이지만 재정자립도 계산에는 포함된다. 이로 인해 주행세는 특별·광역시세이면서 시·군세여서 도에 비해 특별·광역시의 재정자립도를 상대적으로 높여 주고, 자치구에 비해 시·군의 재정자립도를 높여 주는 결과를 초래한다.

유가보조금으로 인한 재정자립도 과대현상은 [표 3-8]에서 보여 주고 있는데, 일부 자치단체는 유가보조금 포함 여부에 따라 10%p 이상의 재정자립도 차이가 발생한다. 경기 여주군의 경우 2010년도 예산상의 재정자립도는 35.8%이나 유가보조금을 제외하면 20.7%로 낮아지고, 경기 광주시의 경우도 57.6%에서 46.8%로 낮아지는 등 운수업체가 많이 분포한 자치단체일수록 그 영향이 큰 편이다. 자치단체 유형별 평균을 보면 [표 3-9]에서처럼 주행세로 유가보조금 재원을 조달함에 따라 광역시는 재정자립도가 2.9%p 높게 나타나고 있으며, 시는 2.48%p, 군은 1.46%p 높아지는 결과를 초래하고 있다.

[표 3-8] 유가보조금에 따른 재정자립도 차이 상위단체(2010년 예산기준)

	재정자립도(%) (유가보조금포함)	재정자립도(%) (유가보조금 제외)	차이(%p.)
경기 여주군	35.8	20.7	15.1
경기 광주시	57.6	46.8	10.8
경기 연천군	27.0	17.6	9.4
경기 안양시	60.8	51.6	9.2
전남 화순군	23.1	14.7	8.4
경남 양산시	38.1	30.1	8.0
경북 포항시	41.4	34.6	6.8
경남 밀양시	22.6	16.9	5.7
경북 영천시	19.8	14.3	5.5
경기 안산시	57.6	52.5	5.1
경기 안성시	39.9	35.1	4.8
울산 울주군	48.6	43.9	4.7
경북 칠곡군	28.5	24.1	4.4
경기 수원시	64.0	59.8	4.2
강원 강릉시	24.3	20.5	3.8
경남 의령군	18.9	15.1	3.8
전남 광양시	37.8	34.0	3.8
강원 춘천시	30.7	26.9	3.8
경기 파주시	54.0	50.3	3.7
경기 이천시	50.0	46.3	3.7
경남 마산시	43.3	39.7	3.6

[표 3-9] 자치단체유형별 유가보조금에 따른 재정자립도 차이

	광역시	시	군
평 균	2.90%	2.48%	1.46%
최 대	3.81%	10.80%	15.08%
최 소	2.19%	0.36%	0.02%

넷째, 주행세 유가보조금은 국세와 지방세 간의 상대적 크기도 왜곡하고 있다. 유가보조금의 경우 에너지세제 개편으로 인한 유류세인상에 따른 운송업체에 대한 보조금이므로 지방세가 아니라 국세에 의한 중앙정부 예산을 통해 지원되어야 할 부분이다. 가령 유가보조금을 지방세인 주행세가 아닌 국세인 교통에너지환경세를 통해 조달하였다면, 2009년 유가보조금 규모인 2조 원만큼 지방세수가 줄어들고, 동일한 크기만큼 국세규모가 증가하였을 것이다. 유가보조금 부분을 국세로 조달하는 경우 총 조세 대비 국세비중은 2009년 기준 77.8%에서 78.8%로 증가하고, 지방세 비중은 22.2%에서 21.2%로 감소하게 된다.

[표 3-10] 유가보조금에 의한 국세·지방세 비중변화(2009년)

	조정 전		조정 후		
	세 액 (십억 원)	비 중	유가보조금 (십억 원)	세 액 (십억 원)	비 중
국 세	157,935	77.8%	+ 2,017	159,952	78.8%
지방세	45,056	22.2%	- 2,017	43,039	21.2%
총 조세	206,555	100%		202,991	100%

이와 같이 유가보조금을 지방세를 통해 조달함에 따라 내국세규모가 2009년 기준 약 2조 원 감소하고, 이로 인해 내국세의 19.24%인 지방교부세 규모가 약 3,881억 원 감소하는 결과가 나타난다. 따라서 유가보조금이 커지면 커질수록 지방재정은 상대적으로 약화될 수밖에 없는 구조적 문제를 안고 있는 것이다.

제4장

외국의 유류세현황

제 1 절 주요국의 유류세현황

1. 미 국

미국은 연방정부, 주정부 및 지방정부에서 휘발유・경유 등에 대해 유류세를 부과하고 있다. 미국의 유류세(fuel tax) 과세대상은 휘발유(gasoline)・디젤(diesel fuel)・희석경유(diesel-water fuel emulsion)・등유(kerosene)와 대체연료로서 액화석유 가스(Liquefied Petroleum Gas: LPG), 액화천연 가스(Liquefied Natural Gas: LNG), 그리고 압축천연 가스(Compressed Natural Gas: CNG)로 나누어 볼 수 있다.

유류와 대체연료(이하 '유류 등')에 대하여 연방정부의 소비세(excise tax)가 부과되고, 유류 등의 판매와 소비에 대하여 지방정부는 별도의 소비세를 징수한다. 그리고 유류 등에 대한 소비세의 형식은 대부분 종량세의 형태로 되어 있다.

미국은 OECD 국가에 비하여 에너지에 대한 조세부과를 상대적으로 낮은 수준으로 유지한다. 휘발유의 경우 IEA 회원국 중 가장 낮은 수준의 세금을 부과하고 있는데, 2008년 6월 기준으로 평균 연방세금이 리터당 0.048 달러, 지방정부의 세금이 리터당 0.057 달러로 총 0.105 달러에 이른다.[1] 디젤(diesel fuel)은 2008년 6월 기준으로 평균 연방세금이 리터당 0.065 달러, 지방정부의 세금이 리터당 0.058 달러로 총 0.123 달러로서 휘발유보다 높은 특징을 지닌다(조명환 외, 2008).

[표 4-1] 미국의 연방 유류세(2008년 7월 기준) (단위: $/갤런)

구 분		소비세율	LUST tax[1)]	합계
휘발유(gasoline)[2)]	자동차용	0.183	0.001	0.184
	항공용(aviation gasoline)	0.194	–	0.194
경 유(diesel fuel)	일 반	0.243	0.001	0.245
	특정 버스	0.17	–	0.17
	면세버스용(dyed diesel)	–	0.001	0.001
희석경유 (diesel-water fuel emulsion)	일 반	0.244		0.244
	국세청에 등록한 경우 경감세율 적용	0.198		0.198
	일 반	0.243	0.001	0.245

1) IEA, *Energy Prices & Taxes,* 2nd Quaters, 2008, pp. 296~297.

등 유(kerosene)	특정 버스	0.17	–	0.17
	면세용 버스(dyed kerosene)	–	0.001[3)]	0.001
	비상업용 항공연료	0.219	–	0.219
	상업용 항공연료	0.044	–	0.044
액화석유가스(LPG)	일 반	0.183	–	0.183
액화천연가스(LNG)	일 반	0.243	–	0.243
압축천연가스 (CNG)[4)]	일 반	0.183	–	0.183

주) 1) Leaking Underground Storage Tank Trust Fund Tax는 자원보존 및 회복법(Resource Conservation and Recovery Act)에 따라 자동차용 유류판매에 대하여 0.1센트를 부과한다.
2) 휘발유는 옥탄(octane) 비율이 75% 이상인 자동차연료용·항공용, 그리고 휘발유혼합물(gasoline blendstocks)을 포함한다.
3) 대중교통용 도시간 버스와 학교용 버스의 경우 유류세가 면제되며 착색(dyed)되는데, 이 경우에도 LUST tax는 부과된다.
4) 압축천연 가스의 단위는 휘발유 1갤런 상당향(Gasoline Gallon Equivalent: GGE)으로 IGGE는 126.67 Cubic feet를 의미한다.

자료: IRS, IRS Publication 510, Exercise Taxes for 2008과 IRS Form 720. 조명환 외(2008) 재인용.

미국의 주별 유류세 부과현황을 보면 절반 이상인 26개 주에서 휘발유와 디젤에 동일한 수준의 세금을 부과하고 있다. 상대적으로 디젤에 많은 세금을 부과하는 주는 16개 주이며, 휘발유에 보다 많은 세금을 부과하는 주는 9개 주에 불과하다.

[표 4-2] 유류세 등 관련 조세항목과 세부담수준

디젤과 휘발유 부과세금이 동일한 주		디젤에 보다 많은 세금을 부과하고 있는 주	휘발유에 보다 많은 세금을 부과하고 있는 주
Alaska Arizona California Hawaii Idaho Louisiana Massachusetts Minnesota Mississippi Missouri New Hampshire North Carolina North Dakota	Ohio Oregon Rhode Island South Carolina South Dakota Texas Utah Virginia Washington West Virginia Wisconsin Wyoming Dist. of Columbia	Alabama Arkansas Connecticut Florida Georgia Illinois Iowa Kansas Maine Maryland Montana Nevada New Jersey New Mexico Pennsylvania Vermont	Colorado Delaware Indiana Kentucky Michigan Nebraska New York Oklahoma Tennessee
26개		16개	9개

주별로 보면 알래스카가 리터당 8 센트로 휘발유·경유 모두 가장 낮은 조세를 부과하고 있으며, 휘발유 및 경유의 세율이 가장 높은 주는 워싱턴주로 리터당 37.5 센트 수준이다.

[표 4-3] 미국의 주별 유류세(2010년 1월 기준) (단위: 센트/갤런)

구 분	휘발유(gasoline)			경 유(Diesel fuel)			Gasohol		
주 별	소비세	추가세	합 계	소비세	추가세	합 계	소비세	추가세	합 계
Alabama	16.0	2.0	18.0	19.0		19.0	16.0	2.0	18.0
Alaska	8.0		8.0	8.0		8.0	8.0		8.0
Arizona	18.0		18.0	18.0		18.0	18.0		18.0
Arkansas	21.5		21.5	22.5		22.5	21.5		21.5
California	18.0		18.0	18.0		18.0	18.0		18.0
Colorado	22.0		22.0	20.5		20.5	22.0		22.0
Connecticut	25.0		25.0	37.0		37.0	25.0		25.0
Delaware	23.0		23.0	22.0		22.0	23.0		23.0
Florida	4.0	12.0	16.0	16.0	15.8	31.8	4.0	12.0	16.0
Georgia	7.5	9.3	16.8	7.5	10.0	17.5	7.5	19.3	16.8
Hawaii	17.0		17.0	17.0		17.0	17.0		17.0
Idaho	25.0	1.0	26.0	25.0	1.0	26.0	25.0	1.0	26.0
Illinois	19.0	1.1	20.1	21.5	1.1	22.6	19.0	1.1	20.1
Indiana	18.0		18.0	16.0		16.0	18.0		18.0
Iowa	21.0		21.0	22.5		22.5	19.0		19.0
Kansas	24.0		24.0	26.0		26.0	24.0		24.0
Kentucky	22.7	1.4	24.1	19.7	1.4	21.1	22.7	1.4	24.1
Louisiana	20.0		20.0	20.0		20.0	20.0		20.0
Maine	29.5		29.5	30.7		30.7	29.5		29.5
Maryland	23.5		23.5	24.25		24.25	23.5		23.5
Massachusetts	21.0		21.0	21.0		21.0	21.0		21.0
Michigan	19.0		19.0	15.0		15.0	19.0		19.0
Minnesota	27.1		27.1	27.1		27.1	27.1		27.1
Mississippi	18.0	0.4	18.4	18.0	0.4	18.4	18.0	0.4	18.4
Missouri	17.0	0.55	17.55	17.0	0.55	17.55	17.0	0.55	17.55
Montana	27.0		27.0	27.75		27.75	27.0		27.0

Nebraska	26.8	0.9	27.7	26.8	0.3	27.1	26.8	0.9	27.7
Nevada	24.0	0.055	24.055	27.0		27.0	24.0	0.055	24.055
New Hampshire	18.0	1.625	19.625	18.0	1.625	19.625	18.0	1.625	19.625
New Jersey	10.5	4.0	14.50	13.5	4.0	17.50	10.5	4.0	14.50
New Mexico	17.0	1.875	18.875	21.0	1.875	22.875	17.0	1.875	18.875
New York	8.0	16.4	24.4	8.0	14.65	22.65	8.0	16.4	24.4
North Carolina	30.3	0.25	30.55	30.3	0.25	30.55	30.3	0.25	30.55
North Dakota	23.0		23.0	23.0		23.0	23.0		23.0
Ohio	28.0		28.0	28.0		28.0	28.0		28.0
Oklahoma	16.0	1.0	17.0	13.0	1.0	14.0	16.0	1.0	17.0
Oregon	24.0		24.0	24.0		24.0	24.0		24.0
Pennsylvania	12.0	19.2	31.2	12.0	26.1	38.1	12.0	19.2	31.2
Rhode Island	30.0	1	31.0	30.0	1	31.0	30.0	1	31.0
South Carolina	16.0		16.0	16.0		16.0	16.0		16.0
South Dakota	22.0		22.0	22.0		22.0	20.0		20.0
Tennessee	20.0	1.4	21.4	17.0	1.4	18.4	20.0	1.4	21.4
Texas	20.0		20.0	20.0		20.0	20.0		20.0
Utah	24.5		24.5	24.5		24.5	24.5		24.5
Vermont	19.0	5.5	24.5	25.0	4.0	29.0	19.0	5.5	24.5
Virginia	17.5		17.5	17.5		17.5	17.5		17.5
Washington	37.5		37.5	37.5		37.5	37.5		37.5
West Virginia	20.5	11.7	32.2	20.5	11.7	32.2	20.5	11.7	32.2
Wisconsin	30.9	2.0	32.9	30.9	2.0	32.9	30.9	2.0	32.9
Wyoming	13.0	1	14.0	13.0	1	14.0	13.0	1	14.0
Dist. of Columbia	20.0		20.0	20.0		20.0	20.0		20.0

자료: Federation of Tax Administrators, http://taxadmin.org/fta/rate/motor_fl.html.

미국의 유류가격 대비 세금이 차지하는 비중을 살펴보면 휘발유는 약 23.3%이고, 자동차용 디젤(diesel) 역시 약 23.4%로 비슷한 수준을 보이고 있으며, 이것은 OECD 국가들에 비해 매우 낮은 수준이다.

[표 4-4] 미국의 평균가격과 유류세 (단위: 달러)

에너지원별	분 기	세전가격	세 금	세포함 가격
산업용 경유(per 1,000 liter) Light Fuel Oil for Industry	2009년 4분기	493.01	25.40	518.41
가정용 경유(per 1,000 liter) Light Fuel Oil for Household	2009년 4분기	679.74	33.31	713.04
상업용 자동차디젤(per liter) Automotive for commercial use	2009년 4분기	0.585	0.137	0.723
비상업용 자동차디젤(per liter) Automotive for non-commercial use	2009년 4분기	0.585	0.137	0.723
고급 무연휘발유(per liter) Premium Unleaded Gasoline	2009년 4분기	0.622	0.130	0.752
일반 무연휘발유(per liter) Regular Unleaded Gasoline	2009년 4분기	0.558	0.130	0.688

자료: IEA, *Energy Prices & Taxes*, 1st Quater, 2010, pp. 327~328.

2. 일 본

일본[2)]의 유류세 과세대상은 휘발유(gasoline)・등유(kerosene)・

2) 일본정부는 '3Es' 정책－에너지안정 정책(Energy security), 환경유지 정책(Environmental sustainability), 에너지효율 정책(Economic Efficiency)－을 지속적으로 추진하고 있다(OECD, *Energy Policies of IEA Countries-Japan 2008 review*, pp. 40~41.

디젤(diesel) · 경유(light fuel oil) · 중유(heavy fuel oil)와 천연가스로서 LPG · LNG로 나누어진다. 세목별로는 개별 소비세(국세)인 석유 및 석탄세(Petroleum and Coal tax) · 휘발유세(Gasoline tax) · 항공유세(Aviation fuel tax) · 석유가스세(LPG tax) · 자동차용 디젤세(Light oil delivery tax) · 지방도로세(Local road tax) 등이 있다. 석유 및 석탄세는 1978년 도입 당시 원유에 국한하여 과세하였으나, 1984년에는 과세대상을 LPG와 LNG로 확대하고 2003년에는 석탄까지 포함하였다. 일본의 유류세는 종량세이며, 종가세인 소비세(consumption tax)가 5%의 세율로 별도 부과된다.

도로 건설 · 보수의 재원을 위하여 자동차용 연료에 부과되는 목적세로 휘발유세 · 석유가스세 · 자동차용 디젤세가 있다. 휘발유세와 동일한 과세대상에 부과되는 지방도로세의 재원은 지방정부에 교부금으로 배부된다. 석유가스세는 중앙정부의 목적세로서 50%는 중앙정부로, 나머지 50%는 도도부현에 전입된다.

일본의 유류가격에서 세금이 차지하는 비중을 살펴보면 [표 4-6]에서 보는 바와 같이 휘발유는 약 48.5%, 자동차용 디젤(diesel)은 약 43.4%로 디젤이 약간 낮은 수준이다. 1993년 이후 휘발유는 리터당 53.8 엔(지방도로세 포함), 디젤은 리터당 32.1 엔으로 유지되다가 2009년 4분기부터 휘발유의 경우 리터당 61.9 엔(지방도로세 포함), 디젤은 36.6 엔으로 증세된 바 있다.

[표 4-5] 일본의 유류세(2008년 3월 기준) (단위: 엔, %)

구 분		유류세	소비세율
석유 및 석탄세	원 유(per liter)	2.04	5
	디 젤(per liter)	2.04	5
	등 유(per liter)	2.04	5
	천연가스(per ton)	1.08	5
	LPG(per ton)	1.08	5
휘발유(per liter)1)		53.8	5
자동차용 디젤(per liter)		32.1	5
자동차용 LPG(per liter)		9.8	5
항공유(per liter)		26.0	5

주) 1) 휘발유세(gasoline tax) 48.6엔과 지방도로세(local road tax) 5.2 엔의 합계액을 나타낸다.

자료: OECD, *Energy Policies of IEA Countries－Japan,* 2008 review, p. 38과 IBFD.

[표 4-6] 일본의 자동차 관련세 현황

국 세		세 율	세 수 (2007)
휘발유세	휘발유를 정제공장 또는 보세창고 출하시 정제업자 또는 거래업자에게 과세. 수송시에 기화되는 1.35% 공제. 휘발유세와 지방휘발유세 동시에 징수	48.6 엔/1 ℓ 당(잠정세율, 원칙세율은 24.3 엔/1 ℓ 당)	2조8,395억 엔
지방도로세	휘발유세와 병과 (국세로 징수하여 지방에 양여)	5.2 엔/1 ℓ 당(잠정세율, 원칙세율은 4.4 엔/1 ℓ)	
석유가스세	과세 석유가스를 자동차용 석유가스용기에 충전하는 석유매매업자에게 충전량에 따라 과세	17.5 엔/kg(원칙세율)	132억 엔
자동차 중량세	자동차중량에 따라 차검시에 자동차사용자에게 과세	자가용승용차、6,300 엔/0.5t · 연(잠정세율, 원칙세율 2,500 엔)	5,549억 엔
지방양여분	지방휘발유세		

지방세		세 율	세 수 (2007)
경유거래세 (도부현세)	실제 경유 거래자에게 과세	1ℓ당 15 엔 (단, 당분간 32.1 엔/ℓ)	1조360억 엔
자동차 취득세	자동차의 취득단계에서 부과됨	자가용자동차의 경우、세율 취득가격의 5% (잠정세율, 원칙세율은 33%)	4,855억 엔
지방양여분	지방휘발유세		

가. 지방휘발유세(지방도로세)

지방휘발유세는 가솔린에 부과되며, 지방자치단체에 재원양여를 목적으로 하는 국세로 간접세의 하나이다. 2008년 3월 31일까지 지방자치단체에 대하여 도로재원을 양도하기 위해 '지방도로세'로서 휘발유에 과세하였다. 과세근거로는 자동차운전에 의해 도로를 파손시키는 자에게 도로의 정비·보수비용을 부담시킨다는 것이며, 휘발유세와 같이 그 실질에는 수익자부담금적인 의미가 있다. 2009년 4월 1일 도로특정 재원제도폐지에 따라 현재의 명칭으로 개칭되었으며, 동 세수의 대부분은 도로재원에 주로 사용되고 있다.

가솔린에 과세되는 가솔린세는 휘발유세와 지방휘발유세를 합한 명칭이다. 지방휘발유세 세율은 2008년 5월부터 2018년 3월까지 잠정세율이 적용되어 가솔린 1리터당 5.2 엔으로 휘발유세 48.6 엔을 합하면 가솔린세는 53.8 엔이 된다. 원칙세율은 가솔린 1리터당 4.40 엔으로 이것과 휘발유세 24.30 엔을 합하면 가솔린세는 28.7 엔이다. 지방도로세법에는 1리터당 지방도로세율은 4.4 엔이지만, 1970년대의 오일쇼크로 조세특례조치법에 의해 1979년

6월부터 1993년 11월까지는 1리터당 8.2 엔이 적용되었고, 1993년 12월부터 2008년 3월까지는 1리터당 5.2 엔이 적용되었다.

나. 일본의 도로특정 재원과 유가보조금

도로 건설 및 정비를 위한 재원마련을 위해 유류세는 1976년 잠정세율이 인상된 이래 1993년・1998년・2003년 등 계속 연장되어 왔다. 국세는 휘발유세・석유가스세・자동차중량세이며, 지방(도도부현)세는 지방도로 양여세・석유가스 양여세・자동차중량 양여세・경유인취세・자동차취득세 등이다. 이 중 트럭 운송사업

[표 4-7] 일본의 평균가격과 유류세 (단위: 엔)

에너지원별	분 기	세전 가격	유류세	소비세	세 금	세포함 가격
산업용 경유(per 1,000 liter) Light Fuel Oil for Industry	2009년 4분기	46,690	2,040	2,437	4,477	51,167
가정용 등유(per 1,000 liter) Kerosene for Household	2009년 4분기	63,825	2,040	3,293	5,333	69,158
상업용 자동차디젤(per liter) Automotive for commercial use	2009년 4분기	47.8	34.1	2.5	36.6	84.4
비상업용 자동차디젤(per liter) Automotive for non-commercial use	2009년 4분기	68.8	34.1	3.5	37.7	106.5
일반 무연휘발유(per liter) Regular Unleaded Gasoline	2009년 4분기	65.8	55.8	6.1	61.9	127.7
상업용 자동차 LPG(per liter) Automotive for commercial use	2009년 4분기	61.5	9.8	3.6	13.4	74.9
비상업용 자동차 LPG(per liter) Automotive for non-commercial use	2009년 4분기	66.1	9.8	3.8	13.6	79.7

자료: IEA, *Energy Prices & Taxes*, 1st Quater, 2010, pp. 214~215.

구 분	경유인취세	유가보조금	비 중
리터당	32.1 엔	8.55 엔	26.64%

과 관련하여 경유인취세(軽油引取税)가 2008년 잠정세율을 30% 인상하였는데, 이로 인해 2018년 3월까지 경유 1리터당 32.1 엔의 경유인취세를 과세한다.

잠정세율이 시작된 1976년 운송업계의 비난과 반발이 거세짐에 따라 대책으로 경유거래세 중 국가가 정한 계산식(세수예상액과 영업용 트럭 등록대수 등을 고려)에 의한 금액을 각 도도부현으로부터 각 도도부현 트럭협회에 교부금으로 지급하는데, 이것이 '운수사업 진흥조성교부금'이다.

1976년 세율이 리터당 15 엔에서 19.5 엔으로 인상됨에 따라 인상분의 절반인 2.25 엔을 유가보조금으로 지급하기 시작하였다. 1993년 경유인취세가 리터당 32.1엔으로 다시 인상됨에 따라 1976년 이후 인상분의 절반인 8.55 엔을 유가보조금으로 지급하고 있다.

해당 도도부현의 전일본 트럭협회 지부가 유가보조금의 약 75%를 수령하고, 나머지 약 25%는 전일본 트럭협회가 수령한다. 전일본 트럭협회는 유가보조금을 이용하여 트럭 스테이션(화물자동차 휴게소)을 건설 · 관리 · 운용하며, 트럭 운송사업의 근대화 · 합리화 등을 위한 저리융자 사업, 수송정보 네트워크확립을 위한 사업, 교통안전 대책, 환경대책 등의 사업을 수행하고 있다.

3. 독 일

독일은 경유와 휘발유에 개별 소비세를 부과하고 있고, 1999년부터는 생태세(eco tax)를 부과하고 있으며, 이 밖에도 경유와 휘발유에는 비상비축기금(Contribution to Emergency Storage Fund)이 소액 부과되고 있다. 독일정부는 1999년 4월 도입된 친환경 조세개혁의 일환으로 에너지소비를 줄이고자 자동차연료(motor fuel)와 난방연료(heating fuel)에 대한 세율을 점진적으로 인상하였고, 전력사용에 대한 조세부과를 시행하였다.

자동차연료에 대한 과세대상은 휘발유(gasoline)와 디젤(diesel)이며, 유황(sulfur)의 함유량에 따라 세율이 결정된다. 유류 등에 대한 소비세의 형식은 대부분 종량세이고, 추가적으로 종가세인 부가가치세(2007년 1월 1일 이후부터 19%)가 적용된다. 산업용과 상업 목적의 자동차용 경유(diesel)는 부가가치세가 환급되어 유류가격에는 반영되지 않는다. 기후변화 완화와 에너지공급 안정을 위

[표 4-8] 독일의 친환경연료 법적 함유량(2007~2015) (단위: %)

구 분		2007~2009	2010~2015
경 유	친환경디젤 함유량 Biodiesel (share of diesel by energy content)	4.4	4.4
휘발유	친환경에탄올 함유량 Bioethanol (share of gasoline by energy content)	1.2	3.6

자료: OECD, *Energy policies of IEA Countries-Germany,* 2007 review, p. 72.

해서 2007년 1월 1일 이후부터 유류에 최소한의 친환경연료(bio fuels)가 포함되도록 법으로 규정하고 있는 점이 특징적이다.

또한 2007년부터 2009년까지 경유(diesel)에 친환경경유(biodiesel)가 최소한 4.4%가 포함되어야 하고, 휘발유에는 평균적으로 친환경에탄올(bioethanol)이 1.2% 포함되어야 한다. 독일의 유류가격에서 세금이 차지하는 비중을 살펴보면 휘발유는 약 65.8%, 자동차용 경유(diesel)는 51%로 경유세율이 낮은 편이나, 비상업용의 경우 59%로 비슷한 수준이다.

[표 4-9] 독일의 유류세(2007년 1월 기준) (단위: 유로)

구 분		유류세
자동차연료	휘발유(per lieter)	0.6545[1)]
	디 젤(per lieter)	0.4704[2)]
난방연료	난방유(per lieter)	0.0613
	LPG(per kg)	0.0606
	천연가스(per MHh)	5.5

주) 1) 휘발유의 경우 무연무황의 세율이지만, 무연유황은 0.670 유로/ℓ, 유연유황의 경우 0.721 유로/ℓ로 오염물질이 많을수록 세부담증가

2) 자동차용 디젤의 경우 무황의 세율이고, 유황의 경우 0.486 유로/ℓ이다.

자료 : OECD, *Energy policies of IEA Countries-Germany,* 2007 review, p. 35.

제 2 절 국가별 유류세구성

1. 유류세구성

국가별 유류세 구성세목을 살펴보면 유류에 대해서 개별소비세로서 과세하는 경우가 많으며, 몇몇 국가는 친환경 조세정책에 따라 이산화탄소세 · 유황세 · 에너지세 등으로 추가과세하고 있다. 여기에 부가가치세(GST: 캐나다 · 뉴질랜드, 소비세: 일본) 등 일반소비세를 과세하는 나라도 있다. 최근 유류세를 인하하는 나라는 드물며, 오히려 유류세를 환경개선 · 기후변화 · 고유가 등을 염두에 두고 유류세를 인상하여 '환경친화적 에너지생성'과 '생태적 전환'을 위한 재원으로 쓰는 것이 유럽연합(EU)을 비롯한 선진국의 추세이다.

[표 4-10] 국가별 유류세 구성세목 비교

국 가	유류세 구성세목	비 고
미 국	• 개별 소비세(Excise Tax) • 유출지하저장탱크 기금조성세금(Leaking Underground Storage Tank Trust Fund Tax : LUST tax)	• 개별 소비세는 연방 · 지방 별도 부과
일 본	• 석유 및 석탄세(Petroleum and Coal tax) • 휘발유세(Aviation fuel tax) • 항공유세(Gasoline tax) • 석유가스세(LPG tax) • 자동차용 디젤(Light oil delivery tax) • 지방도로세(Local road tax)	• 에너지안정정책 추진 • 환경유지정책 추진 • 에너지효율정책 추진

독 일	• 개별 소비세	• 기후변화 환화와 에너지공급 안정을 위해 유류에 최소한의 친환경연료를 포함하도록 하고 있음
이탈리아	• 개별 소비세	• 친환경조세 정책
중 국	• 유류세 • 자원세	
덴마크	• 에너지세 • 이산화탄소세 • 유황세	• 친환경조세 정책
노르웨이	• 개별 소비세 • 이산화탄소세 • 유황세	• 유류세(개별 소비세 · 이산화탄소세 · 유황세)는 일종의 환경세임
스위스	• 소비세 • 이산화탄소세 • 추가세(incentive tax on Sulphur)	• 친환경조세 정책 • 기후기금(Climate Cent) • 긴급기금(Emergency Fund)
오스트리아	• 광물유류세 • 긴급저장 비용	–
포르투갈	• 개별 소비세	–
프랑스	• 개별 소비세	–
영 국	• 개별 소비세(탄화수소세) • 기후변화세	• 기후변화세(환경세)
캐나다	• 개별 소비세 • 지방세 • 탄소세(Carbon Tax)	• 친환경조세 정책
뉴질랜드	• 개별 소비세 • 지방유류세(Local Authority Petroleum Tax)	• 사고보상공사 부담금(Accident compensation Corporation Levy) • 유류모니터링 부담금(Petroleum Fuels Monitoring Levy)
스웨덴	• 에너지세 • 이산화탄소세 • 유황세	• 환경기준 분류에 따라 유류세 부과
핀란드	• 기본세(Basic Tax) • 탄소세(Carbon Surtax) • 전략비축료(Strategic Stockpile Fee)	–

아일랜드	• 개별 소비세(Excise Duty)	• NORA 부담금(National Oil Reserves Agency)
네덜란드	• 개별 소비세(Excise Duty) • 에너지세(Energy Tax)	• 친환경조세 정책 • 원유비축 부담금(stock levy mineral oils)
헝가리	• 수입세(Revenue Tax) • 에너지세(Energy Tax)	–
슬로바키아	• 개별 소비세	–

자료 : 조명환 외(2008).

2. EU의 유가보조금

EU 국가들 중 우리나라 유가보조금과 유사한 사례를 갖춘 나라는 벨기에 · 프랑스 · 이탈리아 · 스페인 등 4개국이다. 이들 나라는 수송용 경유에 대해 경유소비세(Diesel Excise Duty)를 부과하고 있는데, 영업용 경유차량(commercial diesel)의 경우 환급체계(refund mechanism)를 가지고 있다. EU 국가들에 있어서 우리나라 유가보조금에 해당하는 경유소비세 환급분은 그 비중이 10% 미만으로 우리나라와 일본에 비해 매우 적은 편이다.

[표 4-11] EU 국가들의 경유소비세 환급현황(1,000리터당)

국 가	영업용(commercial diesel) 세율	비영업용(non commercial diesel) 세율	환급액
벨기에	EUR 305	EUR 327	EUR 22
프랑스	EUR 392	EUR 417	EUR 25
이탈리아	EUR 403	EUR 413	EUR 10
스페인	EUR 294	EUR 302	EUR 8

자료: http:/www.eubusiness.com/topics/transport/diesel-excise-duties

[표 4-12] EU 국가들의 영업용 경유차량 유류세비교

(2006년 7월) (단위: €/천리터)

국 가	세 율	국 가	세 율	국 가	세 율
오스트리아	325	핀란드	319	몰 타	332
벨기에	305	프랑스	392	네덜란드	365
불가리아	220	그리스	260	폴란드	303
키프로스	250	헝가리	339	포르투갈	339
체 코	336	아일랜드	368	루마니아	260
독 일	470	이탈리아	403	스웨덴	394
덴마크	404	리투아니아	245	슬로베니아	303
에스토니아	245	룩셈부르그	278	슬로바키아	373
스페인	294	라트비아	236	영 국	693

자료: http:/www.eubusiness.com/topics/transport/diesel-excise-duties.

3. 외국사례의 시사점

미국은 유류세율이 전반적으로 낮고, 연방과 주정부가 개별소비세형태로 과세하고 있는 나라이다. 따라서 주별로 세율의 차이가 비교적 큰 편이나, 휘발유와 경유 세율의 차이는 거의 없는 특징을 지니고 있다. 또한 우리나라 유가보조금 형태의 조세환급제도는 없는 것으로 나타난다.

일본의 경우 휘발유세는 국세이고, 경유세는 지방세라는 특징을 지니고 있다. 또한 휘발유세에 지방도로세를 추가하여 지방에 양여하는 독특한 제도를 유지하고 있다. 한편 경유세는 광역자치단체인 도도부현세로 운용하고 있으며, 우리나라와 유사한 유가보조금 제도를 운용하고 있다. 그러나 일본의 경우 경유세인상

분의 절반을 유가보조금 재원으로 사용하여 트럭협회 복지사업 등에 사용하도록 하고 있다. 이에 비해 우리나라는 경유 및 LPG에 대한 유류세인상분 전액을 유가보조금으로 트럭 운송업자에게 직접 환급해 주고, 그 재원을 휘발유 및 경유에 부과하는 지방주행세로 한다는 점에서 유가보조금의 용도 및 재원조달 방법 모두 일본과 차이가 있다.

EU 국가들의 경우 유류세의 환경친화적 기능을 강화하고 있으며, 개별 소비세형태의 유류세제를 운용하고 있다. 그리고 일부 유럽국가들은 우리나라 유가보조금 제도와 유사하게 영업용 경유에 대해 조세환급 제도를 운용하고 있다. 그러나 전체유류세에서 차지하는 비중이 10% 미만이고, 일부 국가에서만 사용하고 있어 유가보조금 제도는 우리나라가 아주 특이하게 운용하는 것을 알 수 있다. 특히 우리나라는 경유 및 LPG에 대한 상대적 세율인상을 통해 환경교정 기능강화를 주요 목표로 하였으나, 인상분전액을 유가보조금으로 지원함에 따라 실질적 환경세 교정기능을 전혀 수행하지 못하는 것으로 나타났다.

제 3 절 자동차 보유세와 운행세 비중

주요국 자동차 관련 세제의 GDP 대비 비중을 통해 자동차 보유세와 운행세 비중을 살펴보면 [그림 4-1]에서 보는 바와 같다. OECD 33개국 전체평균으로 볼 때 운행세인 에너지세제가 GDP 대비 1.09%이며, 보유세인 자동차세제가 0.46%, 기타가 0.04%,

그리고 합계는 1.58%로 나타난다. 자동차관련세의 상대적 비중을 보면 운행세인 에너지세제가 69.0%, 보유세인 자동차세가 29.1%, 기타가 1.9%로 나타난다. 국가별로는 네덜란드가 자동차 관련 세제의 GDP 대비 비중이 4.49%로 가장 높고, 덴마크가 4.25%로 그 다음인데, 이들 나라의 특징은 보유세인 자동차세제의 비중이 매우 높다는 것이다. 네덜란드는 자동차세제의 대비 GDP 비중이 2.03%이고, 덴마크도 1.84%로 다른 나라들에 비해 매우 높은 수준이다. 우리나라는 GDP 대비 비중이 에너지세제가 1.81%, 자동차세제가 0.71%로 두 세제 모두 OECD 평균보다 높은 수준이며, 전체평균은 2.52%로 33개국 중 12번째로 높은 수준을 보이고 있다. 우리나라의 운행세와 보유세의 상대적 비중은 71.8% 대 28.2%로 OECD 평균에 근접한다고 볼 수 있다.

[그림 4-1] 주요국의 자동차 관련 세제의 GDP 대비 비중

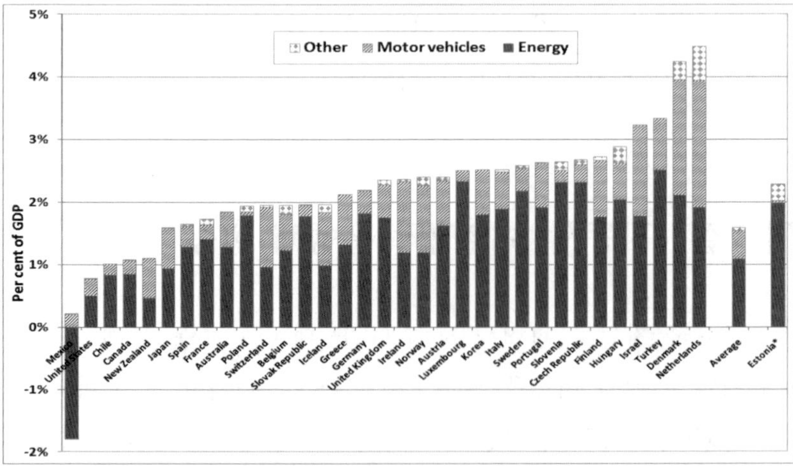

자료: IEA(www.iea.org).

제 5 장

주행세의 과세자주권 제고방안

제 1 절 기본방향

주행세개편의 구체적 내용을 논하기에 앞서 개편을 위한 기본방향을 다음과 같이 설정하고자 한다.

첫째, 주행세의 개편은 최초 도입목적인 지방재정 확충의 도모와 함께 주행세가 지방세원칙에 충실하여 지방세로서의 역할을 충실히 하도록 하는 방향이어야 한다. 지방세원칙은 연구자에 따라 달리 정의되고 있으나, 본 연구에서는 지방행정비용 부담분임의 원칙, 편익에 따라 과세되어야 한다는 응익과세의 원칙, 세원분포의 지역적 보편성원칙, 지방세수입의 안정성원칙, 과세대상의 비이동성원칙, 지자체의 과세자주권 원칙 등 여섯 가지로 정의하고, 이에 근거하여 개편논의를 전개하고자 한다.

둘째, 최근 외국의 탄소세도입 및 유류세 개편동향과 우리나라의 개편논의를 고려해 볼 때, 유류세 전체의 환경세전환은 단기간에 이루어지지 않을 것이라는 전제 하에 소비세형태의 개편방안을 제시하고자 한다. 최근 일본·프랑스 등 선진국에서도 탄소세도입이 산업계의 반발 등에 의해 예정대로 도입되지 않고 있다. 우리나라도 기존 유류세를 탄소세로 전환하는 방식의 탄소세 도입은 어렵고, 도입하더라도 추가적 조세의 형태로 낮은 수준에서 결정될 것으로 전망된다. 따라서 환경세형태보다는 소비세형태로 도입하되 주행세가 유류세의 일부로서 도로교통의 외부비용을 내부화하는 방식으로 환경세적 기능이 반영되는 방향으로 개편대안을 설정하고자 한다.

셋째, 유류세개편으로 인한 소비자의 추가부담이 발생하지 않도록 세수중립적 세제개편안을 설계하도록 한다. 다만, 유류소비의 사회적 비용 내부화와 유종간 형평성확보 차원에서 불가피한 경우에는 예외로 한다. 특히 기존 유류세제 및 자동차세제의 기본골격이 유지될 것이라는 가정 하에 개편대안을 고려하고자 한다.

넷째, 유류소비 통계가 현재와 같이 정유사의 지역별 공급량 중심으로 계속 이루어진다면, 자치단체별로 판매량을 집계하여 징세하기 보다는 현재와 같이 정유사 및 수입업자가 위치한 일부 지자체가 징세를 대행하는 방식을 유지하는 것을 전제로 한다. 이로 인해 주행세가 독립세화하더라도 징세는 개별 자치단체가 직접 수행하지 않고 정유업체가 위치한 일부 지자체에 징수권한을 부여하고, 자치단체별로는 세수배분 기준에 따라 배분하는 방식을 취하고자 한다.

이와 같은 기본방향 아래 본 연구에서는 주행세 개편방안을 쉽고 단기적으로 해결할 수 있는 부분부터 중·장기적 개편과제까지 차례대로 논의하고자 한다.

제 2 절 단기적 개편방안

1. 정액보전금 인상

주행세 중 정액보전금 8,442억 원은 자동차세, 면허세, 취·등록세가 감면된 시점에서 추정된 세수손실을 기준으로 각 세목의 세수감소액을 합산한 금액이다.[1] 2003년 8,442억 원이 확정된 이후 전반적인 지방세수의 증가 및 지방재정 확충에도 불구하고 지금까지 증액 없이 지방세수 보전액으로 지급되고 있다. 이로 인해 보통세로서 지자체 일반재원 확보기능을 수행해야 할 주행세는 물가상승 및 소득수준 향상에 따라 실질적 가치가 하락하는 결과를 초래하고 있다.

2003년~2010년 기간 동안 자동차세수는 1조7,783억 원에서 3조1,774억 원으로 78.7% 증가했음에도 불구하고 정액보전금은 변화가 없다. 2003년 47.5%였던 자동차세수 대비 정액보전금 비율은 2010년도에는 26.6%로 축소되었다. 등록된 자동차수를 보면

1) 8,442억 원이 확정된 것은 2003년 7월이지만, 법령으로 명문화된 것은 2008년 6월 25일 지방세법 시행령 개정부터이다. 법령명문화 이전에는 정액보전금과 유가보전금이 구분 없이 지자체에 지원되어 행정일선에서 유가보조금이 먼저 지급됨에 따라 정액보전금이 부족하게 되는 결과를 초래하였다.

전체차량수가 2003년 1,459만 대에서 2010년 1,818만 대로 24.6% 증가하였고, 자동차세수 중 95.9%를 차지(2010년 기준)하는 승용차의 경우 동 기간중 34.8% 증가하였다. 특히 자동차세 등의 경우 누진세적 성격을 지니고 있는데, 세율이 높은 2,000cc 이상 승용차는 동 기간중 차량대수가 150% 증가하였다. 따라서 1998년 한미자동차양해각서 체결로 인한 자동차세율 감소 등 일련의 지방세감면으로 인한 지방세수 감소규모는 정액보전액 8,442억 원을 훨씬 초과하게 될 것이다.

따라서 자동차 관련 지방세수감소 보전규모는 이러한 자동차 수증가 및 자동차세증가를 반영하여야 할 것이다. 세수감소가 발생한 자동차세, 면허세, 취·등록세는 자동차 관련 세제임은 물론

[표 5-1] 연도별 차량대수·자동차세수 등

구 분	자동차세수		자동차세수대비 8,442억 원 비중 (%)	차량 수					
	세 수 (억 원)	2003년 대비증감 (%)		전체 대수 (만 대)	2003년 대비증감 (%)	승용차 대수 (만 대)	2003년 대비증감 (%)	2,000cc 이상 (만 대)	2003년 대비증감 (%)
2003	17,783	–	47.5%	1,459	–	1,028	–	170	–
2004	17,920	0.8%	47.1%	1,493	2.3%	1,062	3.3%	194	14.1%
2005	19,021	7.0%	44.4%	1,540	5.6%	1,112	8.2%	219	28.8%
2006	21,338	20.0%	39.6%	1,590	9.0%	1,161	12.9%	246	44.7%
2007	23,699	33.3%	35.6%	1,643	12.6%	1,210	17.7%	269	58.2%
2008	26,109	46.8%	32.3%	1,679	15.1%	1,248	21.4%	276	62.4%
2009	28,340	59.4%	29.8%	1,733	18.8%	1,302	26.7%	308	81.2%
2010	31,774	78.7%	26.6%	1,818	24.6%	1,386	34.8%		

자료: 지방세정연감, 각 연도 및 행정안전부 내부자료.

이고, 모두 배기량 대비 누진세적 성격[2]을 가진 점을 고려할 때, 자동차세수 증가율을 기준으로 적정보전금 규모를 산정하는 것이 바람직하다.

2003년 기준으로 정액보전금 8,442억 원은 당시 자동차세수의 47.5%였으므로, 지자체보전금은 최소한 매년 전년도 자동차세수의 47.5% 수준이 유지되도록 함으로써 실질적인 지방세수 보전이 가능할 것이다. 2010년도 자동차세수 3조1,774억 원의 47.5%를 적용할 경우, 자동차세수 보전금규모는 1조5,093억 원이므로 현행 8,442억 원 대비 6,651억 원이 증가되어야 한다는 것을 의미한다. 다만, 부족재원을 일시에 주행세율 인상을 통해 조달하는 경우, 유류세인상으로 인한 반발이 클 수 있으므로 정부차원에서는 단계적으로 증액하는 방안이 고려될 수 있을 것이다.

2. 국고보조금을 통한 유가보조금 재원마련

유류세보조금이 주행세에서 차지하는 비중은 2001년 29.2%에 불과하였으나, 2009년 현재 70.2%로 증가하여 주행세의 존재목적이 유가보조금 재원마련에 있는 것으로 상황이 바뀌었다. 유류세보조금은 본래 한시적 지원을 전제로 도입되었으나 오히려

2) 자동차세는 배기량에 따라, 면허세는 배기량에 따른 종별 기준에 따라 누진세적 성격을 가진다. 취·등록세의 경우 가액기준으로 세율이 일정하기는 하나 차량의 배기량에 따라 차량가액이 누진적 성격을 가지는 것을 고려하면 세액 역시 배기량에 따라 누진적이라고 볼 수 있다(현대자동차 홈페이지에 나타난 차량별 기본사양 가격: 클릭 1.4 8.7백만 원, 아반떼 1.6 13.4백만 원, 소나타 2.0 20.0백만 원, 그랜저 2.4 27.1백만 원, 그랜저 2.7 30.0백만 원, 그랜저 3.3 35.9백만 원, 에쿠스VS 380(3,778cc) 66.2백만 원).

그 규모는 유가인상에 따라 더욱 증가하고 있고, 운송업계는 당연한 보조금으로 인식하고 있어 당분간 폐지는 어려울 것으로 보여진다(이재민·강상욱, 2007). 유류세보조금을 당분간 유지하기 위해 기존과 같이 주행세로 재원을 조달한다면, 앞에서 지적한 것처럼 지방재정의 왜곡을 초래하고 환경세도입 및 유류세간소화에도 큰 장애요인이 될 수밖에 없다. 또한 유류세인상분의 상당부분이 주행세인상분임을 감안하면 주행세인상분을 보전하기 위해 유가보조금을 인상하고, 이는 다시 주행세 인상요인으로 작용하는 악순환구조가 존재한다.

따라서 유류세보조금 재원은 지방주행세가 아닌 중앙정부의 예산으로부터 국고보조금 형태로 마련되는 것이 바람직하다. 국가의 정책목적 달성을 위해 도입한 유가보조금을 지방세를 통해 재원을 조달함에 따라 중앙과 지방의 재정관계도 심각한 왜곡현상이 초래되고 있다. 현행 주행세로 유가보조금을 지원할 경우, 유류소비량과 유가보조금 수요에 따라 매번 주행세와 교통·에너지·환경세를 동시에 조정해야 하므로 세율이 빈번하게 변동되고 세수확보의 불안정성문제도 나타나고 있다. 그러나 교통·에너지·환경세 또는 중앙정부 일반재원을 통해 국고에서 유가보조금을 지원하는 경우, 이러한 문제의 해결이 가능하다. 유가보조금 재원을 국고에서 마련하면, 교통·에너지·환경세를 주요 수입원으로 하는 교통시설 특별회계의 세입도 교통·에너지·환경세의 세율에 따라 안정적으로 확보할 수 있게 된다. 현행 제도 하에서는 유가보조금 인상요인이 발생하면 주행세율을 인상해야 하고, 전체유류세(교통에너지환경세+교육세+주행세)가 일정한 상황에서 주행세인상은 교통·에너지·환경세와 교육세의 감소를 수반해야 하는 구조를 지니고 있으므로 교통시설 특별회계의 세입도 감소한다. 이것은 국가정책 수행을 위해 지방세가 변동되어야 하고, 이것이 다시 국세수입의 변동을 수반해야 하는 기형적 구조를 지니고 있다는 것을 의미한다.

그러므로 유가보조금 재원마련을 지방주행세에서 교통·에너지·환경세 또는 중앙정부 일반재원으로 전환하면, 전체유류세율에 아무런 변화를 주지 않고도 국가의 정책목적 달성이 가능하다. 그런데 교통·에너지·환경세는 2012년 말 폐지되고 개별소비세로 전환될 예정이다. 그리고 교통·에너지·환경세는 교통시설 특별회계에 80%, 에너지 및 자원사업 특별회계에 3%, 환경개선 특별회계에 15%, 균형발전 특별회계에 2%로 배분되는데, 교통시설 특별회계의 경우 교통·에너지·환경세 외에 나머지 부족분을 일반회계 전입금으로 충당하는 실정이어서 회계규모에는 변동이 없다는 것이다. 따라서 주행세 중 유가보조금 부분을 교통·에너지·환경세로 전환하고, 대신 유가보조금 재원은 교통·에너지·환경세와 같은 특정 국세에 한정하지 말고 일반회계로부터 전입하도록 함으로써 유가보조금으로 인한 지방세 왜곡현상이 해소되고, 실질적 국세수입도 영향을 받지 않게 되는 것이다.

제3절 장기적 개편방안

1. 주행세의 독립세전환

가. 독립세전환 필요성 및 의의

지방세인 주행세가 국세인 교통·에너지·환경세의 부가세(surtax) 형태로 운영됨에 따라 여러 가지 문제점이 나타나고 있다. 무엇보다도 먼저 유류세체계가 매우 복잡해진다는 것이다. 즉 휘발유와 경유에 대한 전체 유류세액은 최근 변화가 거의 없이 안정적으로 유지되고 있으므로, 그 한도 내에서 유가보조금을 고려하여 주행세규모가 정해지면 이에 기초하여 교통·에너지·환경세와 교육세의 세율이 정해지는 구조로 되어 있다. 이로 인해 유가보조금의 규모와 유류소비의 변동에 따라 주행세율이 빈번하게 변경되어야 하는 문제가 발생한다.

따라서 유가보조금 부분을 제외한 주행세를 교통·에너지·환경세의 부가세가 아닌 독립세로 전환하는 것을 적극적으로 검토할 필요가 있다. 물론 교통·에너지·환경세가 개별소비세로 전환되더라도 현행과 같은 부가세형태로 주행세를 운용하는 것도 가능하다. 그러나 앞서도 지적한 바와 같이 부가세형태의 지방세가 갖는 여러 가지 부작용과 아울러 지방자치단체의 과세자주권 강화를 위해 유류세 전체의 개편시점에 독립세로 전환하는 것을 고려해야 한다.

주행세를 부가세가 아닌 독립세형태로 운용하면 다음과 같은 장점이 있다. 첫째, 국세의 변동에 따라 지방세가 변동하면서 나타나는 유류세제의 복잡성을 해소할 수 있다. 주행세의 경우 유가보조금 및 유류소비량 변동에 따라 거의 매년 세율을 변경하는 과정을 거쳐 왔으나, 독립세로 전환될 경우 주행세수는 세율이 정해지면 유류소비량에 따라 세수가 결정되는 구조로 바뀌게 되는 것이다. 둘째, 지방세의 과세권을 지방자치단체에 부여함으로써 지자체의 재정자율성을 제고할 수 있고, 국세의존적 지방세의 독립성을 강화하는 것이 가능하다. 유류세의 통계자료 특성상 지자체에 과표 및 기본세율 결정권은 부여하지 못한다고 하더라도 탄력세율 결정권을 부여하는 것은 가능할 것이다. 셋째, 부가세로 운용되면 국세세율변동에 따라 지방자치단체 주행세수의 규모가 달라지는 데 비해, 독립세가 되면 지자체 스스로 세율조정이 가능하기 때문에 세수확보의 안정성을 기할 수 있다. 넷째, 주행세가 환경정책 기능역할을 담당하는 것이 가능하다. 즉 유류세의 환경정책 기능핵심은 국세에서 담당하되 국세에 보완적으로 지자체별 환경특성을 반영하여 탄력세율을 달리 적용할 수 있게 하는 것이 필요하다는 것이다.

주행세를 독립세화하는 경우 휘발유와 경유에 대해서는 지금과 같이 국세인 교통・에너지・환경세(또는 개별 소비세)와 교육세가 부과되고, 동시에 지방세로서 주행세를 부과하는 방식이 된다. 이 때 중앙과 지방의 세원배분 방식은 동일한 세원에 대하여 중앙정부와 지방자치단체가 동시에 과세권을 가지는 공동이용 방식이 바람직하다. 세원의 공동이용은 중복과세 방식(tax overlapping)으로 중앙정부가 결정한 과세표준을 지방자치단체가 중복이용하여 지방세를 과세하는 방식이 된다(김대영, 2002). 즉 중앙정부에 의해 휘발유 및 경유에 대한 개별소비세가 부과되면, 지방자치단체는 동일한 개별소비세 과표에 지방세의 세율을 적용하여 과세하는 방식이다. 그러나 이 때 국세와 지방세의 조정 등에 관한 법률 제4조 '중복과세의 금지' 규정 위반에 대한 논란이 있을 수 있다. 즉 동 법률에는 이 법에서 규정한 국세와 지방세를 제외하고는 과세물건이 중복되는 여하한 명목의 세법을 제정하지 못한다고 하고 있다. 주행세는 현재 지방세로 규정하고 있어 동 규정에 위배되지 않는다고 할 수 있으나, 부가세를 독립세로 전환할 경우에는 다를 수 있으므로 사전적으로 부처간 협의 및 조정이 필요한 사항이라고 할 수 있다.

다음으로 주행세를 소비세형태로 할 것인지, 환경세형태로 할 것인지 결정해야 한다. 휘발유 및 경유를 과세대상으로 하는 지방유류세인 주행세는 과표의 형태에 따라 소비세 또는 환경세로 분류할 수 있다. 주행세를 소비세형태로 할지, 환경세형태로 할지 결정하는 것은 국세인 유류세의 환경세 또는 탄소세 전환 및 도입동향과 그 내용 등을 고려해야 한다. 소비과세 형태인 현행 주행세를 환경세 또는 탄소세로 전환한다는 것은 과표와 세율이 환경오염 배출수준 또는 탄소배출량에 의해 결정된다는 것을 의미한다. 물론 현행 유류세(교통에너지 환경세·주행세·교육세)가 상당 부분 환경외부성 교정기능을 수행하고 있다. 즉 휘발유·경유·등유·LPG 등 유종에 따라 다른 세율은 이러한 환경외부성이 상당부분 반영된 것이며, 두 차례의 에너지세제 개편에 의해 경유 및 LPG에 대한 유류세가 인상된 것도 환경오염 정도에 비해 상대적으로 낮은 세율을 반영하기 위한 것이었다(조명환, 2009). 그럼에도 불구하고 현행 유류세는 과표와 세율이 환경오염 수준에 의해서만 측정되는 것이 아니므로 엄밀한 의미에서 소비세이지 환경세는 아닌 것이다.

또한 현행 유류세의 환경세전환 논의는 매우 활발하나, 실제 도입의 정도와 시기에 대해서는 불확실성이 많다. 현재 논의되고 있는 내용을 보면 먼저 기존 유류세의 환경세전환은 아직 구체적으로 논의할 단계가 아니며, 우선 기존 유류세에 추가적으로 산업부문에는 배출권거래제를 도입하고, 수송 및 가정용에 대하여만 탄소세를 일부 도입할 가능성이 크다. 그리고 탄소세를 도입하더라도 현행 유류세는 존치한 상태에서 낮은 세율의 탄소세를 도입하고, 점진적으로 세율을 강화하는 방향으로 추진되고 있다(김승래, 2009). 이러한 탄소세도입의 경우 중・장기 에너지세제 개편의 핵심내용이지만, 최근 프랑스・일본 등 해외에서도 산업계의 반대 등으로 인해 도입이 쉽지 않은 상황이므로 국내 탄소세의 본격적 도입은 보다 더 많은 시간을 필요로 할 가능성이 높다고 할 수 있다.

그리고 탄소세를 포함한 환경세의 경우, 에너지소비의 지역성 및 환경오염의 파급효과(spillover) 등을 고려하여야 하므로 기초자치단체별로 도입하는 것은 어렵다고 할 수 있다. 외국의 경우도 탄소세의 경우 주로 국세로 도입하고 있으며, 캐나다 등 국토가 넓은 연방국가인 경우에서만 주별로 도입이 되는 경우가 있다.[3] 이와 같이 탄소세 등 국세인 환경세도입이 아직 구체화되지

---

3) 미국 메릴랜드주 Montgomery County는 2010년 5월 카운티 중 최초로 탄소

못하고 있고, 도입형태도 불확실하기 때문에 지방세인 주행세는 현행의 소비세형태를 유지하는 것이 바람직하다. 외국의 경우도 유류에 대해 소비세형태의 지방세로 부과하는 사례는 종종 볼 수 있다. 미국은 주별로 상이한 유류세율을 적용하고 있다. 일본의 경우 개별 소비세인 휘발유세(국세)와 동일한 과세대상에 지방도로세를 부과하여 지방정부에 교부금으로 배분하고 있으며, 경유에 대해서는 경유인취세(輕油引取稅)라고 하여 지방세인 도도부현세로 운용하고 있다(松本欣也外, 2010).

나. 과세의의 및 과세주체

지방유류세인 주행세는 다음과 같은 점에서 그 과세의의를 찾을 수 있다. 첫째, 지방유류세는 기존 주행세의 자동차 관련 지방세보전분에 해당하는 지방세수를 확보하도록 하여 지방세수 보전기능이 충분히 발휘되도록 할 수 있으므로 지방세수 안정성 및 신장성 원칙에 부합한다고 할 수 있다. 둘째, 지방유류세는 지방의 도로사용에 대한 부담금성격도 부여할 수 있으므로 응익과세 원칙에 부합하여 지방세로 부과하는 것이 가능하다. 셋째, 지방유류세는 지역적 환경오염에 대한 외부성 교정기능을 할 수 있다. 대부분의 환경세가 국세중심으로 이루어질 것이므로 지역별 환경보전의 차별성을 나타내기 위해서는 지방유류세에 환경세적 기능을 부여하는 것이 필요한 것이다. 넷째, 지방유류세는 국세의 부가세형태가 아닌 독립적 지방소비세 형태로 도입함으로써 지방자

세(carbon tax)를 도입했다. 일정 수준 이상 탄소배출원에 부과하는 탄소세 과세대상은 석탄연료 발전소인 Mirant Corporation 하나뿐이다(http://en.wikipedia.org/wiki/Carbon_tax#United_States).

치단체의 과세자주권을 확보하고 지자체의 재정책임성을 제고하는 역할을 할 수 있다. 다섯째, 지방유류세를 목적세가 아닌 보통세로 도입하여 지방자치단체의 일반재원으로 활용할 수 있도록 함으로써 자치단체의 재정자율성 제고에 기여할 수 있다.

지방유류세의 과세주체를 기초자치단체로 할 것인지, 광역자치단체로 할 것인지는 지자체별 세원분포, 유류소비량 측정의 용이성 및 유류소비로 인한 환경오염의 역외 파급효과 등에 따라 달라진다. 현재 석유류통계는 석유공사 페트로넷을 통해 광역자치단체별로 발표되고 있으며, 기초단체별로는 석유공사 내부자료형태로만 활용되고 있을 뿐이다. 유류소비 통계의 집계방법은 석유류공급자인 정유사 또는 수입업자가 도·소매업자인 주유소 또는 중간공급자 등 거래처의 지역과 업종, 공급량 등을 신고하면, 이에 근거하여 통계를 작성하는 방식이다. 그러나 기초자치단체별 유류소비를 보면 주유소의 지역별 분포가 고르지 않은 까닭에 자치단체별 분포의 편차가 매우 큰 편이다. 특히 수도권 대도시인 성남·수원·고양 등의 경우, 자동차 보유대수는 많으나 주유소의 분포는 상대적으로 매우 적은 편이다. 또한 특정 지역 주유소에서 판매되는 유류가 해당 자치단체에서 소비된다고 할 수 없으므로 유류의 판매량도 유류소비량과 일치하지 않는 문제가 있다. 이러한 판매량과 소비량 불일치문제는 과세지역이 좁을수록 커지고, 넓을수록 작아진다. 따라서 이러한 유류의 판매량과 소비량 불일치는 광역자치단체별로 측정하는 것이 기초자치단체별로 측정하는 것보다 편차를 줄일 수 있다.

뿐만 아니라 주행세는 부분적이지만 환경정책 기능을 수행하고 있으므로, 유류소비 및 자동차 운행으로 인한 환경오염의 역외 파급효과(spillover)도 고려해야 한다. 온실가스 배출로 인한 지구 온난화는 전지구적 문제이므로 역외 파급효과가 가장 커서 국세를 통한 교정이 가장 바람직하다. 이에 비해 기타 자동차 배출가스로 인한 환경오염은 상대적으로 역외 파급효과가 적지만, 기초자치단체에 비해 광역자치단체로 과세지역을 확대할 때 파급효과의 문제가 최소화될 수 있을 것이다.

다. 과세주체 및 배분방식별 개편대안

주행세를 독립세화할 경우 과세주체를 누구로 하느냐와 세수의 배분방식을 어떻게 하느냐에 따라 주요 개편대안은 다음과 같이 구분할 수 있다.

[표 5-2] 대안별 비교

	현 행	대안 Ⅰ	대안 Ⅱ	대안 Ⅲ	대안 Ⅳ
과세주체	시·군세	시·군세	시·도세	시·군세 (절충형)	시·군세 (절충형)
배분기준					
시·도			유류소비	유류소비	
시·군	자동차세	유류소비		자동차세	자동차세 유류소비

○ 대안 Ⅰ

현행 주행세와 같이 시·군세로 도입하고, 세수는 수송용 유류소비(판매·공급)량에 비례하여 배분하고, 종량세형태(원/리터)를 유지하는 방식이다.

이 안의 장점은 현행 주행세가 시·군세이므로 과세주체의 변화가 없어 적용이 용이하다는 것이다. 세수가 자치단체별 유류판매(공급)량에 비례하여 배분되므로 소비세의 취지에 부합한다고 할 수 있다.

그러나 이 안의 단점은 자동차세수에 비례하여 배분하는 현행 주행세 정액보전금과 시·군 유류판매량의 분포격차가 크기 때문에 일부 지자체는 세수손실이 매우 클 수 있다. 즉 서울 근교의 수원·성남·고양 등과 같이 인구에 비해 주유소의 수가 적은 자치단체는 유류판매량과 자동차대수의 분포격차로 세수손실이 커서 거센 반발이 예상된다. 이것은 기초자치단체의 경우 구역이 넓지 않고 주유소 등 유류공급처의 분포가 인구분포와 크게 차이가 날 가능성이 있기 때문이다. 그리고 유류세 부과근거인 환경교정 기능 및 도로재원 확보측면에서도 부정적이라고 할 수 있다. 먼저 유류가 판매된 자치단체에서 유류가 반드시 소비되지 않고 이웃의 다른 자치단체에서 소비되는 경우가 많으므로 판매량에 근거한 세수배분이 주행세 과세근거인 환경교정 및 도로사용 부분과 부합하지 않는다. 또한 유류의 사용이 판매 자치단체에서 이루어진다고 하더라도 환경오염 측면에서 보면 자치단체 규모가 작아질수록 역외 파급효과(spillover)가 더욱 커지므로, 환경교정 기능을 지닌 유류세는 시·군세보다는 시·도세 도입이 바람직하다고 할 수 있다.

○ 대안 Ⅱ

주행세를 시·도세로 도입하고, 세수는 수송용 유류소비(판매·공급)량에 비례하여 배분하고 종량세형태(원/리터)로 부과하는 방식이다.

이 안의 장점은 광역단체별 유류판매(공급)량에 비례하여 과세하므로 소비세의 취지에 부합하며, 세원분포가 시·군세로 도입시에 비해 현행 주행세와 상대적으로 유사하여 반발이 크지 않을 수 있다. 또한 시·도세는 시·군세에 비해 과세구역이 넓기 때문에 유류 판매량과 소비량의 불일치문제가 상대적으로 적고, 유류소비로 인한 환경오염의 역외 파급효과문제도 크게 줄어들게 된다.

다른 한편으로 이 안의 단점은 현행 시·군세를 시·도세로 도입함에 따라 기초로부터 광역으로 세목이 이전되는 결과를 초래한다. 따라서 광역과 기초 간 세목교환 또는 광역으로부터 기초로 재정조정 기능이 추가적으로 필요하므로, 이 안을 선택할 경우 도입을 위한 절차가 상대적으로 복잡하다고 할 수 있다. 세목교환시 지자체간 이해관계가 크게 달라질 수 있어 반발이 나타날 수 있다. 이 경우 시·도세 형태의 주행세 도입효과는 세목교환 및 재정조정의 효과 등을 포함하여야 하므로, 현 상태에서 효과를 파악하기 곤란하다는 어려움이 있다.

○ 대안 Ⅲ

이 안은 절충형(A)으로 시·군 유류소비세로 도입하되 세수는 1차적으로 시·도에는 유류소비에 비례하여 안분하고, 2차적으로 시·군에는 자동차세에 비례하여 배분하는 방식이다. 즉 수송용 유류소비(판매·공급)량에 정액세형태(원/리터)로 시·군세로서 도입하는 것이다. 다만, 세수배분에 있어 시·군의 유류판매량 분포가 자동차세비중의 분포와 차이가 큰 점을 감안하여 1차적으로 유류소비(판매)량에 비례하여 시·도에 배분하고, 2차적으로 시·도는 배분액을 자동차세비중에 따라 시·군에 다시 배분하는 것이다.

이 안의 장점은 현행 주행세의 시·군세 형태를 유지함에 따라 광역과 기초 간 세원배분 문제가 없어 도입이 용이하다는 점이다. 광역별 유류소비량에 따라 1차적으로 배분하므로 소비세의 성격을 부분적으로 유지하고, 시·도 내에서의 세수분포는 현행 주행세와 동일하여 자치단체의 수용성이 상대적으로 높은 것으로 평가된다.

이 안의 단점은 기본적으로 시·군 유류소비세이지만 궁극적으로 세수가 시·군 자동차세비중에 따라 최종적으로 배분되므로, 납세자입장에서는 자동차운행세로 도입되지만 기초지자체별로는 자동차 보유비중에 따라 세수가 배분되어 과세와 징수가 불일치하는 현행 주행세문제가 계속 유지된다는 문제점을 안고 있다.

○ 대안 Ⅳ

이 안은 절충형(B)으로 시·군 유류소비세로 도입하되 세수의 50%는 시·군 자동차세에 비례적으로 배분하고, 나머지 50%는 시·군 유류소비에 비례적으로 배분하는 방식이다. 즉 수송용 유류소비(판매·공급)량에 비례하여 종량세형태(원/리터)로 부과하는 시·군세 도입이다. 세수의 50%는 시·군 자동차세비중에 따라 배분함으로써 현행 주행세 배분기준을 따르고, 나머지 50%는 시·군 유류소비(판매)량에 비례하여 배분함으로써 소비세의 취지를 살리자는 취지이다.

이 안의 장점은 현행 주행세의 시·군세 형태를 유지함에 따라 광역과 기초 간 세원배분 문제를 별도로 고민하지 않아도 되어 도입이 용이하다. 그리고 유류소비량에 비례하여 50% 배분하므로 소비세의 성격을 부분적으로 유지할 수 있고, 자동차세비중에 비례하여 50% 배분하므로 현행 시·군별 정액보전금 부분이 어느 정도 보장된다는 이점이 있다. 또한 시·군의 경우 유류판매량과 유류소비량이 불일치하는 문제가 크다는 점을 고려하여 기초자치단체별 실질적 유류소비량은 유류판매량과 자동차보유 또는 자동차세비중의 중간정도가 될 것이라는 가정에 부합한다는 장점이 있다.

그러나 단점은 세수배분 기준이 자동차세 및 유류소비 두 가지를 혼합함에 따라 배분과정이 복잡하다는 것이다. 또한 여전히 소비세를 자동차 보유기준에 따라 일부 배분한다는 문제점이 있으며, 주행세 정액보전금부분이 충분히 인상된다면 현행 대비 세수배분 격차가 크지 않으나, 인상이 전제되지 않을 경우 세수배분 격차문제가 여전히 존재하게 된다.

[표 5-3] 대안별 장·단점

대 안	장 점	단 점
현 행	-자동차세에 비례적으로 배분하여 배분방식이 단순·명료함	-매년 정액배분으로 실질적 지방세수가 감소하는 결과 초래 -주행세의 부과는 유류소비 기준이나, 배분은 보유세인 자동차세 기준
대안 Ⅰ	-시·군 유류소비에 비례하여 세수가 배분되어 기초단체 소비세 취지에 부합	-시·군별 유류소비 분포가 현행 주행세분포와 차이가 커 일부 지자체 반발우려
대안 Ⅱ	-유류소비세의 취지에 부합하고, 광역 유류소비분포는 기초에 비해 현행 주행세분포와 상대적으로 유사	-시·군세가 시·도세로 전환되어 광역과 기초 간 세원조정 문제가 발생하여 세목교환 또는 재정보전 필요
대안 Ⅲ	-시·도별 세수배분은 유류소비 기준을 따르기 때문에 유류소비세 취지에 부합 -시·군별 배분은 자동차세기준을 사용하여 현행 주행세와 유사하여 지자체 수용성 높음	-광역은 유류소비 기준을 사용하지만, 기초는 여전히 보유세인 자동차세기준을 사용하여 소비세 취지와 맞지 않음
대안 Ⅳ	-현행 주행세의 시·군세 형태를 유지함에 따라 광역-기초 간 세원 배분문제가 없음 -유류소비량에 비례 50% 배분하므로 소비세의 성격을 부분적으로 유지하고, 자동차세비중에 비례 50% 배분하므로 현행 시·군별 정액보전금부분이 어느 정도 보장되어 수용성이 높음	-배분기준으로 유류소비 및 자동차세를 동시에 사용하여 배분방식이 복잡함

2. 대안별 자치단체 세수효과

주행세가 자동차 관련 세수감소 보전을 위한 것이었으므로 자동차세의 자치단체별 분포와 비교를 통해 주행세의 분포상태를 파악할 수 있다.

대안 Ⅱ에 따른 시·도세 형태의 유류소비세 도입효과는 [표 5-4] 및 [그림 5-1]에서 보는 바와 같다. 광역단체의 자동차세 비중과 유류소비 비중분포를 비교해 보면, 지역은 좁고 인구가 많은 특별·광역시는 지역이 넓고 인구밀집도가 상대적으로 낮은 도에 비해, 자동차세비중은 높고 유류소비 비중은 낮은 것으로 나타난다. 서울은 자동차세비중이 21.4%에 달하고 있으나 유류소비 비중은 절반에도 미치지 못하는 10.6%에 불과하며, 다음으로 대구·대전 순으로 유류소비 비중이 상대적으로 낮게 나타난다. 이에 비해 전남은 유류소비 비중이 자동차세 비중의 거의 두 배에 이르고, 충남·충북·강원 순으로 유류소비 비중이 상대적으로 높게 나타나고 있다.

[표 5-4] 광역기준 유류소비세 도입효과 — 대안 Ⅱ

	자동차세 기준		유류소비 기준			효과(규모유지)		효과(규모인상)	
	금액(A) 8,442.0	비 중	금액(B) 8,442.0	비 중	금액(C) 13,462.0	D=B-A	D/A	E=C-A	E/A
서 울	1,805.3	21.4%	891.8	10.6%	1,422.2	-913.5	-50.6%	-383.1	-21.2%
부 산	492.4	5.8%	508.8	6.0%	811.3	16.4	3.3%	319.0	64.8%
대 구	421.4	5.0%	286.3	3.4%	456.6	-135.1	-32.1%	35.2	8.3%

인 천	415.8	4.9%	461.4	5.5%	735.8	45.5	11.0%	319.9	76.9%
광 주	232.2	2.8%	192.2	2.3%	306.4	-40.1	-17.3%	74.2	31.9%
대 전	252.9	3.0%	192.6	2.3%	307.1	-60.3	-23.8%	54.2	21.4%
울 산	227.5	2.7%	279.1	3.3%	445.0	51.6	22.7%	217.5	95.6%
경 기	2,004.8	23.7%	2,033.5	24.1%	3,242.7	28.7	1.4%	1,237.9	61.7%
강 원	245.6	2.9%	357.5	4.2%	570.1	111.9	45.6%	324.5	132.2%
충 북	252.9	3.0%	376.7	4.5%	600.7	123.8	49.0%	347.8	137.5%
충 남	339.7	4.0%	564.1	6.7%	899.5	224.3	66.0%	559.8	164.8%
전 북	288.6	3.4%	373.6	4.4%	595.8	85.1	29.5%	307.3	106.5%
전 남	276.1	3.3%	541.4	6.4%	863.3	265.2	96.1%	587.2	212.7%
경 북	442.5	5.2%	640.3	7.6%	1,021.0	197.8	44.7%	578.5	130.7%
경 남	659.7	7.8%	668.1	7.9%	1,065.5	8.4	1.3%	405.7	61.5%
제 주	84.5	1.0%	74.7	0.9%	119.0	-9.9	-11.7%	34.5	40.8%

[그림 5-1] 광역자치단체의 유류소비와 자동차세 비중

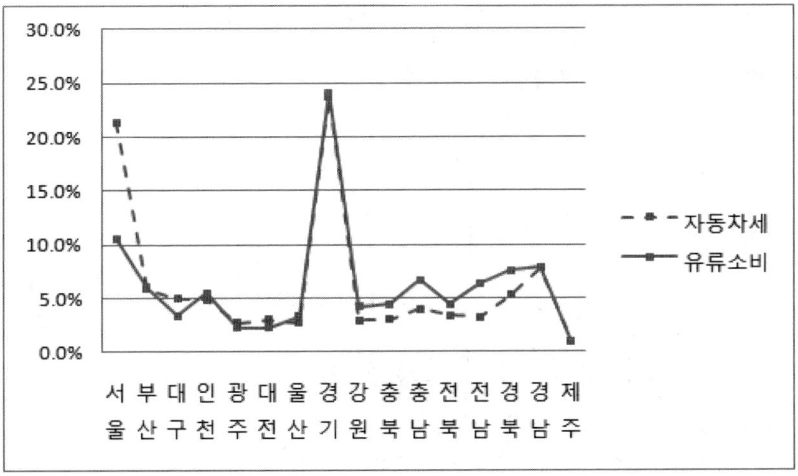

대안 Ⅰ의 도입효과는 시·군의 자동차세 및 유류소비의 비중분포를 통해 파악할 수 있다. 기초자치단체별 유류소비 비중 대 자동차세비중의 비율분포를 보면 [표 5-5]에서 볼 수 있듯이 유류소비비중이 자동차세비중의 두 배를 넘는 자치단체가 전체의 35%를 초과하고 있다. 이에 비해 유류소비 비중이 자동차세비중에 미달하는 자치단체는 25개로 15.5%에 불과하다. 이렇게 시·군의 유류소비 비중이 자동차세비중을 초과하는 자치단체가 많은 이유는 상대적으로 자동차세비중이 높은 특별·광역시가 제외되었기 때문이다. 특히 자동차세의 경우 세수가 많은 서울의 비중이 높고 시·군 등 다른 자치단체 비중이 상대적으로 낮은 데 비해, 유류소비는 서울의 비중이 낮고 다른 자치단체의 비중이 높아져 시·군의 비중이 전반적으로 크게 증가한 결과이다.

[그림 5-2] 기초자치단체의 유류소비와 자동차세 비중

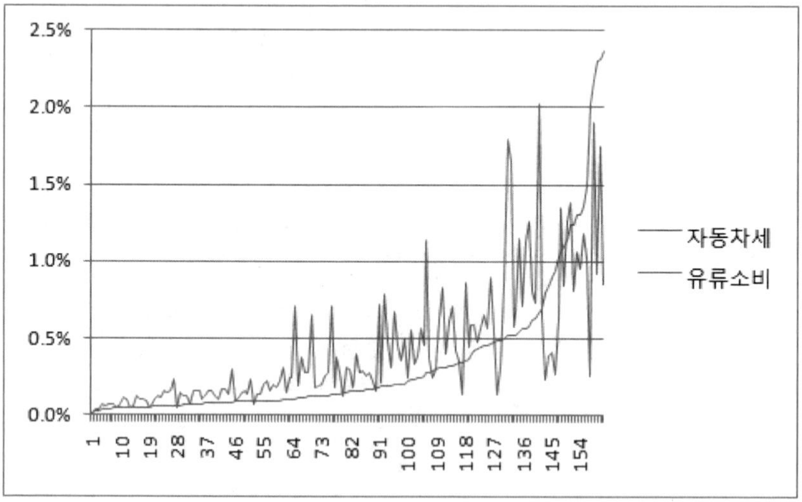

[표 5-5] 기초자치단체별 유류소비 대 자동차세비중의 비율분포

유류소비 비중/자동차세비중	기초자치단체수	분포비중
0~0.5배	9	5.6%
0.5~1.0배	16	9.9%
1.0~1.5배	42	26.1%
1.5~2.0배	37	23.0%
2.0~2.5배	36	22.4%
2.5~3.0배	7	4.3%
3.0배 이상	14	8.7%
합 계	161	100.0%

완전한 형태의 시·군 유류소비세 도입인 대안 Ⅰ의 경우, 현행 대비 가장 세수감소가 큰 자치단체는 [표 5-6]에서 제시된 것처럼 경기 고양시·성남시 등 서울 근교 대도시와 경남 창원시 등이다. 반면 대안 Ⅰ 도입으로 세수증가가 가장 큰 자치단체는 서울 근교 중소도시인 경기 화성시·광주시 등과 전남 여수시 등으로 나타났다. 광역별 분포는 대안 Ⅱ와 동일하여 인구에 비해 면적이 넓지 않은 서울을 비롯하여 대구·광주·대전은 감소하는데 비해, 전남·충남·경북 등 도지역은 크게 증가하게 된다.

대안 Ⅲ의 도입효과를 보면 1차적으로 광역의 유류소비량에 비례하여 배분하므로, 서울과 광역시 및 도의 효과는 대안 Ⅰ 및 대안 Ⅱ와 동일하다. 시·군의 경우 도의 유류소비 비중이 자동차세비중에 비해 전체적으로 높기 때문에 대구 달성군을 제외한 모든 시·군에서 현행 대비 증가하는 것으로 나타나며, 경북 포항시·충남 천안시·충북 청주시 등 지방대도시의 세수증가 효과가

큰 것으로 나타났다.

대안 Ⅳ의 도입효과를 보면 자동차세비중과 유류소비량 비중에 따라 절반씩 세수를 배분하게 되어 현행과 대안 Ⅰ의 절충안으로서 그 중간적인 효과를 갖는 것으로 나타난다. 따라서 대안 Ⅳ의 효과는 대안 Ⅰ로 이행할 때의 절반정도의 효과를 나타내는 것이다.

예컨대 대안 Ⅰ로 이행할 때 세수감소가 가장 컸던 창원시는 128억원의 세수가 감소하는 데 비해, 대안 Ⅳ는 64억 원 감소하고, 세수증가가 가장 큰 여수시는 대안Ⅰ이 95.8억 원 증가에서 대안 Ⅳ는 47.9억 원 증가로 변화폭이 절반으로 줄어든다.

[표 5-6] 대안별 유류소비세 도입효과(규모유지) (단위: 억 원)

자치단체		세 액(규모유지)			현행 대비 차이		
	현 행	대안 Ⅰ	대안 Ⅲ	대안 Ⅳ	대안 Ⅰ	대안 Ⅲ	대안 Ⅳ
시·도							
서울 본청	1,805.3	891.8	891.8	1,348.6	-913.5	-913.5	-456.7
부산 본청	479.8	508.8	508.8	494.3	29.0	29.0	14.5
대구 본청	392.4	286.3	286.3	339.4	-106.1	-106.1	-53.0
인천 본청	402.2	461.4	461.4	431.8	59.2	59.2	29.6
광주 본청	232.2	192.2	192.2	212.2	-40.1	-40.1	-20.0
대전 본청	252.9	192.6	192.6	222.7	-60.3	-60.3	-30.1
울산 본청	188.5	279.1	279.1	233.8	90.6	90.6	45.3
경기도 본청	2,004.8	2,033.5	2,033.5	2,019.1	28.7	28.7	14.4
강원도 본청	245.6	357.5	357.5	301.5	111.9	111.9	56.0
충북 본청	252.9	376.7	376.7	314.8	123.8	123.8	61.9
충남 본청	339.7	564.1	564.1	451.9	224.3	224.3	112.2
전북 본청	288.6	373.6	373.6	331.1	85.1	85.1	42.5
전남 본청	276.1	541.4	541.4	408.7	265.2	265.2	132.6

경북 본청	442.5	640.3	640.3	541.4	197.8	197.8	98.9
경남 본청	659.7	668.1	668.1	663.9	8.4	8.4	4.2
제주도 본청	84.5	74.7	74.7	79.6	-9.9	-9.9	-4.9
시·군							
부산 기장군	12.6	26.0	13.4	19.3	13.4	0.8	6.7
대구 달성군	29.0	30.3	21.2	29.7	1.2	-7.8	0.6
인천 강화군	11.2	14.8	12.8	13.0	3.6	1.6	1.8
인천 옹진군	2.5	3.1	2.9	2.8	0.6	0.4	0.3
울산 울주군	39.0	75.7	57.7	57.4	36.7	18.7	18.3
경기 수원시	195.0	148.2	197.8	171.6	-46.8	2.8	-23.4
경기 성남시	194.7	77.7	197.5	136.2	-117.0	2.8	-58.5
경기 의정부시	59.1	53.3	60.0	56.2	-5.8	0.8	-2.9
경기 안양시	105.0	68.5	106.5	86.8	-36.5	1.5	-18.3
경기 부천시	126.0	85.9	127.8	105.9	-40.1	1.8	-20.0
경기 광명시	41.3	35.0	41.8	38.1	-6.3	0.6	-3.1
경기 평택시	75.9	100.1	77.0	88.0	24.2	1.1	12.1
경기 동두천시	11.1	11.3	11.3	11.2	0.2	0.2	0.1
경기 안산시	114.8	73.3	116.4	94.1	-41.5	1.6	-20.7
경기 고양시	171.4	160.8	173.8	166.1	-10.5	2.5	-5.3
경기 과천시	13.4	14.9	13.6	14.2	1.4	0.2	0.7
경기 구리시	30.1	21.5	30.6	25.8	-8.7	0.4	-4.3
경기 남양주시	79.7	96.0	80.9	87.8	16.2	1.1	8.1
경기 오산시	26.6	22.6	27.0	24.6	-4.0	0.4	-2.0
경기 시흥시	67.3	97.4	68.3	82.4	30.1	1.0	15.0
경기 군포시	45.8	20.2	46.5	33.0	-25.7	0.7	-12.8
경기 의왕시	23.4	33.7	23.7	28.5	10.3	0.3	5.2
경기 하남시	23.6	31.3	23.9	27.4	7.7	0.3	3.8
경기 용인시	184.2	171.0	186.8	177.6	-13.2	2.6	-6.6
경기 파주시	56.5	71.6	57.3	64.1	15.0	0.8	7.5
경기 이천시	35.3	60.0	35.8	47.7	24.7	0.5	12.3
경기 안성시	30.8	59.7	31.3	45.3	28.9	0.4	14.4
경기 김포시	43.8	57.3	44.4	50.5	13.5	0.6	6.8
경기 화성시	92.6	151.1	93.9	121.8	58.5	1.3	29.3

경기 광주시	48.8	107.2	49.5	78.0	58.4	0.7	29.2
경기 양주시	29.1	49.5	29.5	39.3	20.4	0.4	10.2
경기 포천시	27.7	59.5	28.1	43.6	31.8	0.4	15.9
경기 여주군	19.0	37.6	19.3	28.3	18.6	0.3	9.3
경기 연천군	7.2	11.2	7.3	9.2	4.1	0.1	2.0
경기 가평군	9.0	20.7	9.1	14.8	11.7	0.1	5.9
경기 양평군	16.7	25.5	16.9	21.1	8.9	0.2	4.4
강원 춘천시	44.0	48.4	64.1	46.2	4.4	20.1	2.2
강원 원주시	52.6	68.1	76.6	60.4	15.5	24.0	7.7
강원 강릉시	37.5	47.5	54.7	42.5	10.0	17.1	5.0
강원 동해시	15.0	13.7	21.8	14.3	-1.3	6.8	-0.7
강원 태백시	8.3	26.7	12.0	17.5	18.5	3.8	9.2
강원 속초시	12.4	10.1	18.1	11.2	-2.4	5.7	-1.2
강원 삼척시	10.8	16.9	15.7	13.8	6.1	4.9	3.1
강원 홍천군	10.8	21.4	15.7	16.1	10.5	4.9	5.3
강원 횡성군	6.7	14.6	9.7	10.6	7.9	3.0	4.0
강원 영월군	6.1	13.6	8.9	9.8	7.5	2.8	3.7
강원 평창군	7.8	16.9	11.3	12.3	9.1	3.6	4.5
강원 정선군	6.6	8.6	9.5	7.6	2.1	3.0	1.0
강원 철원군	7.2	7.8	10.5	7.5	0.6	3.3	0.3
강원 화천군	3.2	6.0	4.6	4.6	2.8	1.4	1.4
강원 양구군	3.0	5.5	4.4	4.2	2.5	1.4	1.2
강원 인제군	4.9	12.9	7.2	8.9	7.9	2.2	4.0
강원 고성군	4.1	8.3	6.0	6.2	4.2	1.9	2.1
강원 양양군	4.6	10.7	6.8	7.7	6.0	2.1	3.0
충북 청주시	110.7	80.4	164.9	95.5	-30.3	54.2	-15.1
충북 충주시	33.3	49.4	49.6	41.3	16.1	16.3	8.1
충북 제천시	21.8	38.4	32.5	30.1	16.5	10.7	8.3
충북 청원군	26.6	69.9	39.6	48.2	43.3	13.0	21.7
충북 보은군	4.6	8.9	6.9	6.8	4.3	2.3	2.1
충북 옥천군	7.9	16.9	11.8	12.4	9.0	3.9	4.5
충북 영동군	6.4	12.8	9.6	9.6	6.4	3.1	3.2
충북 진천군	10.8	23.5	16.1	17.1	12.6	5.3	6.3

충북 괴산군	4.9	19.4	7.4	12.2	14.5	2.4	7.2
충북 음성군	16.1	40.0	24.0	28.1	23.9	7.9	12.0
충북 단양군	4.7	13.1	7.0	8.9	8.4	2.3	4.2
충북 증평군	4.9	4.0	7.4	4.5	-0.9	2.4	-0.5
충남 천안시	104.9	117.4	174.1	111.1	12.5	69.3	6.2
충남 공주시	19.4	46.7	32.3	33.1	27.3	12.8	13.6
충남 보령시	15.5	61.0	25.7	38.2	45.5	10.2	22.7
충남 아산시	41.7	26.1	69.2	33.9	-15.5	27.5	-7.8
충남 서산시	27.3	51.5	45.3	39.4	24.2	18.0	12.1
충남 논산시	17.2	42.1	28.6	29.6	24.8	11.4	12.4
충남 계룡시	7.5	5.5	12.5	6.5	-2.0	5.0	-1.0
충남 금산군	7.9	14.9	13.2	11.4	6.9	5.2	3.5
충남 연기군	13.0	25.8	21.5	19.4	12.9	8.6	6.4
충남 부여군	10.0	23.8	16.6	16.9	13.8	6.6	6.9
충남 서천군	8.5	20.4	14.1	14.4	11.9	5.6	5.9
충남 청양군	4.1	7.7	6.9	5.9	3.6	2.7	1.8
충남 홍성군	13.8	22.1	22.9	17.9	8.3	9.1	4.2
충남 예산군	14.2	23.6	23.6	18.9	9.4	9.4	4.7
충남 태안군	10.1	54.9	16.7	32.5	44.8	6.6	22.4
충남 당진군	24.6	20.5	40.8	22.5	-4.1	16.2	-2.0
전북 전주시	110.5	89.7	143.1	100.1	-20.8	32.6	-10.4
전북 군산시	42.4	72.9	54.9	57.6	30.5	12.5	15.3
전북 익산시	47.6	60.2	61.6	53.9	12.7	14.0	6.3
전북 정읍시	15.7	17.8	20.4	16.8	2.0	4.6	1.0
전북 남원시	11.6	23.9	15.0	17.8	12.4	3.4	6.2
전북 김제시	13.6	23.6	17.7	18.6	9.9	4.0	5.0
전북 완주군	13.7	24.6	17.7	19.1	10.9	4.0	5.4
전북 진안군	3.7	4.3	4.8	4.0	0.6	1.1	0.3
전북 무주군	3.2	5.5	4.1	4.3	2.3	0.9	1.2
전북 장수군	3.1	5.1	4.0	4.1	2.0	0.9	1.0
전북 임실군	3.9	10.3	5.0	7.1	6.4	1.1	3.2
전북 순창군	3.8	4.0	5.0	3.9	0.2	1.1	0.1
전북 고창군	7.9	13.0	10.2	10.5	5.1	2.3	2.6

전북 부안군	7.8	18.6	10.1	13.2	10.8	2.3	5.4
전남 목포시	36.2	40.0	70.9	38.1	3.8	34.7	1.9
전남 여수시	43.8	139.6	85.9	91.7	95.8	42.1	47.9
전남 순천시	44.5	57.2	87.3	50.9	12.6	42.8	6.3
전남 나주시	13.5	33.4	26.4	23.4	19.9	12.9	10.0
전남 광양시	26.1	52.7	51.2	39.4	26.6	25.1	13.3
전남 담양군	7.3	11.0	14.4	9.2	3.7	7.0	1.8
전남 곡성군	4.1	8.5	8.0	6.3	4.4	3.9	2.2
전남 구례군	3.5	6.0	6.9	4.7	2.5	3.4	1.2
전남 고흥군	8.1	18.6	15.9	13.4	10.5	7.8	5.3
전남 보성군	6.1	13.2	11.9	9.6	7.1	5.8	3.6
전남 화순군	10.1	14.7	19.8	12.4	4.6	9.7	2.3
전남 장흥군	5.4	10.0	10.5	7.7	4.6	5.1	2.3
전남 강진군	5.4	10.8	10.5	8.1	5.5	5.2	2.7
전남 해남군	10.5	16.4	20.6	13.4	5.9	10.1	3.0
전남 영암군	9.8	31.7	19.1	20.7	22.0	9.4	11.0
전남 무안군	9.1	16.3	17.8	12.7	7.2	8.7	3.6
전남 함평군	4.7	9.5	9.2	7.1	4.8	4.5	2.4
전남 영광군	7.6	11.3	15.0	9.5	3.7	7.3	1.8
전남 장성군	6.8	14.5	13.3	10.7	7.8	6.5	3.9
전남 완도군	5.7	13.4	11.1	9.5	7.7	5.4	3.9
전남 진도군	3.8	8.2	7.5	6.0	4.4	3.7	2.2
전남 신안군	4.2	4.4	8.2	4.3	0.2	4.0	0.1
경북 포항시	96.4	107.1	178.2	101.7	10.7	81.9	5.4
경북 경주시	48.0	95.1	88.8	71.6	47.1	40.8	23.5
경북 김천시	20.9	33.2	38.7	27.1	12.3	17.8	6.1
경북 안동시	25.5	25.7	47.2	25.6	0.2	21.7	0.1
경북 구미시	71.5	33.2	132.3	52.3	-38.3	60.8	-19.2
경북 영주시	16.9	38.7	31.3	27.8	21.7	14.4	10.9
경북 영천시	15.9	66.9	29.4	41.4	51.0	13.5	25.5
경북 상주시	14.4	18.9	26.6	16.6	4.5	12.2	2.3
경북 문경시	9.9	23.6	18.4	16.7	13.6	8.4	6.8
경북 경산시	40.2	46.3	74.4	43.3	6.1	34.2	3.0

경북 군위군	3.7	9.3	6.9	6.5	5.5	3.2	2.8
경북 의성군	7.7	11.3	14.3	9.5	3.6	6.6	1.8
경북 청송군	3.7	5.9	6.9	4.8	2.1	3.2	1.1
경북 영양군	2.3	2.7	4.2	2.5	0.4	1.9	0.2
경북 영덕군	5.2	12.0	9.6	8.6	6.8	4.4	3.4
경북 청도군	6.5	13.4	12.0	10.0	6.9	5.5	3.5
경북 고령군	6.1	9.0	11.3	7.6	2.9	5.2	1.4
경북 성주군	7.3	12.6	13.4	10.0	5.4	6.2	2.7
경북 칠곡군	21.2	47.4	39.2	34.3	26.2	18.0	13.1
경북 예천군	6.3	10.1	11.6	8.2	3.8	5.3	1.9
경북 봉화군	4.5	6.8	8.3	5.6	2.3	3.8	1.1
경북 울진군	7.2	9.9	13.4	8.6	2.7	6.1	1.3
경북 울릉군	1.2	1.3	2.2	1.2	0.1	1.0	0.1
경남 창원시	200.1	72.1	202.7	136.1	-128.1	2.5	-64.0
경남 마산시	87.4	53.5	88.5	70.4	-33.9	1.1	-16.9
경남 진주시	53.7	61.4	54.4	57.6	7.7	0.7	3.9
경남 진해시	28.1	36.0	28.4	32.0	7.9	0.4	4.0
경남 통영시	19.5	28.4	19.7	23.9	8.9	0.2	4.4
경남 사천시	17.1	30.5	17.3	23.8	13.4	0.2	6.7
경남 김해시	89.5	114.0	90.6	101.8	24.5	1.1	12.3
경남 밀양시	16.4	26.7	16.6	21.5	10.3	0.2	5.2
경남 거제시	38.5	47.7	39.0	43.1	9.1	0.5	4.6
경남 양산시	38.4	55.5	38.9	46.9	17.1	0.5	8.5
경남 의령군	3.8	5.1	3.9	4.5	1.2	0.0	0.6
경남 함안군	11.4	31.5	11.5	21.4	20.1	0.1	10.1
경남 창녕군	9.0	20.5	9.1	14.8	11.6	0.1	5.8
경남 고성군	7.4	19.8	7.5	13.6	12.4	0.1	6.2
경남 남해군	5.5	5.9	5.6	5.7	0.4	0.1	0.2
경남 하동군	7.3	13.1	7.4	10.2	5.8	0.1	2.9
경남 산청군	4.7	12.0	4.8	8.3	7.2	0.1	3.6
경남 함양군	7.1	11.5	7.2	9.3	4.4	0.1	2.2
경남 거창군	8.3	12.6	8.5	10.5	4.3	0.1	2.1
경남 합천군	6.5	10.4	6.6	8.5	3.9	0.1	1.9

3. 대안별 형평화효과

주행세개편 대안별 주행세세수의 시 · 도 간 형평화효과는 변이계수[4])를 통해 살펴볼 수 있는데, [표 5-7]과 같이 나타난다.

현행 주행세는 자동차세에 비례하여 배분하기 때문에 시 · 도 간 편차가 커서 변이계수가 가장 큰 것으로 나타난다. 왜냐하면 서울과 경기도에 인구가 집중되어 자동차세비중이 크기 때문에 시 · 도 간 편차가 크게 나타난다. 이에 비해 유류소비량에 따라 시 · 도에 세수를 배분하는 대안 Ⅰ · 대안 Ⅱ · 대안 Ⅲ의 경우, 인구에 비해 유류소비(판매)량이 많지 않은 서울은 세수배분 비중이 크게 줄어들면서 시 · 도 간 편차가 가장 작은 편이다. 대신 인구에 비해 지역이 넓고 유류소비가 많은 전남 · 경북과 같은 경우, 유류소비의 분포비중이 높아지면서 유류소비세의 시 · 도 간 형평

[표 5-7] 대안별 시·도 변이계수

	현 행	대안 Ⅰ	대안 Ⅱ	대안 Ⅲ	대안 Ⅳ
평 균	521.7	527.6	527.6	527.6	524.7
표준편차	557.4	452.0	452.0	452.0	489.7
변이계수	1.068	0.857	0.857	0.857	0.933

4) 자치단체간 형평화효과를 보기 위해 변이계수는 자치단체 세수총액으로 측정하였다. 이와 관련하여 변이계수를 주민 1인당 세수 또는 자동차 1대당 세수로 측정하는 것에 대한 의견이 있었다. 그러나 본 연구는 주민 1인당 세수 또는 자동차 1대당 세수가 자치단체별로 어떻게 분포하는가에는 관심이 없고, 각 자치단체 세수총액의 분포에 관심을 갖고 있다. 이것은 주행세가 자치단체 재정 전반에 미치는 영향과, 소비세 또는 환경세로서 자치단체별 유류소비량을 정확히 측정할 수 있는가에 관심을 갖고 있기 때문이다.

화효과가 큰 것으로 나타났다. 주행세세수의 절반을 자동차세비중에 따라 배분하고, 나머지 절반을 유류소비량에 따라 배분하는 절충안인 대안 Ⅳ의 경우 형평화효과도 중간정도로 나타난다.

대안별 주행세세수의 기초자치단체 시·군 간 형평화효과도 변이계수를 통해 살펴볼 수 있는데, [표 5-8]과 같이 나타난다.

현행의 자동차세를 비례배분하는 경우, 수도권 및 대도시 편중이 심하여 변이계수가 1.369로서 시·군 간 편차가 가장 큰 것으로 나타난다. 시·군별 유류소비량에 따라 배분하는 대안 Ⅰ의 경우 인구밀집지역인 대도시에는 인구에 비해 상대적으로 주유소수가 적고, 인구가 적은 농촌지역 시·군에는 주유소수가 인구에 비해 많은 편이어서 형평화효과는 가장 크고, 지자체간 편차는 가장 적어 변이계수는 0.964 수준으로 나타난다. 시·도별 유류소비량에 배분 후 시·군별 자동차세비중에 따라 배분하는 대안 Ⅲ은 시·도 간 형평화효과가 작용하므로 변이계수는 현행 대비 약간 낮은 1.216으로 나타났다. 그리고 시·군별 자동차세비중과 유류소비량 비중에 따라 절반씩 배분되는 절충안으로서 대안 Ⅳ의 경우 현행대비로는 형평화효과가 큰 편이나, 대안 Ⅰ에 비해서는 약간 적은 수준이다.

[표 5-8] 대안별 시·군 변이계수

	현 행	대안 Ⅰ	대안 Ⅲ	대안 Ⅳ
평 균	28.6	35.4	36.3	32.0
표준편차	39.1	34.2	44.1	34.9
변이계수	1.369	0.964	1.216	1.091

4. 사회적 비용의 가격내재화와 과세대상의 확대

가. 연료별 환경비용의 변화

2005년 이후 대기환경 오염보전을 위한 정책노력, 자동차기술의 발전, 자동차연료의 개선 등으로 차량이 배출하는 대기오염물질은 크게 감소하였다. 특히 일반 경유승용차의 판매허용을 앞두고 가격개편과 함께 시행했던 환경정책들이 경유차량의 환경오염물질 배출량을 축소하는 데 크게 기여하였다. 또한 국내 자동차생산업체들의 기술개선도 환경오염 물질의 배출량축소에 크게 기여하였다. 특히 경유차의 후처리 저감장치 DPF(디젤 미립자필터)

[표 5-9] 자동차연료의 사회적 비용 (단위: 원/리터)

사회적 비용		휘발유	경 유	LPG	CNG
환경비용	대기오염 비용	194	157	128	154
	탄소배출 비용	76	88	58	76
혼잡비용		518	390	286	390
사회적 비용 합계		712 (789)	547 (635)	414 (471)	544 (621)
현행 유류세		746	520	216	66

주) 1) ( )는 탄소배출 비용을 추가하였을 때의 사회적 비용
2) 혼잡비용은 한국교통연구원의 추정치(2004)
3) 유류세는 2009년 평균이며, 부가세는 제외
4) CNG 환경비용의 추정을 위해서는 자동차 인증시험의 평균을 사용하였고, 혼잡비용은 경유와 동일하다고 가정.

자료: 이재민 · 한상용(2009).

는 대부분의 PM(입자상물질) 배출량을 제거하였다.

자동차 배출가스로 인한 환경오염 비용은 2009년 배출가스 허용치를 기준으로 산정하여도 전체적으로 크게 감소하였다. 배출가스로 인한 환경비용은 휘발유・경유・LPG의 순으로 각각 리터당 194.45원, 157.37원, 127.52원에 불과하다. 자동차기술의 진보, 연료품질의 향상, 배출가스 규제의 강화 등으로 인해 향후 연료소비로 인한 환경적 비용은 더욱 크게 감소할 것으로 예상된다. 2006년 이후의 배출가스 기준에 비해 휘발유와 LPG 차량에 대한 규제는 유사한 반면, 경유에 대한 규제는 대폭 강화되었다. 이로 인해 향후 경유차량의 대기오염물질 배출량이 특히 크게 감소할 것으로 예상된다.

2009년 이후 적용될 배출가스 허용기준으로 평가하였을 때, LPG와 CNG의 사회적 비용은 유류세에 적정하게 내재화되어 있지 못하다. 반면 휘발유에 대한 유류세는 조금 과다한 것으로 추정되며, 경유는 최근 유류세인상과 오염저감 기술의 발전으로 유류세가 사회적 비용수준에 근접한 것으로 나타났다.

나. 과세대상의 확대 — LPG(부탄)

수송용 연료체계개편에 대한 최초의 논의는 1997년 이후의 LPG 수요급증과 1999년 사회적 문제로 제기되었던 'LPG 승합차 파동'을 발단으로 시작되었다. 택시요금 안정과 국가유공자・장애인 복지증진의 목적으로 낮은 세금을 유지하던 LPG(부탄) 수요가 일반용 LPG 승합차의 허용으로 급격히 증가하게 되면서 안정적 에너지믹스와 수급을 훼손하는 부작용을 초래하였다. LPG(부탄) 수요는 1997년 1,836만 배럴에서 2001년 3,639만 배럴로 증가하였고, 등록된 LPG 차량은 40만 대에서 143만 대로 급격히 증가하는 양상을 보였다.

1차 에너지가격 개편을 통해 휘발유가격 대비 경유·LPG 가격의 비율을 100 : 75 : 60으로 조정하기로 하였다. 그리고 일반형 경유승용차의 국내판매 허용을 앞두고 예상되는 경유수요 급증과 그로 인한 대기오염 심화에 대응하기 위해 2차 에너지가격 개편이 이루어졌다. 2차 에너지가격 개편은 2005년 7월까지 휘발유가격 대비 경유·LPG 가격의 비율을 100 : 75 : 50, 2006년 7월까지 100 : 80 : 50, 2007년 7월에 개편완료를 달성하도록 단계적으로 추진하는 것이었다. 국내수송용 연료간의 상대가격은 고유가상황이 심화되었던 2008년을 제외하고 대체적으로 목표비율을 유지하고 있다. 2008년 하반기에는 국제경유가의 상승에 따라 휘발유와 경유 간의 가격차가 거의 없었으나, 2009년 12월 기준은 100 : 88 : 55를 유지하고 있다.

2차 에너지가격 개편의 근본적 원인을 제공하였던 일반형 경유승용차는 2005년 시판 이후 지속적으로 부진한 판매를 보이고 있다. 뿐만 아니라 수입 경유승용차와는 달리 국산 경유승용차의 판매량은 최근 더욱 감소하고 있다.

그러므로 일반형 경유승용차 보급을 통해 친환경차 기술개발의 시장을 확보하려는 초기 목적은 이미 상실하였다. 또한 개편으로 인한 경유가격 상승의 영향은 전체경유차와 경유연료 수요의 감소확대로 나타났다. 반면 LPG 차량과 수송용 LPG(부탄)의 소비는 꾸준히 상승하였다. LPG(부탄) 수요는 2002년 3,000만 배럴에서 2008년 4,750만 배럴로 늘어났고, 등록된 LPG 차량은 163만 대에서 232만 대로 꾸준히 증가하고 있다.

[그림 5-3] 연료별 연료수요의 추이 (단위: 천 배럴)

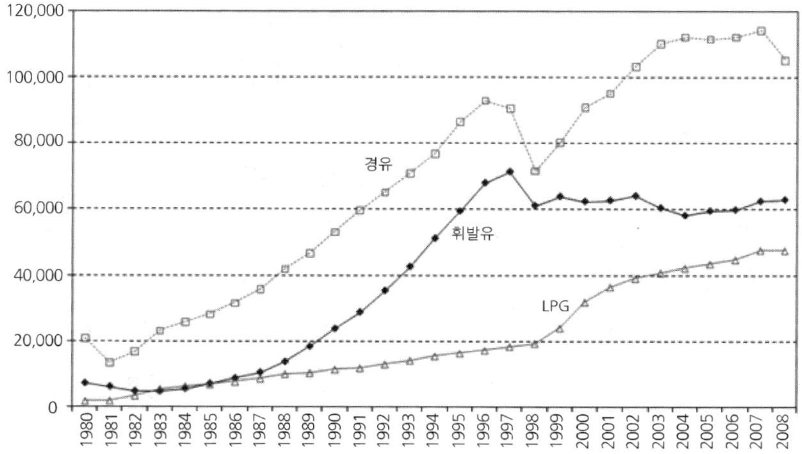

자료: 페트로넷.

2차 에너지가격 개편으로 인한 경유수요 감소와 수송용 LPG(부탄) 수요의 지속적인 증가는 1차 에너지가격 개편 이전과 유사한 수급불안정을 야기하고 있다. 가정 · 상업 부문에서 대부분 소비되는 LPG(프로판)는 1990년대 중반 이후 도시가스의 보급으로 급격하게 대체되는 반면, 수송용 LPG(부탄) 소비는 지속적으로 증가하고 있다. 또한 수송부문 에너지소비에서 LPG 소비가 차지하는 비중은 지속적으로 증가하고 있으며, 특히 2005년 이후의 증가세가 두드러진다.

LPG 소비량의 급등에 따라 수입도 함께 증가하여 2008년 기준 국내 LPG 소비의 65% 가량을 수입에 의존하고 있다. 반면 휘발유와 경유는 정제시설 확충으로 초과공급이 이루어지고 있으며, 이 중 상당부분을 수출하고 있는 실정이다.

휘발유와 경유에 대한 유류세는 사회적 비용과 비슷한 수준인 반면, LPG는 사회적 비용이 현행 유류세보다 리터당 200원 가량 높은 수준으로 사회적 비용의 가격내재화가 적절히 이루어지지 못하고 있다. 따라서 수송용 유류의 유종별 과세형평성 확보와 사회적 비용의 가격내재화를 위해 LPG를 주행세 과세대상 또는 향후의 지방에너지세 과세대상에 포함하는 것이 바람직하다. 그런데 산업부문의 소비가 많은 경유와 취약계층의 소비가 많은 LPG[5]는 서로 유사한 특성을 지니고 있고 대체관계에 있는 연료이므로, 경유와 LPG에 대한 세금의 비율을 동시에 조절할 필요가 있다.

기후변화와 고유가대응을 위해 대기오염물질 배출량을 중심으로 책정되었던 유류세는 향후 탄소세와 연비 중심의 재편성이 불가피하다. 탄소세를 포함한 사회적 비용을 연료가격에 내재화하면, 휘발유 대비 경유・LPG・CNG의 상대가격 비율은 100 : 91 : 67 : 79인 것으로 나타났다. 하지만 연료특성상 우수한 연비를 보이는 경유차량의 이용확대는 국가적인 연료비용을 절감할 수 있어 이에 대한 배려가 필요하다고 하겠다.

5) 액화석유 가스의 안전관리 및 사업법 제36조에 의하면 지식경제부장관은 액화석유 가스의 적정한 수급, 사용상의 안전관리, 그 밖에 공익상 필요하다고 인정되면 자동차 또는 그 사용자에 대하여 액화석유 가스를 연료로 사용하는 것을 제한할 수 있다. 그리고 액화석유 가스의 안전관리 및 사업법 시행규칙 제53조에 의하면 택시・승합차・화물차・특수차・하이브리드카, 그리고 공공기관・국가유공자・등록장애인 등의 승용차에 한해 액화석유 가스를 연료로 사용하는 것을 제한한다.

5. 주행세의 독립세화 고려사항

가. 유류에 대한 국세와 지방세의 역할

(1) 교통부문 사회적 비용의 구분

유류에 대한 국세와 지방세 역할은 도로교통부문 유류에 대한 과세근거에서 비롯되는데, 이는 사회적 비용구분에 따라 달라진다. 교통서비스의 공급 및 소비에 의한 사회적 비용은 크게 사적 비용과 외부비용으로 구분된다. 사적 비용은 교통시설 공급 및 교통수단 이용에 있어 경제주체들이 실제로 지불하는 비용을 의미한다. 교통시설 공급시 공급자가 지불하는 사적 비용은 건설비용・운영비용・자본비용・유지보수 비용 등으로 구분되고, 교통수단 이용시 이용자가 지불하는 사적 비용은 차량구입 비용, 유류비 및 차량유지 비용, 통행요금, 고속도로 이용료 등을 포함한다. 교통부문에서 발생하는 외부비용은 환경적 측면에서의 대기오염 피해비용, 소음피해 비용, 온실가스 피해비용 등과 사회적 측면에서의 교통혼잡 비용과 교통사고 비용 등을 포함한다.

사회적 비용을 사적 비용과 외부비용으로 구분할 때 사적 비용은 교통시설 공급자가 부담하는 비용과 교통시설 이용자가 부담하는 비용으로 구분된다. 차량구입 비용, 유류비 및 차량유지 비용, 통행요금, 고속도로 이용료 등은 교통수단 이용자가 유류세와 별도로 직접적으로 지불하는 비용으로 유류세를 통하여 내부화할 대상이 아니다. 따라서 교통시설 공급자가 부담하는 건설비용, 운영비용, 자본비용, 유지보수 비용을 사적 비용으로 간주한다. 본 연구에서는 교통시설 공급자가 부담하는 사적 비용을 내부비용으로 정의한다. 교통부문에서 발생하는 외부비용은 환경측면에서의 대기오염 피해비용・소음피해 비용・온실가스 피해비용과 사회적 측면에서 교통혼잡 비용・교통사고 비용 등이다.

우리나라의 도로위계별 구분은 고속국도・일반국도・특별 및 광역시도・지방도(국가지원 지방도 포함)・시도・군도 등으로 구분된다. 중앙정부가 투자에 관여하는 도로는 고속국도・일반국도・국도대체 우회도로(국대도)・국가지원 지방도・광역도로・혼잡도로・산단진입도로 등이다. 이러한 중앙정부가 투자하는 도로재원은 국세・유류세를 통해 조달하고, 그 밖의 지방자치단체가 투자하는 도로재원은 지방세의 유류세를 통하여 조달하는 것이 바람직하다.

(2) 수송용 유류에 대한 국세와 지방세의 역할분담

수송용 유류세의 국세・지방세 역할분담측면에서 보면 국세의 유류세는 중앙정부 책임의 도로건설 및 도로유지 비용 등 사적 비용과 온실가스 피해비용 등 파급효과(spillover)가 큰 환경비용을 내재화하는 수준이어야 한다. 주행세 등 지방세의 유류세는 지방정부 책임의 지방도 건설 및 유지비용 등 사적 비용과 대기오염 피해비용, 소음피해 비용 등 파급효과(spillover)가 비교적 작은 환경비용 및 기타 사회적 비용을 내재화하는 수준이 바람직하다. 그러나 국세의 유류세와 지방세의 유류세를 구분하게 해 주는 비용자료가 거의 없고, 있다 하더라도 측정시기와 측정기관에 따라 비용차이가 상당히 큰 편이다.

따라서 우선 현실적으로 현행 주행세 중 유가보조금 재원마련부분은 국세로 전환하고, 나머지 정액보전금 및 그 인상분만 지방세로 부과하며, 장기적으로는 국세와 지방세의 사적 비용 및 외부비용을 내재화하는 수준으로 역할을 분담할 필요성이 있다고 하겠다. 그리고 유류가격 정책은 국세중심으로 하되 지방세의 기능과 역할을 고려하여 조화적으로 결정될 필요성이 있다.

나. 주행세의 독립세화로 인한 국민세부담

주행세가 독립세화할 경우, 지자체의 독립적 세율결정으로 인해 유류세가 인상되어 국민의 세부담증가가 나타날 가능성에 대한 우려가 있다. 따라서 주행세의 독립세화는 기본적으로 세수중립성을 원칙으로 해야 할 것이다. 특히 최근 유류가격 상승으로 인한 국민부담이 큰 상황에서 유류세인상은 상당한 저항을 야기할 수 있기 때문이다. 다만, 과세대상별 형평성확보 및 외부비용 내부화 측면에서 불가피할 경우에만 인상을 허용해야 할 것이다. 지방세수감소 보전용 주행세는 8,442억 원으로 고정되어 실질적 지방세수 감소로 이어지고 있으므로 자동차세증가율 등에 비례적으로 인상할 필요가 있다. 이 경우 전체 유류세율을 고정시킨다면 국세의 유류세감소가 불가피하다. 국세의 유류세감소를 최소화하기 위해서는 정액보전금 인상분만큼의 유류세율 증가가 필요하므로 일시적 국민 세부담증가를 방지하기 위해 일정 기간 동안 점진적으로 인상하는 방안을 검토해야 할 것이다.

한편 지방유류세 과세대상을 기존의 휘발유 및 경유에 추가하여 LPG 부탄으로 확대한다면, LPG(부탄) 사용차량 소유자의 부담이 증가할 것이다. 이 때 LPG(부탄)가 휘발유 및 경유에 비해 상대적으로 낮은 세율을 적용받고 있으므로 LPG(부탄)에 대한 주행세과세를 통해 유류세의 환경오염 교정기능을 강화하고, 유종간 과세형평성 확보차원에서 세율인상의 타당성이 있다. 다만, 이 때 LPG(부탄) 사용차량은 장애인·국가유공자 등 취약계층이 주로 이용하므로, 이들의 세부담이 증가하지 않도록 특별히 배려할 필요가 있다.

6. 주행세중심의 자동차세제 개편

자동차세과세의 기준은 가격요소 이외에 전통적으로 엔진배기량·마력·무게 등으로 구분할 수 있으나, 최근 국제적 추세는 수송부문의 온실가스 저감과 자동차산업의 국제경쟁력 제고를 위하여 과표를 CO_2 배출량 또는 연비를 기준으로 전환하여 차등화하고 있다. 이에 우리나라도 저탄소 녹색성장의 국가환경 목표 달성을 위하여 현행 배기량기준의 자동차세를 CO_2 배출량 또는 연비 기준으로 개편하여 지방재정과 환경효과 등 각종 정책목표를 종합고려하여 비용효율적으로 개편할 필요가 있는 것이다.

친환경 자동차세의 시행시기 및 적용방식은 신규세제 도입이후 등록되는 신규차량을 대상으로 CO_2 배출량 또는 연비에 따른 신규세제를 적용하는 것이다. 반면 신규세제 도입 이전에 등록된 차량은 기존의 배기량세제에 따라 과세하여 세부담변동을 최소화한다는 것이다.

한편 과거에는 경제력이 있는 일부 계층이 자동차를 소유하였으나, 오늘날에 있어서는 하나의 필수품화되고 있어 과거와 같이 차량에 대해 높은 세율을 부과하는 것은 적절하지 않다는 지적이 대두되고 있다. 현행 자동차세는 재산세적 보유과세 중심으로 운영되고 있는데, 토지와 건물에 대한 재산세에 비하여 조세부담이 지나치게 높아 과세형평성 문제가 제기되고 있다. 실제 자동차에 대한 실효세율이 부동산에 대한 실효세율에 비해 훨씬 높은 수준이다.

물론 자동차는 아파트와 달리 운행으로 인하여 도로파손 · 교통혼잡 · 환경오염 등 사회적 비용을 많이 발생시킨다는 점을 감안하더라도 상대적으로 자동차보유세가 높다고 할 수 있다. 또한 자동차세의 94.7%가 비영업용 승용자동차로부터 징수되어 영업용 승용차와의 세부담불형평성이 제기되고 있다. 뿐만 아니라 최근 자동차가 생활필수품화되었고, 화물자동차 또는 버스 1대가 유발하는 도로파손 및 환경오염은 비영업용 승용자동차 1대에 비해 훨씬 크다는 점을 감안하면 자동차세의 편중현상은 해소되어야 할 중요과제라 할 수 있다.

최근 친환경자동차세 · 친환경재산세 · 탄소세 등 세제에 있어서 친환경성을 고려해야 한다는 요구도 점차 증가하고 있다. 따라서 배기량별로 획일적으로 부과되는 보유세(자동차세)의 비중은 줄이면서 환경오염의 정도와 자동차사용량에 따라 부과되는 운행세(주행세 등)의 비중을 단계적으로 높여 나가야 할 것이다.

2009년 현재 주행세 중 자동차관련세 보전분 8,442억 원은 자동차세의 29.8%에 불과하므로 우선 2003년 당시의 비중인 47.5% 수준으로 현실화해야 한다. 즉각적인 세율인상이 어렵다면 점진적으로 주행세율을 인상하고, 다른 한편으로 주행세 과세대상을 LPG로 확대하는 것을 고려할 수 있다. 이렇게 하여 주행세의 비중을 인상하고 단계적으로 자동차세를 인하하면서 자동차세제를 보유세중심에서 운행세중심으로 이행하여야 할 것이다.

제6장

요약 및 결론

제1절 요　　약

주행세는 도입된 지 10년이 경과하면서 운용상 지방재정 측면에서 여러 가지 문제점을 발생시키고 있다. 첫째, 주행세는 도입 초기의 지방재정 확충이라는 주요 기능이 변질되어 유가보조금 재원조달을 위한 목적세로 변질되었다. 둘째, 주행세로 인하여 유류세체계의 복잡성이 한층 가중되고 있다. 휘발유와 경유에는 교통·에너지·환경세가 부과되고, 교통·에너지·환경세액의 26%가 주행세로, 그리고 교통·에너지·환경세액의 15%는 교육세로 부과된다. 그리고 휘발유와 경유의 공급가격과 교통·에너지·환경세, 주행세, 교육세를 합한 금액의 10%로 부가가치세가 부과된다. 셋째, 주행세는 세수불안정과 지속적 세율조정의 문제를 안고 있다. 주행세는 자동차세보전분을 제외하면 유류세보조금으로 용도가 지정되어 있는 데 비해, 세수입은 유류가격 및 유류소비량 등에 따라 변동폭이 크기 때문에 매년 세수가 초과되거나 또는 부족되는 현상이 지속적으로 발생한다. 넷째, 주행세는 지방재정 구조를 심각하게 왜곡하고 있다. 즉 주행세비중이 큰 자치단체의 경우 그 대부분이 유류세보조금인 데도 불구하고, 이로 인해 세입에서 차지하는 지방세수 비중이 높아지는 현상이 발생한다. 이러한 자치단체의 지방세수입 증가는 재정자립도를 높이고, 지방재정의 자율성 및 자치단체의 재정력을 과대평가하는 결과를 초래하여 지자체의 재정구조를 왜곡하고 있다. 다섯째, 주행세의 자동차세 정액보전분으로 인해 실질적 지방세수보전이 이루어지지 못하여 지방세수의 신장성을 저해하고 있다. 자동차세 정액보전분 8,442억 원은 지자체 세수감소보전에 사용되고 있지만, 동 지원금의 규모는 2003년도에 결정된 금액으로 그간 자동차세 규모증가를 고려할 때 실질적인 세수감소를 보전하지 못하는 것으로 보여진다.

이러한 문제점을 개선하기 위한 주행세 개편방안은 다음과 같은 기본방향 하에서 설정되었다. 첫째, 주행세의 최초 도입목적인 지방재정 확충의 도모와 함께 주행세가 지방세원칙에 충실하여 지방세로서의 역할을 확립하도록 한다. 둘째, 최근 외국의 탄소세도입 및 유류세 개편동향과 우리나라의 개편논의를 고려해 볼 때, 유류세 전체의 환경세전환은 단기간에 이루어지지 않을 것이라는 전제 하에 개편방안을 제시하고자 하였다. 셋째, 유류세 개편으로 인한 소비자의 추가부담이 발생하지 않도록 세수중립적으로 세제개편안을 설계한다. 넷째, 유류소비 통계가 현재와 같이 정유사의 지역별 공급량중심으로 계속 이루어진다면, 시·군별 판매량집계가 어렵기 때문에 징세는 현재와 같이 일부 지자체가 대행하는 방식을 유지한다.

이와 같은 기본방향 아래 본 연구에서는 주행세 개편방안을 쉽고 단기적으로 해결할 수 있는 과제부터 주행세의 본세인 교통에너지 환경세가 개별 소비세로 이전되는 장기과제까지 살펴본다.

1. 단기개편과제

주행세 중 8,442억 원으로 고정된 정액보전금 부분은 지방세 감소의 실질적 보전이 가능한 수준으로 인상해야 한다. 2003년 기준으로 정액보전금 8,442억 원은 당시 자동차세수의 47.5%였으므로, 지자체보전금을 최소한 매년 전년도 자동차세수의 47.5% 수준은 유지되도록 함으로써 실질적인 지방세수 보전이 가능할 것이다. 2010년도 자동차세수 3조1,774억 원의 47.5%를 적용할 경우, 자동차세수 보전금규모는 1조5,093억 원이므로 현행 8,442억 원 대비 6,651억 원이 증가되어야 한다는 것을 의미한다. 다만, 부족 재원을 일시에 주행세율 인상을 통해 조달하는 경우, 유류세인상으로 인한 반발이 클 수 있으므로 정부차원에서는 단계적으로 증액하는 방안 또는 LPG(부탄)를 과세대상에 포함하여 세수를 확보하는 방안이 고려될 수 있을 것이다.

주행세용도의 대부분을 차지하는 유가보조금 부분은 중앙정부 일반회계에서 국고보조금 형태로 지원하는 것이 바람직하다. 국가의 정책목적 달성을 위해 도입한 유가보조금을 지방세를 통해 재원을 조달함에 따라 중앙과 지방의 재정관계도 심각한 왜곡현상이 초래되고 있다. 현행 주행세로 유가보조금을 지원할 경우 유류소비량과 유가보조금 수요에 따라 매번 주행세와 교통·에너지·환경세를 동시에 조정해야 하므로 세율이 빈번하게 변동되고, 세수확보의 불안정성문제도 나타나고 있다. 그러나 중앙정부 일반재원을 통해 국고에서 유가보조금을 지원하는 경우, 전체 유류세율에 아무런 변화를 주지 않고도 이러한 문제의 해결이 가능하다. 이를 위해 주행세 중 유가보조금 부분은 교통·에너지·환경세 수입으로 전환하여야 할 것이다. 그리고 유가보조금 재원을 국고에서 마련하면 교통·에너지·환경세를 주요 수입원으로 하는 교통시설특별회계의 세입도 교통·에너지·환경세의 연례적 세율변동이 없기 때문에 안정적으로 확보할 수 있게 된다.

2. 장기과제—주행세의 독립세화

주행세의 장기 개편과제로 교통에너지 환경세의 부가세인 현행 주행세를 독립세로 전환할 필요성이 있다. 물론 교통·에너지·환경세가 개별 소비세로 전환되더라도 현행과 같이 부가세형태로 주행세를 운용하는 것이 가능하다. 그러나 부가세형태의 지방세가 갖는 여러 가지 부작용과 아울러 지방자치단체의 과세자주권 강화를 위해 유류세 전체의 개편시점에 독립세로 전환하는 것을 고려할 필요가 있다. 주행세를 부가세가 아닌 독립세형태로 운용하는 장점은 유류세제의 복잡성해소, 지자체의 재정자율성 제고, 세수확보의 안정성도모, 주행세의 환경정책 기능강화 등을 들 수 있다. 주행세를 독립세화하는 경우 휘발유와 경유에 대해 국세인 교통·에너지·환경세(또는 개별소비세)와 교육세가 부과되고, 동시에 지방세로서 주행세를 부과하면 국세와 지방세의 조정에 관한 법률에 의한 중복과세 문제가 있으므로 관련 부처간의 협의 및 조정이 필요할 것이다.

주행세의 과세형태는 현행 주행세를 환경세 또는 탄소세로 전환하기 위해 국세와의 관계 등 고려해야 할 요소가 많으므로 우선 유류소비(판매·공급)량에 과세하는 소비세형태로 도입하고, 세율결정시 환경오염 배출수준 등을 고려하여야 할 것이다.

그리고 주행세의 과세주체와 관련하여 현행 시·군세를 시·도세로 도입하면 기초로부터 광역으로 세목이 이전되는 결과를 초래하므로, 광역과 기초 간 세목교환 또는 광역으로부터 기초로 재정 조정기능이 추가적으로 필요하여 도입을 위한 절차가 복잡하므로 현실적 수용가능성면에서는 시·군세로 도입하는 것이 바람직하다. 그러나 수송용 유류의 소비에 과세하는 유류세의 경우, 유류의 판매지역과 실제 소비지역은 동일하지 않기 때문에 시·군과 같이 좁은 지역보다는 시·도와 같이 넓은 지역을 대상으로 하는 것이 판매와 소비의 불일치문제 해결에 유리하다. 또한 수송용 유류사용으로 인한 환경오염의 교정차원에서 보면 역외 파급효과문제는 시·군과 같이 지역이 좁을수록 커지므로 시·도세 형태의 도입이 바람직하다. 따라서 궁극적으로 주행세는 광역과 기초 간 세원조정 또는 재정조정을 하면서 시·도세로 도입하는 것이 가장 바람직하다고 할 수 있다.

세수배분과 관련하여 현실적으로 가장 수용성이 높은 대안은 세수의 50%는 시·군 자동차세비중에 따라 배분하고, 나머지

50%는 시·군 유류소비(판매)량에 비례하여 배분하는 대안 Ⅳ이다. 유류소비량에 비례하여 50% 배분하므로 소비세의 성격을 부분적으로 유지하고, 자동차세비중에 비례하여 50% 배분하므로 현행 시·군별 정액보전금 부분이 어느 정도 보장된다. 유류판매량과 유류소비량이 불일치하는 문제를 고려하여 기초자치단체별 실질적 유류소비량은 유류판매량과 자동차보유 또는 자동차세비중의 중간정도가 될 것이라는 가정에 부합한다. 광역과 기초 간 세원조정을 전제로 하는 경우, 시·도 유류소비량에 따라 배분하는 대안 Ⅱ가 조세부과와 세원배분이 일치하도록 하기 때문에 지방세원칙에 부합한다. 대안 Ⅱ에서 현행의 자동차세 비례배분과의 차이가 문제가 되고 있으나, 우리나라는 자동차세가 상대적으로 높아 보유세의 역할을 충분히 하고 있으므로 유류세의 자동차보유 기준배분은 필요성이 크지 않다고 볼 수 있다.

한편 주행세를 독립세화할 경우 세입규모는 2003년 자동차 관련 지방세 감소보전분 8,442억 원의 실질세수 규모를 유지하는 정도이어야 할 것이다. 당시 주행세 정액보전금이 자동차세에서 차지하는 비중은 47.5%였으므로 적어도 이 비율수준은 유지되어야 할 것이다. 주행세수 규모는 2010년 기준으로는 자동차세 3조 1,774억 원의 47.5%인 1조5,093억 원 수준이 바람직하다.

주행세가 독립세화할 경우 자치단체에 세율결정권이 부여되면 지역별 차별적 세율의 적용이 가능하고, 지역의 환경적 특성 반영이 용이하여 지방세로서의 역할을 충실히 할 수 있다는 장점이 있다. 그러나 이 경우 국가의 유류세정책 및 유류가격 정책과의 조화가 제약을 받을 소지가 있다. 또한 유류통계가 유류공급자

중심으로 이루어지고 있고, 현재 상태로는 징세도 개별 자치단체별로 이루어지기 어려운 구조이므로, 현행 단계에서 과세권을 전면적으로 부여하기는 곤란할 것으로 판단된다. 특히 지자체가 과세권행사를 하기 위해서는 과세대상과 세수배분 기준이 일치해야 하므로, 여기에 해당되는 것은 대안 Ⅰ과 대안 Ⅱ이며, 세수의 일부가 보유세에 따라 배분되는 대안 Ⅲ과 대안 Ⅳ는 고려될 수 없다.

휘발유와 경유에 부과되고 있는 주행세는 주요 수송용 유류이면서 주행세 과세대상이 아닌 LPG(부탄)에도 과세하는 것이 필요하다. 이것은 유종별 과세형평성 확보와 사회적 비용의 가격내재화를 위해서 필요한 것으로, 교통에너지 환경세의 개별 소비세 전환 시기에 맞추어 LPG를 지방유류세 과세대상에 포함시키는 것이 바람직하다. 다만, 국가유공자 및 장애인 등 취약계층이 LPG(부탄) 차량을 주로 사용하고 있으므로 취약계층의 세부담증가를 방지하기 위해 면세 또는 환급 등의 방법을 사용하여야 할 것이다.

제2절 결 론

주행세는 당초 도입목적인 지방세 확충기능은 제대로 발휘하지 못하면서 유가보조금 재원조달중심 목적세로 주요 기능이 변질되었다. 또한 유류세의 복잡성가중, 세수불안정과 지속적 세율조정 문제, 지방재정력 과대평가, 지방세수 신장성저해, 국세・지방세 배분구조왜곡 등 지방재정 측면에서 매우 다양한 문제점을 야기하였다. 최근 제3차 에너지세제 개편이 계획되고 있고, 2012년 말 교통·에너지·환경세가 개별소비세로 전환이 예정되어 있으며, 탄소세도입 등 에너지세의 환경세 전환논의도 활발한 현 시점에서 주행세 개편논의는 지방재정 측면에서 매우 중요하고 필요하다고 할 수 있다.

이에 따라 본 연구에서는 지방재정 측면에서 주행세로 인한 문제점에 바탕을 두고 장·단기 개편방안을 제시하고자 하였다. 특히 유류세 유가보조금재원을 주행세가 아닌 중앙정부 예산으로 마련할 것과 교통·에너지·환경세의 부가세인 주행세를 독립적 지방세로 전환할 것을 제안하였다. 이를 통해 지방자치단체의 과세자주권을 확보하고, 지방세의 환경정책 기능강화 및 세수확충 기능도 제고하도록 하였다.

중·장기적으로 주행세개편은 우리나라 자동차보유세(자동차세)와 자동차운행세(유류세 등)의 상대적 비중조정을 염두에 두고 이루어져야 할 것이다. 왜냐하면 오늘날 필수품화된 차량에 대해 높은 세율을 부과하는 것은 적절하지 않다는 지적이 대두되고 있기 때문이다(이영희 외, 2002). 현행 자동차세는 재산세적 보유과세 중심으로 운영되고 있는데, 토지와 건물에 대한 재산세에 비하여 조세부담이 지나치게 높아 과세형평성 문제가 제기되고 있다. 그리고 최근 친환경자동차세·친환경재산세·탄소세 등 세제에 있어서 친환경성을 고려해야 한다는 요구도 점차 증가하고 있으므로, 배기량별로 획일적으로 부과되는 보유세(자동차세)의 비중은 줄이면서 환경오염의 정도와 자동차사용량에 따라 부과되는 운행세(주행세 등)의 비중을 단계적으로 높여 나가는 방향의 세제개편이 필요하다.

그리고 현행 주행세의 과세대상은 휘발유 및 경유에 한정하고 있으나, 개별소비세가 부과되면서 사회적 비용에 비해 상대적으로 낮은 세율을 적용받는 LPG(부탄)의 경우, 소비량이 급격히 증가하여 외국으로부터 수입이 크게 증가하였다. 따라서 유종간 형평성확보 및 사회적 비용의 가격내재화를 위해 주행세 과세대상에 LPG(부탄)를 포함하는 방안도 검토되어야 할 것이다.

참고문헌

김대영, "과세자주권 확충방안," 지방행정연구 제16권 제2호, 2002. 12.

김승래 · 박상원 · 김형준, 세제의 환경친화적 개편에 관한 연구, 한국조세연구원, 2008. 12.

김승래, "녹색성장을 위한 탄소세 도입방안," 재정포럼 5월호, 한국조세연구원, 2009. 5.

김승래a, 녹색성장과 탄소세 도입방안, 한국환경경제학회 · 한국재정학회 정책토론회 발표자료, 2010. 3.

김승래b, "친환경 자동차세제의 정책사례와 시사점," 재정포럼 6월호, 한국조세연구원, 2010. 6.

김승래c, "녹색성장과 조세," 한국경제연구 제28권, 한국경제연구학회, 2010. 3.

김승래 · 송호신 · 김지영, "저탄소 · 환경친화적 산업을 위한 재정정책 방향," 연구보고서 2008~2009, 한국조세연구원, 2009. 12.

녹색성장위원회, 녹색성장 국가전략 및 5개년계획(2009~2013), 2009. 7.

손희준, "지방자치시대의 자동차세제 개편논리와 실제," 지방행정연구 제10권 제1호, 1995. 6.

이영희 · 김대영 · 라휘문, 환경친화적 자동차 관련세제의 구축방안, 한국지방행정연구원, 2002. 12.

이재민 · 한상용, "도로교통부분의 사회적 비용과 유류세제 개편방향," 규제연구 제18권 제2호 2009. 12.

이재민 · 한상용 · 신희철, 사회적 비용을 고려한 교통부문 유류세제 합리화 방안, 한국교통연구원, 2008.

이재민 · 강상욱, 운송업부문 유가보조금 제도의 효과분석 및 정책방향, 한국교통연구원, 2007.

장덕희, "자동차세 세율인하와 주행세 제도 도입이 세입규모와 자치단체 간 세입격차에 미친 영향 분석," 한국정책학보 제20권 제1호, 2011. 3.

조명환, "유류세의 이해 및 국제비교: 휘발유와 경유를 중심으로," 재정포럼, 2009. 4.

조명환 · 조진권 · 정경화, 주요국의 유류세 제도 및 세율 비교 분석, 한국조세연구원, 2008. 12.

지식경제부, 수송용연료체계 개선방안, 내부자료, 2010. 3.

하능식, "주행세의 합리적 개편방안," 환경변화에 대응한 지방세제 개편, 한국지방행정연구원, 2010. 12.

황상규 · 김규옥, 온실가스 저감을 위한 자동차세제 개편방안, 한국교통연구원, 2010.

松本欣也 · 村上健司, "改正 輕油引取稅詳解(1)," 地方稅 9, 2010, 72-83面.

Barro, R. and X. Sala-i-Martin, "Public Finance in Models of Endogenous Growth," *Review of Economic Studies 59(4)*, 1992, pp. 645~61.

Bovenberg, A. and de Mooij, "Environmental Levies and Distortionary Taxation," *American Economic Review 84*, 1994, pp.1085~1089.

Bovenberg, A.R. and L. H. Goulder, "Optimal Environmental Taxation in the Presence Of other Taxes: General Equilibrium Analyses," *American Economic Review 86*, 1996, pp. 985~1000.

Fullerton, D., "Environmental Levies and Distortionary Taxation: Comment," *American Economic Review 87*, 1997, pp. 245~251.

Fullerton, D. and S.R. Kim, "Environmental Investment and Policy with Distortionary Taxes and Endogenous Growth," *Journal of*

Environmental Economics and Management, 56(2), 2008, pp. 141~154.

Kim, S. R., "Optimal Environmental Regulation in the Presence of Other Taxes," *Contributions to Economic Analysis & Policy*, Vol.1: No.1, Article 4, 2002, pp. 1~25.

Nordhaus, W. D. and J. Boyer, *Warming the World: Economic Models of Global Warming*, MIT Press, 2000, Cambridge, MA.

Pigou, A. C., *A Study in Public Finance,* Macmillan, London, 1947.

Parry, I., "Pollution Taxes and Revenue Recycling," *Journal of Environmental Economics and Management 29*, 1995, pp. 64~77.

Stern N., "The Economics of Climate Change," *American Economic Review 98(2)*, 2008, pp. 1~37.

공저자 약력

김대영
한국지방행정연구원 연구위원
경제학박사(고려대학교)
(역)한국재정정책학회 회장
(현)한국지방재정학회 이사
지방소비세의 세율결정권에 관한 연구(논문)
지방소비세 도입에 관한 연구(논문)
과세자주권 확충에 관한 소고(논문)
지방분권과 지방소비・소득세(공저)

이영희
한국지방행정연구원 선임연구위원
정책분석학박사(Carnegie-Mellon Univ.)
(현)기획재정부 세제발전심의위원
(역)대통령자문 국민경제자문위원
(현)한국재정학회 이사
(현)한국지방재정학회 이사
재산세의 친환경기능 도입방안(논문)
환경관련부담금의 지방세전환 방안(논문)
재정분권과 지방소비・소득세(공저)

하능식
한국지방행정연구원 수석연구원
경제학박사(Purdue University)
(역)한국은행 금융경제연구원 과장
인구구조변화가 지방재정에 미치는 영향(논문)
지방자치단체 재정지출 효율성 및 재정지출 차이분석(논문)
재산세의 친환경기능 도입방안(논문)

김성주
한국지방행정연구원 연구원
행정학박사(건국대학교)
(현)한국지방재정학회 총무이사
지방세 비과세・감면의 일몰기준 도입에 관한 연구(논문)
사회복지분야 국고보조금이 지방자치단체간 재정불균형에 미치는 영향 분석(논문)
중앙권한의 이양에 따른 재정수요분석 및 재정보전 방안 연구(논문)

한국지방행정연구원총서
지방세제의 선진화 — 자율성과 책임성 제고

2011년 12월 20일 초판인쇄
2011년 12월 31일 초판발행

공저자 김대영・이영희・하능식・김성주
발행인 안 종 만
발행처 (주)박영사
서울특별시 종로구 평동 13-31번지
전화 (733)6771 FAX (736)4818
등록 1959. 3. 11. 제300-1959-1호(倫)

저자와 협의하에 인지첩부를 생략함

www.pybook.co.kr e-mail: pys@pybook.co.kr

정 가 19,000원 ISBN 978-89-6454-787-8